古典文獻研究輯刊

二四編

潘美月・杜潔祥 主編

第 5 冊

詩經斠詮評譯（五）

蔡 文 錦 著

國家圖書館出版品預行編目資料

詩經斠詮評譯（五）／蔡文錦 著 -- 初版 -- 新北市：花木蘭
文化出版社，2017〔民106〕
目 2+230 面；19×26 公分
（古典文獻研究輯刊 二四編；第 5 冊）
ISBN 978-986-404-991-2（精裝）
1. 詩經 2. 注釋 3. 研究考訂
011.08   106001862

ISBN-978-986-404-991-2

9 789864 049912

古典文獻研究輯刊
二四編　第 五 冊   ISBN：978-986-404-991-2

詩經斠詮評譯（五）

作　　者　蔡文錦
主　　編　潘美月　杜潔祥
總 編 輯　杜潔祥
副總編輯　楊嘉樂
編　　輯　許郁翎、王筑　美術編輯　陳逸婷
企劃出版　北京大學文化資源研究中心
出　　版　花木蘭文化出版社
社　　長　高小娟
聯絡地址　235 新北市中和區中安街七二號十三樓
　　　　　電話：02-2923-1455／傳眞：02-2923-1452
網　　址　http://www.huamulan.tw 信箱 hml 810518@gmail.com
印　　刷　普羅文化出版廣告事業
初　　版　2017 年 3 月
全書字數　915287 字
定　　價　二四編 32 冊（精裝）新台幣 62,000 元

詩經斠詮評譯（五）

蔡文錦　著

卷二十五　大雅三

蕩之什

蕩（腸）

蕩蕩〔盪〕上帝　　　　　　　　法度廢壞的紂王，
下民〔民〕之辟。　　　　　　　他是百姓的國王。
疾威上帝，　　　　　　　　　　橫行暴虐的紂王，
其命多辟〔僻〕。　　　　　　　他的命令邪僻反常。
天生烝民〔民〕，　　　　　　　蒼天生了萬眾，
其〔天〕命匪諶〔諶訛忱〕？　天命輔佐誠信之人，
靡不有初，　　　　　　　　　　萬事無不有好的開端，
鮮克有終！〔1〕　　　　　　　很少有善終的功成。

文王曰：「咨！　　　　　　　　周文王聲討：「嗟嗞！
咨！女〔汝〕殷〔肞〕商，　　嗟嗞！你這商紂王，
曾是彊禦〔圉〕，　　　　　　　竟然如此強暴，
曾是掊〔陪〕克，　　　　　　　竟然如此聚斂，
曾是在位，　　　　　　　　　　竟然如此在位弄權，
曾是在服。　　　　　　　　　　竟然如此在職主事傲慢。
天降滔〔慆〕德，　　　　　　　天竟降下慆慢之人，
女興是力〔仂〕。」〔2〕　　　紂王又倡行，疾力不斷。」

-887-

文王曰：「咨！
咨！女〔汝〕殷商，
而秉義類，
彊禦多對〔懟〕。
流言以對〔懟〕，
寇攘式內。
侯作侯祝〔詛詶咒〕，
靡屆〔屈〕靡究。」〔3〕

周文王聲討：「嗟嗞！
嗟嗞！你這商紂王，
你拘捕善人，善人遭讒毀，
用強梁便多怨懟，
流言謠言卻能逞，
盜寇攘擾以入內侵淩，你卻容忍。
於是老百姓詛咒你，
竟然無窮無盡。」

文王曰：「咨，
咨！女〔汝〕殷商，
女炰烋〔咆哮〕于中國，
斂怨以為德。
不明爾德，
時〔以〕無〔亡〕背〔倍〕無〔亡〕側〔仄〕，
爾德不明，
以〔時〕無〔亡〕陪〔倍培〕無〔亡〕卿。」〔4〕

周文王聲討：「嗟嗞！
嗟嗞！你這商紂王。
你咆哮於國都，
聚斂怨恨卻以為高尚。
你善惡不分，
以致左右無良臣虎將。
你賢愚不辨，
無賢良的卿士輔佐你這國王！」

文王曰：「咨！
咨，女〔汝〕殷商，
天不湎〔酳〕爾以酒。
不義從式，
既愆〔譽〕爾止
靡明靡晦。
式〔或〕號式〔或〕呼〔謼〕，
俾〔卑〕晝作夜。」〔5〕

周文王聲討：「嗟嗞！
嗟嗞！你這商紂王！
老天何曾讓你沉湎於酒！
豈宜放縱惡人，
又在禮儀容止犯了錯，
以致不分晝夜地荒淫。
荒唐啊！醉了亂叫，
把白天當黑夜在鬼混。」

文王曰：「咨！
咨！女〔汝〕殷商，
如蜩如螗〔唐螳〕，
如沸〔鬻〕如羹。
小大近喪，
人尚乎由行。
內奰〔贔奰〕于中國，
覃〔爰〕及鬼方。」〔6〕

周文王聲討：「嗟嗞！
嗟嗞！你這商紂王。
民怨如同知了悲鳴哀嘶，
如同沸湯，議論振盪。
幼長幾乎死光，
你居權位不思改革，固步由行。
國內怨氣彌漫，
漫延到大西北的鬼方。」

文王曰：「咨！
咨！女〔汝〕殷商，
匪上帝不時，
殷〔㱃〕不用舊。
雖無老成人，
尚有典刑。
曾是莫聽，
大命以傾。」〔7〕

周文王聲討：「嗟嗞！
嗟嗞！你這商紂王。
並非上帝不善良，
商朝廢棄了好的紀綱。
雖無德高望重的老臣，
其實有憲章。
竟然不聽用，
國家的命運怎能不覆亡？」

文王曰：「咨！
咨！女〔汝〕殷商，
人亦有言：
『顛〔槇蹎〕沛〔跋〕之揭，
枝葉〔䔿葉〕未有害，
本實先撥〔敗〕。』
殷鑒〔監〕不遠，
〔近〕在夏后之世〔世廿時〕。」〔8〕

周文王聲討：「嗟嗞！
嗟嗞！你這商紂王。
古代哲人也有言：
『倒仆覆亡，根都拔起，
雖說枝葉沒有傷，
但根本已經敗亡！』
商的鏡鑒並不遠，
教訓就在夏桀滅亡！」

【詩旨】

《詩論》簡 25：「《腸腸（蕩蕩）》少，（小）人。」案：商末，商、周交惡，紂王暴虐、淫逸，商已衰弱，周大興，紂王囚周文王於羑里，《商・西伯戡黎》前 1054 年周克黎，祖伊向紂王說「天既訖我殷命」，進諫後發現「紂王不可諫矣。」《逸周・武稱解》：「百姓咸服，偃兵興德，夷厥險阻，以毀其服，奄有天下；武之定也。」《周・泰誓》：「厥鑒惟不遠，在彼夏王。」據《商・西伯勘黎》、《竹書紀年》、《逸周・程典解》，此詩是商、周之交爲周代商的革命的詩化政治宣言書。王暉、賈俊俠《先秦秦漢史料學》：「《蕩》是研究商末殷周關係的重要詩篇，是周文王討伐商王紂的誓詞與檄文。」則繫年於商末。《單疏》頁 368：「《蕩》詩者，召穆公所作，以傷周室之大壞也。以屬王無人君之道，行其惡政，反亂先王之政，致使天下蕩蕩然法度廢滅，無復有綱紀文章，是周之王室大壞敗也，故穆公作是《蕩》詩以傷之。傷者，刺外之有餘哀也。其恨深於刺也。……言其不敢斥王，故託之上帝也。……乃假文王諮商……。」《晏子春秋・內篇諫上》：「《詩曰》：『靡不有初，鮮克有終。』不能終善者，不遂其君。」

　　《毛序》「《蕩》，召穆（《唐石經》《單疏》作穆，避唐穆宗諱）公傷周室大壞也。厲王無道，天下蕩蕩，無綱紀文章，故作是詩也。」《編年史》繫於前 844 年。《會歸》等以爲「諫章。」屈萬里《詮釋》「此疑周初之詩。假文王語氣以章殷人之惡，而明周人得國之正也。」

　　《漢石經》《板》《蕩》。

【校勘】

　　〔1〕《孔子詩論》簡 25 作腸腸，俗體，《魯》《釋訓》《說文》盪盪，《傳》《箋》《單疏》蕩蕩，同。案：本字作僻，《毛》之辟，多辟，《魯》《說苑·至公》《群書治要》《單疏》P3383 作僻，《釋文》辟，本又作僻。辟通僻。《毛》匪諶，《魯》《釋詁》《哀郢注》《風俗通》《蔡公碑》《玉篇》《毛詩音》《單疏》棐諶，《唐石經》諶，避唐敬宗諱。《韓詩外傳》5 訧，《說文》天命匪忱，忱訧諶音義同，匪通棐。《毛》有，《魯》《說苑》《善謀》《敬愼》由，由通有。

　　〔2〕《毛》女，《單疏》汝，女通汝。《魯》《新序·義勇》《單疏》《覽古詩》李注引、《唐石經》彊禦，《離騷注》《齊》《漢·王莽傳》彊圉，彊古字。《說文》《釋文》《定本》《唐石經》小字本相臺本培 póu，《齊》《禮記》《韓》《考文》《單疏》倍，《魯》《潛夫論·勸將》陪，陪培即倍。《單疏》滔，《傳》：慆，滔通慆，《三家》《廣雅》《玉篇》慆。《單疏》力，《說文》仂，力通仂。通作力。

　　〔3〕《毛》對，P3383 號懟，《單疏》內，由《單疏》推知內當讀如納。祝，《箋》詛，古詛字。《釋文》作，本或作詛。《疏》：作詛 zǔ 古今字。作讀如詛。祝，本或作呪，《說文》詶，今作咒。《毛》屇，《唐石經》屆，同。

　　〔4〕《箋》《單疏》怉休，《說文》有咆無「怉」，《說文繫傳》咆哮，《魏都賦》注引作「咆休于中國」。案：疊韻詞，怉讀如咆，通作咆虓、咆哮。《唐石經》《單疏》「不明爾德，時無背無側；爾德不明，以無陪無卿，」《齊》《漢·五行志下》「爾德不明，以亡陪亡卿。不明爾德，以亡背亡仄，」漢代無作亡。仄側古通。《詩考》《韓詩外傳集釋》頁 305、354 引作「不明爾德，以無陪無側；爾德不明，以無陪無側。」《晉·五行志中》亡作亾，陪作背。《釋文》陪，本又作培。案：培、背、倍讀如陪 péi。案：《毛》時，《齊》《韓》以，時通以，《齊》《毛》同。《韓》則疊句，累累如貫珠，然《齊》《毛》於義尤豐，師受不同。

〔5〕《毛》《單疏》愬，《釋文》本又作讆，古字。《正義》《唐石經》小字本相臺本式號式呼，《齊》《漢·敘傳》《說文》《玉篇》《集注》諹，古字。《釋文》一本作或號或呼，《毛》俾，《釋文》卑，本亦作俾。卑通俾。《毛》涵，904 年抄《玉篇》引《毛》《韓》作涵，或作醶，《集韻》醶，同。

〔6〕案：本字作蟷，《唐石經》蟷，洛陽出土《漢石經》殘石作唐，《白帖》95 螳，唐螳讀蟷。《唐石經》《單疏》沸，《說文》灊。灊沸古今字。《魯》《淮南·墜形》注引《毛》作爂 bì，古本《五經文字》《單疏》宋本奰，《釋文》奰奰，《韓》《魏都賦》注引《毛》《廣韻》《玄應音義》7P3383 號作贔，案：正字作爂，《說文》爂，奰是爂字之省，贔同。《單疏》覃，《唐扶頌》爰，案：爰覃匣母、定母准鄰紐，侵、元通轉，爰通覃。

〔7〕《唐石經》殷，《單疏》殷，避宋諱。《毛》刑，《魯》《荀·非十二子》《風俗通義》5《齊》《漢·外戚傳》《鹽鐵論·遵道》刑。刑古字。

〔8〕《毛》顛，《說文》槇，古字。《毛詩音》顛沛，即蹎跋。拔即跋。槇顛蹎，音義同。《毛》《韓詩外傳》5 撥，《考工記·梓人》注引作廢，案：《魯》《列女傳·齊東郭姜傳》敗，廢撥通敗。《單疏》「殷鑒不遠，在夏后之世」《唐石經》廿，廿世避唐諱，《魯》《潛夫論·思賢》《韓詩外傳》5 鑒，《魯》《韓》《漢·劉向傳》《齊》《漢·谷永傳》監，監通鑒，《國語》有「近」，他本脫「近」。《經義考》今本失「近」字。當依《齊傳》《大戴·武王踐阼》《國語》「近在夏后之世。」《漢·梅福傳贊》引作時。時讀如世。

【詮釋】

〔1〕一章痛斥善始不能善終的政治痼疾。善始善終，上古常語，《商·太甲》：「克終允德」。《左傳·襄 25》：「愼始而敬終，終以不困。」蕩蕩、盪盪 dàng dàng，無所約束，法度廢壞。上帝，借指商紂王。當時周文王尙臣服於商「奉勤于商」。詳《逸周·程典解》。辟，國王。疾威，暴虐。烝，眾。辟通僻，邪僻。《說苑·至公》：「言不公也。」其命，天命；匪通棐 fěi，案：棐 fěi，（古）非微；輔 fǔ，（古）奉魚，唇音非、奉鄰紐，棐通輔；諶 chén，誠。天命輔佐誠信之人，《書·大誥》「天棐忱辭」，《康誥》：「天畏（畏，威，德）棐忱。」《箋》：烝，眾；鮮，很少；克，能。天之生此眾民，其教導之非當以誠信使之忠厚乎？今則不然，民始皆庶幾於善道，後更化於惡俗。

韻部：帝帝，支部，辟。辟（僻），錫部。支、錫通韻。民，眞部；諶（訦忱），侵部。眞、侵合韻；終，冬部。冬、侵合韻。

〔2〕案：二章以下用詩化的語言寫周文王發動抨擊殷紂的政治宣言，或如《單疏》「假託文王」以斥周厲王，則擬周文王口吻。《會歸》頁 1701，二至八章，「此賦體中假古人之事，託古人之言，以寄其意，而移寫今人之體。漢後詩賦，託古構局，此體甚多，唯三百篇中尙爲創格，乃文體之變新。」諮，嗟嗞，嗟歎語。女，汝；殷商，紂王。四迷用曾是，竟是。《單疏》：何曾如此。強禦、強圉、強梁，連語，強暴勢力。朱熹：暴虐之臣。《釋文》：掊 póu 克、倍克，聚斂，一說：自伐好勝人；在位，在職位。服，事，在任政事。慆讀如慆，慆慢，傲慢。興，倡行；力，疾力。《詩記》引蘇轍：「天降是人以妖孽天下，女又興而任之。」

韻部：商，陽部，與三至八章遙韻。克服德力（仍），職部。

〔3〕而，爾，你；秉 bǐng，拘執；義類，義類，善良正直之人。案：懟對字異義同之例，P3383 號作懟，用強梁惡勢力，則多懟讟 duì，懟，怨，怨恨。流言，謠言；對 duì，答，逐，流謠言卻逐。寇，外盜；攘 rǎng，擾攘，侵奪；式，以；內，入，侵凌。侯，乃；作、祝讀如詛 zǔ，詛咒 zǔzhòu，加禍對方。靡，無；屆 jiè 究，連語，窮盡，沒有終極。

韻部：類懟對內（納，緝部），微部；祝，覺部（呪，幽部）；究，幽部。

〔4〕枭休、鹿鴞、彭亨、咆哮、咆虓 páoxiào，橫行無忌貌。斂 liǎn，聚斂；怨，恨；以，以之；德，德行，爲德，以爲高尙。時通以，以致。背側，近無良臣，《齊傳》《漢・五行志》「『視之不明，是謂不哲』，哲，知也。《詩》云：『爾德不明，以亡陪亡卿；不明爾德，以亡背亡仄』言上不明，暗昧蔽惑，則不能知善惡，親近智，長同類，亡功者受賞，有罪者不殺，百官廢亂，失在舒緩，故其咎舒也。」培倍背通陪 pèi，陪貳，陪輔，眞心輔弼的賢臣。《正義》：「背後無良臣，傍側無賢人也。」朱熹：「多爲可怨之事，而反自以爲德也。」

韻部：國德德側（仄），職部；明卿，陽部。

〔5〕湎 miǎn，沉迷。湎酒，耽樂於酒。《釋文》引《韓》飲酒閉門不出客曰湎。義讀如宜；從，聽從；式讀如忒，惡人。愆愆 qiān，過失；而，爾，你；止通禮，禮節容止。明晦，白天黑夜。義讀如宜 yi；從讀如縱，放縱；式，助詞。號呼，號叫。俾 bǐ，使；作，爲。《西伯戡黎》祖伊說紂王「惟王淫戲用自絕，」「嗚呼！乃罪多，參在上，乃能責命於天？殷之即喪，指乃功，不無戮（勠 lù，合力）於爾邦！」

韻部：式（忒），職部；止晦，之部。職、之通韻。呼（謼），魚部；夜，鐸部。魚、鐸通韻。

〔6〕此章寫民怨沸騰，如，如同；蜩螗（螳）tiàotáng，蜩蜋 tiàoláng，蟬，知了（Crypto tympana pustulata），鳴聲清亮悠長。沸羹羹，如開水滾湯。《漢・五行志》：「言上號令不順民心，虛譁憒亂，則不能治海內。」小大，幼長；近，差不多；喪，亡。人，紂王；《傳疏》尚，通上。乎，語詞；由行，仍循舊道，不思改革。《高郵王氏父子手稿》頁 455「倒文。由讀猶，言猶然行此暴亂之事於人上也。」爨嬰矗 bì，怨怒。爰 yuán 覃 tán 延 yán 疊韻通借，延及。鬼方，商、周時的鬼方，在殷、周西北境部落。

韻部：商螗喪行方，陽部。

〔7〕時，善。《書・益稷》：「帝不時，敷同日奏，罔功。」舊，有用的憲章法度。老成人，德高望重的老臣。典刑，典型，法規。曾，竟然；莫聽，不聽用。大命，國家命運；以，因此；傾，傾覆。

韻部：時舊，之部；人，眞部；刑聽傾，耕部。眞、耕通韻。

〔8〕案：槙顚躓音義同 diān，沛通跋 bá，顚沛、躓跋，槙拔、顚僕、躓倒、頓僕、躓頓、顚覆，連語，僕，倒僕，滅亡；揭 jié，樹根上露。案：撥 bō 廢疊韻通借。害，傷害；敗 bài，撥讀如敗，敗亡。監通鑒，儆戒，教訓，鏡鑒。《周・太誓中》：「厥監惟不遠，在彼夏王。」《魯傳》《韓傳》《漢・劉向傳》：「《詩》曰『殷監不遠，在夏后之世。』亦言湯以桀爲戒也。」前 1036 年，周公還政，周成王《召誥》：「我不可不監於有夏，亦不可不監於有殷。」這是周代常語。商代的鏡鑒並不遠，近在夏后之世，夏桀滅亡即是教訓。末二句，詩眼。此爲千古政治箴言。結句深邃。《魯傳》《新書連語》：「《周諺》曰：『前車覆而後車戒』。」

韻部：揭害撥（敗）世，月部。

【評論】

案：《易經・繫辭下》：「作《易》者其有憂患乎！」憂患意識是十分重要的政治思想。《周・泰誓》：「天佑下民，……天矜（憐）於民，民之所欲，天必從之！…惟天惠民……厥監惟不遠，在彼夏王。……天視自我民視，天聽自我民聽。」《孟・告子下》：生於憂患而死於安樂。《魯》《荀・王制》：「君者，舟也；庶人者，水也。水則載舟，水則覆舟。」《齊》《漢・敘傳》：「曾是強圉，揹克爲雄，極虐以威，殄爾凶終。」《魯傳》《中說・王道》：「《蕩》，

傷周室大壞之詩也。天下蕩蕩，無綱紀文章。」蘇轍：「商、周之衰，典型未廢，諸侯未畔，四夷未起，而其君先爲不義，以自絕於天，莫可救止，正猶此爾。殷鑒在夏，蓋爲文王歎紂之辭。然周鑒之在殷，亦可知矣。」明・張以誠《毛詩微言》：「首章爲怨天之辭而自解之，見今日之事，非天所爲也。下文每二章一連，各含首章之意。二、三章內有『天降滔德』，四、五章內有『天不湎爾以酒』，六、七章內有『匪上帝不時』，各暗應首章。文有脈絡，意極懇至。末章深探亂本，歎其將亡，而欲其『殷鑒』二句尤妙，若無此語，全不見作者託言之意。章法神品。」《詩古微》：「幽、厲之惡，莫大於用小人。幽王所用皆佞倖、柔惡之人；厲王所用皆強禦、掊克、剛惡之人。」《會通》：「首章先淩空發議，末以『殷鑒不遠』二句結之，尤極惟燈匣劍之奇……顧震滄以爲千古絕調也。」下啓漢代蔡文姬《胡笳十八拍》、唐・陳子昂《感遇詩》、李白《古風》、杜甫《悲陳陶》《悲青阪》《三吏》《三別》。2014 年 9 月 9 日《揚子晚報》A2 版「8 月 27 日，習近平總書記發表重要講話，強調一定要敬終如始，一鼓作氣，善作善成，確保活動取得實效；強調解決作風方面存在的問題，根本要靠堅持不懈抓常、抓細、抓長。」

抑〔懿〕〔懿戒〕

抑抑威儀，	溫厚靜密的威儀，
維〔惟〕德之隅〔偶〕。	是美德的匹偶。
人亦有言：	人也有名言：
「靡〔無〕哲〔悊喆〕不愚，	「未有智者不佯作糊塗！
庶人之愚，	眾人的愚昧，
亦職維疾。	主要也是這種病，
哲人之愚，	智人的不聰明，
亦維斯戾。」〔1〕	也是畏懼那罪名。」
無競〔倞〕維〔惟伊〕人，	國王治國競強莫過於得到群賢，
四方其訓〔川順〕之。	全國都順從他；
有覺〔鵠梏較〕德〔悳〕行，	國王有偉大正直的德行，
四國〔或〕順之。	全國都順從他。
	〔國王有宏圖〕
訏謨〔漠〕定命，	遠大的計謀，正確的命令，

遠猶〔猷繇〕辰告。　　　　　宏偉的規劃，及時廣頒，
敬〔儆淑〕愼〔爾〕威儀，　　謹言愼行，注重威儀，
維〔惟〕民〔尸〕之則。〔2〕　這是民眾的典範。

其在于今，　　　　　　　　　原來在今日周幽王時，
興迷亂于政，　　　　　　　　恨其政迷亂無章，
顚覆厥〔麻厭〕德，　　　　　道德已經淪喪，
荒湛〔酖沈愖湛〕于酒。　　　沉湎酒色太荒唐。
女雖湛〔湛酖〕樂從〔克〕，　你唯追求縱酒享樂，
弗念厥〔麻〕紹。　　　　　　不念繼承先祖的功業輝煌。
罔敷求先王，　　　　　　　　如無普遍務行先王之道，
克共〔拱〕明刑，　　　　　　能拱執英明的法紀典章。
肆皇天弗尙。　　　　　　　　則上天不肯佑助，
如彼泉流，　　　　　　　　　如同泉水流光，
無淪〔熏薰勳〕胥以亡。〔3〕相繼敗亡！

夙興夜寐，　　　　　　　　　早起晚睡，
灑〔𤁗〕埽庭〔廷〕內，　　灑掃庭院，
維民之章〔彰〕。　　　　　　爲人民的榜樣。
修爾車〔輿〕馬，　　　　　　修整你的車馬，
弓矢戎〔戈〕兵，　　　　　　弓箭戈兵器準備停當，
用戒〔戒〕戎作〔作則〕，　用以戒備戰爭，
用逷〔逖剔〕蠻方。〔4〕　　用以治服蠻方。

質〔告誥〕爾人民〔尸人〕，　宣示你的民眾，
謹〔慎〕爾侯度，　　　　　　謹愼您的法度，
用戒不虞！　　　　　　　　　以防不測的變故。
愼〔敤誓〕爾出話！　　　　　謹愼您的發號施令和輿論，
敬爾威〔愄〕儀！　　　　　　謹愼您的威儀容止，
無不柔嘉。〔5〕　　　　　　一一都要善良英明。

白圭〔珪〕之玷〔刮砧〕，　禮器白珪有污點，
尙〔猶〕可磨〔磟礳摩〕也；還可以磨除啊；
斯〔此〕言之玷〔刮砧〕，　號令、輿論有缺汙，
不可爲也！　　　　　　　　　則不可以磨除啊！
無易由言，　　　　　　　　　莫要輕易隨意發令，
無曰「苟〔茍〕矣」！　　　莫說：「愼言急救，謹言愼行」，

莫捫朕舌，
言不可逝矣！〔6〕　　　　　　　　莫摀住我的舌頭」，
　　　　　　　　　　　　　　　　　一言既出，挽回不及！

無〔亡〕言〔而〕不讎〔售周酬詶詶〕，　沒有建言不被應答施用，
無〔亡〕德〔而〕不報〔惟民之則〕。　　沒有恩德沒有回報。
惠于朋友、庶民〔尸〕，　　　　　　要惠澤廣大及於朋友、平民，
小子！　　　　　　　　　　　　　年輕人！
子孫繩繩〔承愧〕，　　　　　　　　子子孫孫戒愼，
萬民〔尸〕靡〔是〕不承。　　　　　　萬民順從，奉承。
視爾友君子，　　　　　　　　　　示給你友愛君子之人，
輯柔〔脂〕爾顏，　　　　　　　　　溫和待人，
不遐有愆〔謇〕？〔7〕　　　　　　　遠離過愆！

相在爾室，　　　　　　　　　　　看您在室內，
尙〔上〕不愧〔媿〕于屋〔幄〕漏。　　對上無愧帳幕中祖宗神位。
無曰不顯，　　　　　　　　　　　莫要說不顯靈，
莫予云覯。　　　　　　　　　　　莫說看不見我，
神之格〔佫〕思，　　　　　　　　　神來享用，
不可度思，　　　　　　　　　　　不可測度，
矧可射〔斁〕思？〔8〕　　　　　　　更何況可厭乎？

辟爾爲德，　　　　　　　　　　　修明您的功德，
俾臧俾嘉，　　　　　　　　　　　使您更加完善，
淑〔吿〕愼〔訢〕爾止，　　　　　　謹愼於您的心尙至善，
不愆〔謇〕于儀。　　　　　　　　　莫使您的威儀有失！
不僭〔借僭譖〕不賊〔貧〕，　　　　不僭越禮制，不要有差忒，
鮮不爲則。〔9〕　　　　　　　　　很少不成爲法則。

投我以桃，　　　　　　　　　　　您把桃子贈送我，
報我以李。　　　　　　　　　　　善有善報，我用李子作回報，
彼童而角〔觷〕，　　　　　　　　　無角小羊胡亂撞，
實虹〔訌〕小子。　　　　　　　　　是惑亂咱年輕人。
荏染柔木，　　　　　　　　　　　堅韌細緻的好木材，
言緡〔緍〕之絲。　　　　　　　　　繫上絲絃製作琴，
溫溫恭〔共〕人，　　　　　　　　　溫厚謙恭的君子，
維〔惟〕德之基。〔10〕　　　　　　唯以德行爲作人的根本。

其維哲人，
告之話〔詁詁喆〕言〔語〕，
順德之行。
其維愚人，
覆謂我僭，
民〔尸〕各有心。〔11〕

如果爲哲人，
善言相告，哲言相告
順沿德行而進。
如果是糊塗人，
反而說我譖毀，
人各有各的心性。

於呼〔於乎烏乎於戲嗚呼〕！小子，
未知臧否。
匪手攜〔攜〕之，
言示之事；
匪面命之，
言提其耳。
借〔籍藉〕曰未〔不〕知〔智〕，
亦既抱子。
民〔尸〕之靡盈，
誰夙知而莫〔暮慕〕成？〔12〕

小子！嗚呼！年輕人！
尙不明善惡是非，
不但用手扶持提攜您，
而且把因果來說明；
不但當面提示教導您，
而且提撕您耳加以提省，
即使說無智，
須知自己已是抱子之人。
人只要不自滿，
誰早上聞知，晚上成功？

昊天孔昭〔炤〕，
我生〔王〕靡樂。
我心慘慘〔懆〕，
誨爾諄諄〔訰肫純忳〕，
聽我〔之〕藐藐〔邈眊〕。
匪用〔爲〕爲〔用〕教，
覆用爲虐〔謔〕。
借〔藉藉〕曰未知，
亦聿〔聿來〕既耄。〔13〕

上天非常明白，
我生來並不快樂。
我憂愁難申，
我懇切地忠告您，教導您，
您卻蔑視我，冷冷淡淡。
非但不以爲教導，
反而以爲是戲謔玩笑，
即使說不懂事，
也已是八十九十老耄。

於乎！小子！
告爾舊止！
聽用我謀，
庶無大悔。
天方艱難，
曰〔聿〕喪厥〔厭〕國。
取譬〔辟〕不遠，
昊天不忒。

嗚呼！年輕人，
告知您久老的禮儀，
採納我的計謀，
也許不致大後悔。
天方降下災禍，艱難，
國家社稷已分裂。
取個譬喻並不在遠，
上天並無差失。

回遹其德，　　　　　　　　　德行邪僻最危險！

俾民〔尼〕大棘〔急〕。〔14〕　　使民眾大為困急！

【詩旨】

案：此詩是前 812～前 758 年在位的衛武公，即《竹書紀年》公伯和，《史·衛世家》共伯和，作為親歷宣、幽、平王的老臣，周平王司寇，自儆與刺幽、平之作，作於前 769 年。是一位周代政治家清醒地預感到「訏謨定命，遠猷辰告」的重要，「弓矢戎作，用逷蠻方」，「子孫繩繩，萬民是承」，提出「慎言」「聽謀」無悔的建言，指出「天方艱難，曰喪厥國」的危險，從而揭示「回遹其德，俾民大棘」的政治危殆，與《逸周·芮良夫解》「民至億兆，后（王）一而已。寡不敵眾，后其危哉！」同調。這是一首關於自警與警世的傑構。《詩補傳》《讀詩記》《詩緝》以為衛武公少年時作。《編年史》繫於前 758 年。邵炳軍博士《〈詩·大雅·瞻卬、抑〉繫年輯證》：「故《抑》詩當作於周幽王十一年（前 771 年）至周平王三年（前 768 年）之間，與《青蠅》《賓之初筵》均為一時之作，且當作於《青蠅》和《賓之初筵》之後。」（《郁賢皓先生八十華誕紀念文集》，中華書局，2011，33.）據邵炳軍博士輯證，《抑》、《青蠅》、《賓之初筵》為衛武公作，詳《河北師大學報》2000.1、《西北師大學報》2003.3、《甘肅高師學報》2001.6。

〔魯說〕《衛世家》：「武公即位，修康叔之政，百姓和集。四十二年，犬戎殺周幽王，武公將兵往佐周平戎，甚有功，周平王命武公為公。」

〔齊說〕《鹽鐵論·世務》：「事不豫辨，不可以應卒。內無備，不可以禦敵。《詩》云：『誥爾民人，謹爾侯度，用戒不虞。』故有文事，必有武備。」

〔韓說〕漢·侯苞《韓詩翼要》「衛武公刺王室，亦以自戒。行（《正義》作計，檢《續修》1201/293 作計）年九十有五，猶使人日誦是詩，而不離於其側。」

《毛序》：「《抑》，衛武公刺厲王（《衛世家》《十二諸侯年表》《楚語》：衛武公時年 95 歲而卒，經周平王 13 年，宣王 46 年，共和 14 年，周厲王 34 年召穆公諫厲王弭謗，衛武公詩中以老臣口吻諫周厲王不大可能，當是刺平王。《正義》以為追刺厲王。），亦以自警也。」《朱子語錄》81 否定刺厲王說。臺灣三民書店版臺灣學者余培林《詩經正詁》：告誡同僚之詩。

【校勘】

〔1〕以歐陽修《詩本義》分章爲準，有別於《疏》。《魯》《釋訓》《單疏》作《抑》，《楚語》作《懿戒》。本字作懿，《毛》抑，《韓》《楚語》懿，抑通懿。《唐石經》《唐抄文選集注彙存》3.169 維、隅，《三家》《漢・敍傳》《後漢・東平憲王傳》《高頤碑》《劉熊碑》惟隅，《集注》《定本》隅，《新證》偶，維通惟，作隅作偶俱可。《毛》靡哲，《魯》《淮南・人間訓》注無哲，哲一作喆悊，《釋文》喆，本又作哲，亦作悊，同。

〔2〕案：本字作倞，《單疏》競、維，《逸周・大匡解》《魯》《呂覽・求人》「無競惟人」，《唐石經》《五經文字》倞，《毛詩音》競古音如彊。《毛》維，《魯》蔡邕《陳留太守胡公碑》《呂覽・求人》高注引作惟，又作伊，蔡邕《祖德頌》作伊，《單疏》《齊》《繁露・郊語》《魯》《孝經》《新序》5《九歎注》《詩集傳》覺，《魯》《釋詁下》較，《射義》鵠 gǔ，《魯》《釋詁》《齊》《緇衣》梏，覺鵠較讀梏。案：本字作順，《唐石經》訓，讀如順，《楚竹書・緇衣》「又有共惪（德）行，四或川之」，《郭店簡》又收惪行，四方忑（順）之，惪古字，《左傳・襄 26》《詩考異》「四方其順之」。訓讀順。川忑訓，古順字，郭店楚簡《性自命出》簡 27：「凡遑（動）民必訓民心」。或，國。案：覺梏較鵠同，正直。《毛》謨，沉重作漠，《釋文》謨，本亦作漠，漠通謨。案：本字作猷，宋・宋祁《宋景文公筆記上》引作猷，金文作「宇慕遠猷，」《毛》《箋》《單疏》猶，又作繇，《三家》《韓詩外傳》6 猷，繇猶通猷。《毛》慎、維，《齊》《漢・匡衡傳》淑慎惟。《三家》《匡衡傳》《中論・法象》《韓詩外傳》6、《左傳・襄 31》惟，爾、維，師受不同。

〔3〕案：《毛》厥，《漢石經》厥，同。本字作媅，媅，《說文》妉，《說文》《四家》湛，《唐石經》湛，避唐諱，《韓詩外傳》10 愖，《釋詁》妉，《魯》《齊》《漢・五行志》沈，《大戴・少閑》耽，案：湛酖沈耽妉愖通媅（酖），湛古字。《毛》樂從，《唐石經》「樂」旁有「克」字，誤。《毛》共，《魯》《韓》《玉篇》拱，《毛詩音》共即拱。《單疏》《唐石經》泉流，馮登府校：流泉，誤。林義光《詩經通解》：「罔傳求先王克共明刑」九字句。《毛》淪，《魯》蔡邕《釋誨》熏，《齊》《漢・敍傳》注引作薰，《後漢・蔡邕傳》作薰，注引《韓》作勳，淪 lún，〈古〉來諄，熏薰勳 xūn，〈古〉曉文，聲近通借。

〔4〕《毛》灑，《韓詩外傳》6 灑，灑灑古今字。埽古字。案：本字作廷，《唐石經》初刻作庭後改作廷，《毛》庭，小字本、相臺本作廷，何《校》作

廷。《毛》章,《毛詩音》章即彰。《唐石經》車、用戒,戒作用邊,《漢石經》P2514戓,同。《魯》《潛夫論・勸將》車作輿、戒作戈,「用戒作則」,邊作逆,案:車輿同,作則當爲戎作。本字作剔,《齊》《韓》《箋》剔,邊逆通剔,邊古字。

〔5〕當依《魯》、《爾雅》郭璞注引作「質爾民人」。《漢石經》《考文》「告爾民人」,《三家》《說苑・修文》《鹽鐵論・世務》:「告(《漢石經》作口,當爲告)爾民人,謹爾侯度,用戒不虞」,《唐石經》質爾人尸,《正義》《鹽鐵論》《爾雅注》民人《毛詩音》:民人,作人民,誤倒。《韓詩外傳》6 告爾民人,《齊》《世務》「詰(《詩考》亦作詰)爾民人」,魏《三體石經》詰作告,近似,告詰同,質通告,《定本》《毛》作「人民」,誤。《毛》謹爾侯度,《詩考》引《左傳》「慎爾侯度」,《毛》慎、話,郭店楚簡《緇衣》簡 30 誓愄,滬博楚竹書《緇衣》慎作歖,案:《四家詩》當作「謹爾侯度」,《漢石經》「謹」,《靈臺碑》謹,滬博《緇衣》歖,《唐石經》謹。《說文》話作詁,師受不同,《楚簡》《左傳・文 6》話。《毛》柔嘉,《說文》腬嘉。

〔6〕《魯》《晉世家》猶,《毛》尚,猶尚古通。《毛》圭、玷、磨,楚竹書《緇衣》簡 18 作珪、砧、磊,《三家》《說文》刮、礦、摩,磨俗字。《晉世家》珪玷,《說苑・晚從》《緇衣》玷,俗字,刮古字,圭珪同,磊礦古字。《毛》《箋》苟,《說文》當依《說苑・善說》《唐石經》薛壽《學詁齋文集》《例釋》苟。

〔7〕《魯》《太尉喬玄碑陰》《箋》《單疏》無言不讎,《齊》《王莽傳》亡言不讎,漢籍無多作亡,亡讀如無。《魯》《思玄賦》引《毛》作酬,《列女傳・周主忠妾傳》醻,《墨・兼愛下》「無言而不讎,無德而不報。」《詩考》引《漢》:「亡德不報,惟民之則。」《類聚》詶,《韓詩外傳》10「無言而不酬」。《釋文》售,一作讎。案:古作周,醻酬古今字,通作讎,售是俗字。《毛》無,《齊》《魏相丙吉傳》亡,無,漢代多寫作亡。《漢石經》《毛》繩繩,謝沈書引作慎,《韓詩外傳》10 承承,《詩考補遺》引《三家》《釋訓》愲愲,《釋言》繩繩,戒也,《釋訓》《釋文》本字作愲,又《毛》訓繩繩爲承,《韓》承承,與下句犯重,則本作愲,繩通愲。詩字異義同之例。案:本作萬民是承,《箋》《疏》不訓「靡」字,《唐石經》、小字本、相臺本、《毛》萬民靡不承,《箋》無靡,《釋文》靡,一本作是。當是萬民是不(讀如丕,丕,大;或讀如 bù,語詞)承,即萬民是承,「靡」字衍。詳臧琳《經義雜記》11。

〔8〕《唐石經》尙，《魯》《韓》《漢·劉向傳》《御覽》《毛》愆《三家》《禮記·緇衣》《爾雅》《說文》諐，諐古字。作上，尙通上，《毛》愧、屋，《箋》《釋文》《正義》《白文》媿幄，《唐石經》媿屋，愧或體，媿古字。《毛》漏，《說文》屚，古字。《毛詩音》幄，屋是幄之省。案：本字作佫，魏《三體石經》《毛詩音》格通佫，《毛》射，射通斁。佫，《毛》格。

〔9〕《毛》愆、僭，《詩考》引《禮》諐。滬博楚竹書《緇衣》簡16作「㤉斳爾止（淑愼爾止），不侃（諐）」，諐愆古今字。郭店楚簡《緇衣》簡23作「㤉誓〔淑愼〕爾止，不侃（諐）於義（儀）」諐愆同。《緇衣》簡30「誓爾出話，敬爾悁義」誓，愼；悁，威。《釋文》譖，本亦作僭，案：本作僭，《魯》《荀·臣道》S.6196V 僭；作譖，非；僭，同。《漢石經》「不僭不賊，鮮不爲則」。《蔡侯鐘》「不諐不貣」，貣 tè，忒，賊當爲貣（忒）。

〔10〕本字作訧，詳《釋文》阮《校》《毛》於乎，《韓》《出師表》注引作嗚呼，於乎讀如嗚呼。案：本字作訌，虹讀如訌，讀之虹 hòng，《毛》虹，《魯》《爾雅》郭注《玉篇》訌，虹通訌。《毛詩音》：虹，即訌。《毛》恭，《釋文》共音恭，本亦作恭。《毛》維，《魯》《荀·不苟》惟，維通惟。《說文》《單疏》緝，《唐石經》緍，避唐諱。阮《校》：《毛》誤作覺，他本皆作角。

〔11〕《毛》《說文》引《左傳》、《爾雅》舍人注作「告之話言」，《左傳·文6》著之話言，《釋文》引《說文》《考文》詁言，S.6196V 作詁，詁通哲，《說文》譮，合令言也；又詁，故言也，段玉裁：詁言。從上古音分析，詁話話，聲近義同。《虋詁》：僭，譖之假。詁當是喆字的形混而誤，喆哲古今字，當是異本。

〔12〕《毛》於呼，《釋文》《正義》《唐石經》S.6196V 小字本、相臺本作於乎，《考文》烏呼，《魯》《書》嗚呼，《樊敏碑》嗚譁，《楚辭章句》《韓》《匡謬正俗》嗚呼，《齊》《漢·五行志》嗚譁，字異音義同。《毛》借、知、未、莫，沉重：知音智，《齊》《漢·霍光傳》籍，《漢·薛宣朱博傳贊》藉，案：籍借通藉，S.6196V 未作不，未通不。下同。案：本字作暮，《考文》暮，《釋文》莫音暮，S.6196V 作暮，《釋文》本亦作暮，莫古字。

〔13〕《毛》昭，《說文》炤，同。《毛》生，S.6196 作王。案：本字作懆，《唐石經》慘，《魯》《釋訓》《五經文字》《毛詩音》《釋文》《疏》懆，在宵部，《傳疏》阮《校》：「慘慘，當作懆懆」，避魏武帝諱。作慘（慘）（在侵部），不合韻。《毛》諄諄，《詩考補遺》《書大傳》引《三家》訰訰，《中

論‧虛道》諄諄，《齊》《中庸》鄭注引作忳忳，《書大傳》注引、《釋訓》《釋文》字又作訰，字異義同。案：本字作邁，《毛》藐，《淮南‧修務》高注引作邁，《魯傳》《中論》「我」後有「之」字。《毛詩音》藐音邁，《玉篇》《詩考補遺》引《三家》邈邈，《齊》《洪範五行傳》鄭注引作眊眊，師受不同。《毛》亦聿，《台》S6196V 聿來。《唐石經》，匪用爲教，《毛》匪爲用教，當依《唐石經》。

〔14〕《毛》於乎，《魯》《楚辭序》嗚呼，於乎嗚呼同。《毛》曰，《韓》聿，同爲語詞。《毛》譬，《魯》《列女傳‧周郊婦人傳》《台》128/122《毛詩音》辟，辟讀如譬。《毛》棘，《毛詩音》棘，即急。

【詮釋】

〔1〕案：衛武公和，犬戎之亂時，他舉兵入立平王，東遷於雒。95 歲時，其《耄銘》云：「自卿以下至於師長，苟在朝者，無謂我老耄而舍我，必恭恪於朝，朝夕以交戒我；聞一二之言，必誦志而納之，以訓導我。」《抑》詩是《耄箴》的詩化。抑讀如懿，懿懿 yìyì，溫厚靜密貌。《說文》懿，專久而美也。《單疏》「言人有此抑抑然密審之威儀。」維通惟；案：隅通偶，匹配，內德外儀，辯證統一。一說隅 yú，廉正。正，嚴正，《後漢‧東平憲王傳》引《抑》李賢注：「言人審密於威儀抑抑者，其德必嚴正，如宮室之制，內繩直則外有廉隅（端正廉明）。」靡，無；哲，智；不，非；愚，大智若愚。庶，眾；職 zhí，只；疾，病。案：維通爲，如《大明》「維予侯興，」《生民》「時爲后稷。」戾 lì，反常，不善。詳《慧琳音義》6、53 引《箋》《韓詩》。維，讀如畏。《傳》：職，主；戾 lì，罪。

韻部：隅愚，侯部；疾戾，質部。

〔2〕人，古哲昔賢。德與威儀是內在與外表的辯證統一。《逸周書‧和寤解》：「王曰：『嗚呼！敬之哉！無競惟人。』……」《烈文》「無競惟人。」《大匡解》：「夙夜濟濟，無競惟人，惟允惟讓。」無，助詞；競讀如倞 jīng，強；維、伊，於。能大量用賢良則敬於事，成於業。倞強無敵，惟在得眾擁有群賢，《逸周‧大匡解》：「夙夜（夙興夜寐）濟濟，無競惟人，惟允惟讓。」言明人材的戰略意義，要倞強無敵則惟在得賢良。《魯傳》《呂覽‧求人》高注：「國之強，惟在得人。」案：訓，讀如順，《楚竹書》《左傳‧襄 26》順，字異義同之例，詩人避重。《毛傳》訓，教也。鵠 gǔ，覺較梏 jué，正直，高大，修明。訏，謨。漠，疊韻詞，規劃，謀略；定，審定，確定，商定；命，

號令。遠，遠大；《箋》猶（猷），圖，繇猶通猷，宏圖；辰，及時；告，頒佈，周知。「訏謨定命，遠猶辰告」據《世說新語・文學》此是晉代政治家謝安所激賞的千古名句，以爲「有雅人深致」。敬，謹。惟維通爲，爲，是；則，典型。

韻部：訓順，文部；告，幽部；則，職部。幽、職通韻。

〔3〕朱熹訓：興，尙。章太炎《膏蘭室札記》興通嘻，猶噫歆之爲噫嘻，皆一聲之轉，先爲歎息聲，以發其悲痛。案：興 xìng，讀如悻 xìng，恨。於，其恨其政迷亂，湛酖沈耽妉惉通媅 dān 樂，其道德淪喪，荒酖於酒色。雖，唯，上古音舌頭音心紐與牙音餘紐準鄰紐，雖通唯；從，縱，縱酒享樂。弗，不；念，思；厥，其；紹，繼承。案：罔，無；傅，敷，普，廣；求，務，務行先王明德保民的治國之道；克，能；共，恭，共通拱，拱執，執行；明刑，法度。肆，如今；弗，不；皇天，上天；尙，保佑。朱熹：弗尙，厭棄。流，流逝。無，語詞；熏薰勳 xūn 淪聲近通借，（淪 lún）胥，相繼因牽連而受刑；以，而；亡，敗亡。《康誥》「克明德愼罰。」《新證》：「是古人飲宴天下以愼動靜、謹威儀爲言也。」

韻部：酒，幽部；紹，宵部。幽、宵通韻。王尙亡，陽部；刑，耕部。耕、陽合韻。

〔4〕灑掃；庭，廷。維通爲；章爲法則。戎兵，兵器。修，修繕完備。《潛夫論・勸將》：「《詩》云：『修爾興馬，弓矢戈兵，用戒作則，用逖蠻方』。爾、小子，衛武公自稱。戎亦戈，用戒，用以戒備；戎作即《書・說命中》起戎，戰爭。逖逖古今字，通剔，剔，治，治理。蠻方，《周禮・職方氏》：王畿外方五百里是侯服，侯服外方五百里是甸服，甸服外五百里是男服，男服外方五百里是衛服，衛服外方五百里是蠻服。蠻方泛指邊遠。

韻部：章（彰）兵方，陽部；寐內，微部。

〔5〕質告讀如誥，教育、告誡。民人，民眾。案：謹，謹守；侯，助詞；度，法紀。《齊說》《鹽鐵論・世務》：「《詩》云：『誥爾民人，謹爾侯度，用戒不虞。』故有文事，必有武備。」或承上章訓爲：侯通堠 hòu，關卡、土堡、哨樓；度通渡，渡口，關隘。戒，戒備；不虞，不測，意料不到的事故。話，善言。敬，謹。案：腬柔、柔嘉，雙聲疊韻詞，溫和，善良，美好。《魯傳》《韓傳》《說苑・君道》：「人君不直其行，不敬其言者，未有能保帝王之號，垂顯令之名者也。」

韻部：度，鐸部；虞，魚部。鐸、魚通韻。儀嘉，歌部。

〔6〕案：此章妙於況譬，善用反喻，突出關於言論主張命令一旦錯誤則無法挽回的詩旨，蘊含哲理。圭珪古今字，瑞玉，祭祀的主要禮器。言，政令教令。玷玷古今字 diǎn，點，缺陷，污點。案：爲 wéi，磨 mó，爲磨疊韻通借，爲、磨，詩人避重，字異義同之例，爲、摩，治，補救。無，勿；易，輕易；由，於；言，發表言論。苟，當爲茍 jì，亟於警戒自己，謹言慎行。《說文》茍，自急敕也。《箋》作苟 gǒu，「女（汝）無輕易於教令，無曰苟且（隨便，馬虎，不慎重）如是。」莫，勿；捫 mén，持；朕 zhèn，我。逝，及，追及，《十畝之間》：「行與子逝兮。」《魯說》《說苑・說叢》：「出言不當，四馬不能追也。」

韻部：磨爲，歌部；舌逝，月部。

〔7〕案：售酬通讎 chóu，答，答應，有建言則被採用。《箋》《釋文》：讎物價，應對物價謂之讎。無善而不被應答，無恩德而不被回報。案：施惠澤於廣大的朋友、平民。惠，愛，《箋》：惠，順。於，及；庶民，平民；小子，年輕人。小子，周平王。邵炳軍博士《詩・大雅・瞻卬、抑繫年輯證》：「《抑》爲衛武公在周平王未除喪時所獻之詩。……故此詩所諫爲一位年輕而未除喪之王。」子孫，指國王、權貴的後裔；繩繩、承承通愢愢 shéngshéng，戒慎貌。萬民是不承，不，語詞；承，順從，奉承。視，示給；爾，你；友，友愛；君子，君子之人。輯 jí 柔，連語，溫和；顏，臉色好，語言好。不，有，助詞；遐，遠離；愆愆 qiān，過失。警戒語。讎（醻酬）chóu、報。

韻部：酬報，幽部；友子，之部；繩承，蒸部。顏愆，元部。

〔8〕案：此章戒人貴於敬祖，慎終追遠，貴於慎獨。案：相通饗，《禮記・郊特牲》：「相，饗之也。」尙通上；不愧，不愧對於上天與先祖；屋通幄；漏通陋，隱，古代在宗廟或家中的西北隅設帳幕，供奉先祖神主，言不愧對列祖列宗。無通勿；曰，說；不，未；顯，顯靈，《疏》：顯得爲明；莫，不；予，我；云，語詞；覯，見。洛格 gé，至；思，語詞，下同。度，測度。矧 shěn，況且；射，射覆，射中，承上句，猜透揣度。射（讀如斁 yì），厭倦。《詩本義》：修慎容德，爲人儀法。

韻部：漏覯，侯部；洛（格）度射（斁），鐸部。

〔9〕辟 bì，修明，彰明，《箋》：辟，法；維，語詞。俾 bǐ，使；臧嘉，連語，善良。《單疏》頁 374「『辟爾爲德』，所以能『俾臧俾嘉』之意，由君

爲善，則民善之，『辟爾爲德』是汝爲善也。『俾臧俾嘉』是則民善也。」《傳疏》愼，誠。淑愼，善，謹愼；止通禮，禮儀，容止。案：如訓止爲容止，則與禮儀不免重複，當訓爲《魯傳》《荀·修身》「然而君子不辯，止（至善）之也」之止。《左傳·襄30》引《詩》：「淑愼爾止，無載爾僞」，《周書·周官》：「位不期驕，祿不期侈。恭儉惟德，無載爾僞。」《傳》止，至。愆，過失。譖 zèn 讀如僭 jiàn，僭越，一說虛假；賊 zéi 通貣（忒）tè，差錯。《魯》《招魂注》賊，害也。鮮，少；則，法，典型。

韻部：嘉儀，歌部；賊，職部；德止則，之部。職、之通韻。

〔10〕主感化、教化人民，《齊傳》《鹽鐵論·和親》：「未聞善往而有惡來者。」報，回報；童，禿，童羊無角；而，以，以爲。案實，寔，是；虹 hóng，讀如虹 hòng，敗之虹即訌 hòng，訌讀之訌，無價值無意義的爭吵，惑亂。亂，潰敗。黃焯《平議》：童羊而角，以喻嬖倖之橫干政事者。荏染 rěnrǎn，堅韌、密緻。言，發語詞。緡（緍）mín，綸 lún，繫上；絲，安上絃線。溫溫，溫良厚重；共，讀如恭，恭敬於事，敬業敬民之人。維、惟通爲是；基，極，則，準則。

韻部：李子絲基，之部。

〔11〕其維，如若是，《左傳·僖9》：「其濟，君之靈也。」話言，善言。案《英藏》10/160S6196V 作詰，詰讀如喆，喆哲古今字，哲言，聖哲之言，明智科學之論。段玉裁、陳奐：《釋文》引《說文》詰言，話是『詰』字之誤也。詰 gǔ 言，古道常典。覆 fù，反而；謂，認爲；僭讀如譖 zèn，譖毀。《箋》僭，不信。

韻部：人，眞部；言，元部。眞、元合韻。僭心，侵部。

〔12〕嗚呼、烏乎，嗟歎詞；臧否 zangpǐ，善惡。言，語詞；示，指示、明示。匪，非，不但；言，助詞。提攜 tíxié、提斯、牽引、提撕 tíxī 疊韻詞，耳提面命，教導、提醒。《魯傳》《楚辭章句敘》：「風諫之語，於斯爲切。」借籍通藉，藉曰，假如說；知，讀如智。亦，也；既，已是；抱子，抱子之人。靡，不；盈，滿，自滿。誰，何人；夙知，能聞知於早上；而，就；莫通暮，晚上即成材。

韻部：子否之事之耳子，之部；盈成，耕部。

〔13〕舊 jiù，通久。昊天，上天；孔，非常；昭炤，明，明白。我，立訓者。夢夢 méngméng，昏庸糊塗。慘通懆，懆懆 cǎocǎo，憂愁不申貌。諄諄、

忳忳、肫肫 zhūnzhūn，忠誠而教誨不倦貌。《齊傳》《中庸》：忳忳其仁。朱熹：詳熟也。藐藐邈邈 miǎomiǎo、眊眊 màomào，疏遠昏庸拒諫貌。匪，非；用，以爲；教，政令，教令，教導。覆，反而；用，以爲；虐通謔 xuè，戲言。《詩補傳》：「不以我之言爲教誨之道，反謂我之言爲相虐（謔）。」『借曰』，『藉曰』，假如說；未知，不懂事。亦，也；曰聿，助詞；既，已；耄 mào，八十、九十歲。

韻部：昭懆（懆在侵部）藐（邈眊）教耄，宵部；樂虐，藥部。宵、藥合韻。

〔14〕於乎，嘆詞；小子，後輩。告，告知，告誡；爾，你等；舊，舊的憲章大法；止，讀如禮。《傳》：止，至也。聽用，連語，用；謀，計策，建言。庶，幸；無，不會；大悔，遺恨。亡國的諱詞。案：曰同吷，詮釋之詞；喪，滅亡；厥，其；國，國運。取譬，所用比喻；不遠，即《蕩》之「殷鑒不遠，在夏后之世，」此詩「其在於今，興迷亂於政。顛覆厥德，荒湛於酒，」「用戒戎作，用逷蠻方。」周公《蔡仲之命》：「皇天無親，惟德是輔。民心無常，惟惠之懷。」忒 tè，差忒。陳奐訓變。回遹其德，爲協韻而倒句，其德回遹，回讀如邪，回遹，邪曲，邪僻。棘通急，危急。《正義》：「王之爲政當如昊天之德，寒暑有常不爲差忒。王何以不效昊天有常，反爲無常，而邪僻其德，貪暴稅斂，而使下民資財皆盡，甚大困急。我以是故而諫王也。」

韻部：子止謀，之部；難遠，元部；國忒德棘（急），職部。

【評論】

案：《魯傳》《荀·大略》：「國將興，必貴師而重傳。」《楚語上》：「昔衛武公年數九十有五矣，猶箴儆（箴，刺；儆，戒）於國，曰：『自卿以下，至於師長，士苟在朝者，無謂我老耄而舍（捨，不諫戒），必恭恪於朝。朝夕以交戒我。』於是乎作《懿戒》以自儆也。及其沒也，謂之『睿至武公』。」《魯傳》《呂覽·求人》高注：「身定，國安，天下治，必賢人……『無競惟人，四方其訓之』，無競，競也。國之強，惟在得人。」《潛夫論·德化》：「治天下，身處汙而放情，怠民事而急酒樂，近頑童而遠賢才，親諂諛而疏正直，重賦稅以賞無功，妄加喜怒以傷無辜，故能亂其政以敗其民，弊其身以喪其國者，幽、厲是也。」《齊傳》《春秋繁露·郊語》：「《詩》曰：『有覺德行，四國順之』覺者，著也，王者有明著之德於世，則四方莫不響應，風化善於彼也。故曰悅於慶賞，疾於法令。」《單疏》頁371：「詩者人之詠歌，情之發

憤，見善欲論其功，覩惡思言其失，獻之可以諷諫，詠之可以寫情，本願申
己之心，非是必施於諫，往者之失誠不可追，將來之君，庶或能改，雖刺前
世之惡，冀爲未然之鑒。」《續〈讀詩記〉》3，「且勸且戒，其辭緩，末章之
辭切矣。」案：《文心・神思》：「積學以儲寶，酌理以富才」，「獨照之匠，窺
意象而運斤。」案：此詩文章彪彬。這是一首吐納眾境、以語妙見長的文人
詩，首章以德提起全篇，寫德爲裡、威儀爲表的內在辯證關係；二章提出賢
人及其德的無比重要；三章用藝術的解剖刀，「興迷亂於政，顛覆厥德，女雖
湛樂從，弗念厥紹」；四章揭示「無淪胥以亡」的政治危亡之果；五章寫謹爾
法度；六章寫糾正疵玷，「無易由言」；七章強調貴族子弟尤應戒慎；八章愼
終追遠，敬祖愼獨；九章修明德行；十章指出恭人德基；十一章順德之行；
十二章耳提面命；十三章善用對比；十四章「回遹其德，俾民大棘，」全文
意象鮮活，用詞老到而形象，可爲名句者迭出如「抑抑威儀，維德之隅，」「有
覺德行，四國順之」，「訏謨定命，遠猷辰告，」「用戒戎作，用逖蠻方，」「白
圭之玷，尚可磨也；斯言之玷，不可爲也」，「無言不讎，無德不報」，「投我
以桃，報之以李」，「匪手攜之，言示之事；匪面命之，言提其耳」，「回遹其
德，俾民大棘」，全詩比喻生動，情理兼備，波瀾起伏，語言幽默，亦莊亦諧，
栩栩如生，凡 114 句，蔚爲大觀。《世說・文學》：謝安因子弟集聚，《毛詩》
何句最佳？謝安說：「訏謨定命，遠猷辰告，」謂此句偏有雅人深致。

桑　柔

菀〔苑〕彼桑柔〔桒〕，其下侯〔矦〕
旬〔徇洵均〕，捋〔寽〕采其劉，瘼此
下民〔𡊟〕。

桑林多茂盛，樹下好涼蔭，桑葉尋
光光，苦了樹下庇蔭人。

不殄心憂。

心憂不絕愁如海，

倉〔愴〕兄〔況怳〕塡〔塵瘨〕兮，
倬彼昊天，
寧不我矜〔矝〕！〔1〕

愴愴怳怳久悲憫。
高大光明那上蒼，
竟不哀憐咱人民！

四牡騤騤，
旟旐有翩〔偏〕，
亂生不夷，
靡國不泯〔㞱泜〕，
民〔𡊟〕靡有黎，

四匹公馬奔不停，
旗幟招展都舒張，
四處禍亂未平息，
無國不亂心惶惶。
民眾所剩不眾，死亡無分老幼，

具禍以燼〔畫盡〕。　　　　　　　　都遭禍亂兵火成灰燼。
於乎！有哀，　　　　　　　　　　　嗚呼！哀哀多悲痛，
國步斯頻〔顰瀕〕。〔2〕　　　　　　國運危急，災禍頻頻。
國步滅〔蔑〕資，　　　　　　　　　國運艱難已無定，
天不我將。　　　　　　　　　　　　天也不把咱來養。
靡無止疑〔凝礙〕，　　　　　　　　沒有地方尚安靖，
云徂何往？　　　　　　　　　　　　要走不知往哪行？
君子實維秉心無競〔倞竸〕。　　　　君子是持心競強國復興，
誰生厲〔蘆之〕階，　　　　　　　　誰人製造這禍端，
至今為梗〔瘐鯁〕？〔3〕　　　　　　至今作梗危害人？
憂心慇慇〔殷隱〕，　　　　　　　　憂心深深太悲傷，
念〔念〕我土宇。　　　　　　　　　念我國土無保障。
我生不辰，　　　　　　　　　　　　生不逢時可憐我，
逢天僤〔亶憚癉〕怒，　　　　　　　遇天大怒難安詳，
自西徂東，　　　　　　　　　　　　自從西京到洛陽，
靡所定處。　　　　　　　　　　　　沒有我安身的地方。
多我覯痻〔瘖痕〕，　　　　　　　　我遭禍亂實在多，
孔棘〔棘棘〕我圉。〔4〕　　　　　　邊境防禦的局勢危急誰屏障？
為謀為毖，　　　　　　　　　　　　國事善謀應慎密，
亂況〔兄〕斯削。　　　　　　　　　禍亂方才得減輕。
告爾〔女〕憂恤〔卹〕，　　　　　　告誡厲王憂國事，
誨爾〔女〕序爵。　　　　　　　　　教誨以賢能等次授爵祿。
誰能執熱，　　　　　　　　　　　　執熱誰能不著急，
逝〔鮮〕不以〔用〕濯！　　　　　　很少能不洗個熱水澡！
其何能淑，　　　　　　　　　　　　今日之政何能善？
載胥及溺〔休〕？〔5〕　　　　　　　相率覆沒無完巢。
如彼遡〔愬〕風，　　　　　　　　　如同迎著大風走，
亦孔〔恐〕之僾，　　　　　　　　　呼吸而難得舒暢。
民〔臣〕有肅心，　　　　　　　　　人民本心肅敬心，
荓〔拼迸〕云不逮。　　　　　　　　使他有力趕不及。
好是稼穡〔家嗇〕，　　　　　　　　愛此農業是基礎，
力民〔臣〕代食。　　　　　　　　　勤民務農代食祿，
稼穡〔家嗇〕維寶，　　　　　　　　農業古來是至寶，
代食維好。〔6〕　　　　　　　　　　收糧代祿方為好。

天降喪亂，
滅〔威〕我立王。
降此蟊〔蜂蚤〕賊〔賊蜂〕，
稼穡卒痒。
哀恫〔恫痌〕中國，
具贅卒荒。
靡有旅〔膂〕力，
以念〔念斂〕穹蒼〔倉〕。〔7〕
維〔惟〕此惠君，
民〔弖〕人所瞻〔彰〕。
秉心宣猶，
考慎其相。
維〔惟〕彼不順〔慎〕，
自獨俾〔卑〕臧，
自有肺腸，
俾〔卑〕民〔弖〕卒狂。〔8〕
瞻彼中林，牲牲〔优詵优莘〕其鹿。
朋友已譖〔僭〕，
不胥以穀〔穀〕。
人亦有言：
「進退維〔惟〕谷。」〔9〕
維〔惟〕此聖人，
瞻言百里；
維彼愚人，
覆狂以喜。
匪言不能，
胡斯〔此〕畏忌！〔10〕
維此良人，
弗求弗迪；
維彼忍心，
是顧是復。
民〔弖〕之貪亂，
寧爲荼毒？〔11〕

天降喪亂多動盪，
滅我屬王費思量。
上天降下這蟊賊，
田裡莊稼全吃光。
哀痛啊咱們中國，
各地連續大災荒，
可憐沒有迴天力，
以遏上蒼降災荒。
惟此仁和愛民的國王，
人民大眾所尊仰，
持心周遍宣佈大規劃，
審慎選擇好卿相。
只有那悖逆的國王，
自顧自地極奢狂，
別有一副壞心腸，
使得人民盡怒性無常。
看那密密山林中，鹿成群。
朋友之間不信任，
不以善心相親近。
聖人說：
「進退惟善是標準！」
惟此聖賢有善心，
宏圖遠謀爲國慮；
那些愚人無眼光，
反而狂妄又嘻戲。
我並非忠言、國事不能說，
何以如此恐懼多顧忌？
惟有這些賢良善心的人，
你卻不訪求不看重。
只有那些狠心殘忍的人，
你卻照顧又看重。
人之貪亂想作亂，
誰甘受毒害受困窮？

大〔太泰〕風有隧〔隊遂〕，	太風隧隧多迅疾，
有空大谷。	山中大峪都空空，
維此良人，	唯此心地善良人，
作爲式穀〔穀〕。	多做善事人稱頌。
維彼不順，	那些倒行逆施人，
征以中垢。〔12〕	陷入陰暗恥辱中。
大〔泰〕風有隧〔隊遂〕，	旋風隧隧匝地吹，
貪人敗類。	貪人毀壞諸善良。
聽言則對〔懟薱〕，	美譽、聽從之言才答話，
誦〔詷譜〕言如醉〔退〕。	聽到諫諍如醉一般荒唐，
匪用其良，	不用忠良善心計，
覆俾我悖。〔13〕	使老百姓悖亂不良。
嗟爾朋友，	可歎僚友，
予豈不知而作！	我豈不知你所爲，
如彼飛蟲，	如像飛鳥，
時亦弋〔隹〕獲。	有時射獲被人擒，
既之陰〔陰〕女，	我既是庇蔭你，
反予來赫〔嚇〕。〔14〕	反來恫嚇我，你存的何心？
民〔尸〕之罔極，	人民心中無準則，
職涼〔諒〕善背。	只有涼薄者會背叛誤事，
爲民〔尸〕不利，	治理人民已不利，
如云不克。	如自己不勝任治理，
民〔尸〕之回遹，	人一邪僻太可怕，
職競用力。〔15〕	暴虐之人競用權力勢力？
民〔尸〕之未戾，	人民如果無善心，
職盜爲寇。	有時會成爲盜寇。
涼〔諒〕曰不可，	刻薄之人豈能用？
覆背善詈。	反而背地大罵我。
雖曰匪予，	雖說你等誹謗我，
既作爾歌。〔16〕	我也吟成此詩作諫歌。

《漢石經》《桑柔》《瞻卬》《假樂》。

【詩旨】

案：據《逸周·芮良夫解》《左傳·文1》《周語上》《周本紀》《潛夫論·

遏利》、《毛序》可證，此詩爲周代卿士芮良夫著名的諫諍之詩，約作於前 841 年，針對周厲王好利，重用榮夷公，戒執政者當導王於正道，又作《桑柔》，《芮良夫解》、《詩》，一爲格言軌道、切中要旨的宏論，「王室其將卑乎？夫榮公好專利，而不知大難。」「子惟民父母。致厥道，無遠不服；無道，左右臣妾乃違。」「民歸於德。『德則民戴，否則民讎』」「專利作威，佐亂進禍，民將弗堪！」「害民，乃非后，惟其讎」，「下民胥怨，財單竭，手足靡措，弗堪戴上，不其亂而？」「爾執政小子不圖善（王念孫：本作「不圖大囏」），偷安苟安，爵賄成。」一爲沉鬱頓挫、犀利深邃的諫詩，爲周代雙璧，詩則伸敬德保民的思想，讀者諷誦其《解》、涵詠其詩，如入其心靈世界，人民是國家的根本。十六章有十處言民，五處言國，七處言善，章章言憂，揭露「瘼此下民」、「民靡有黎」、「國步斯頻」、「載胥及溺」、「貪人敗類」等觸目驚心的社會現象。《左傳・文 18》《秦本紀》《潛夫論・遏利》：芮良夫作。《竹書紀年》：厲王八年初，監謗，芮良夫戒百官於朝。《竹書集證》繫於前 868 年，《周本紀》《編年史》繫於前 848 年。

〔魯說〕《潛夫論・遏利》：「昔周厲王好專利，芮良夫諫而不入（納），退賦《桑柔》之詩以諷，言是大風也，必將有隧；是貪民也，必將敗其類。王又不悟，故遂流死於彘。」

《毛序》：「《桑柔》，芮伯刺厲王也。」

【校勘】

〔1〕《毛》柔，《漢石經》柔，同。古本、《唐石經》菀，《單疏》《釋文》《書抄》6 宋本作苑，苑通菀，讀如鬱。《毛》侯、旬，《詩考補遺》引《三家》洵，疑爲避漢宣帝諱，滬博藏《漢石經》殘石甲作矣洵，《毛詩音》旬，讀均，《魯》《釋言》旬，《爾雅》郭注作洵、徇，案：洵詢徇旬共旬，徇。《毛》捋，孚古字。民，《唐石經》㞗，避唐諱。古本、《毛》兄，《毛詩音》兄，古字，《三家》《說文》況，《詩集傳》與悅同。《釋文》本亦作況。《毛》塡，《毛詩音》塡，音塵。《唐石經》矜，《華嚴音義》上卷、《說文》矜，憐也。正字作矜。

〔2〕《周語下》翩，《說文》偏，宋庠《補音》翩，《詩》偏。《釋文》偏，本又作翩，《疏》《詩本義》翩，偏通翩。正字作恨，《毛》泯，《唐石經》泯，避唐諱。《釋詁》《廣雅》有泯，《說文新附》才有泯，泯通恨，《箭楑》泯泯棼棼，泯，正作恨，泯通恨。本字作夒，燼俗字，《毛》燼，《說文》夒，《考文》《釋文》藎，本又作燼，本作夒。《毛》頻，《三家》《說文》《考文》瀕，瀕通頻。《毛詩音》黎音齊，頻，古顰字。

〔3〕《毛》滅，《白文》蔑，滅蔑雙聲通借。《毛》疑，《說文》甀，古字，《廣雅》凝 níng，《詩考》引《齊》凝，《單疏》《傳疏》疑音凝。《齊》《儀禮》疑立之疑，定也，《詩考》引《齊》作凝，《箋》《毛詩音》疑音義同凝。疑，古凝字。《廣雅》凝。《毛》「君子實維，秉心無競」當依《新證》作一句。《毛》競，904 年抄《玉篇》引《毛》作竸，俗字。《三家》《廣雅》《唐石經》《五經文字》倞，競通倞。《毛》厲階，《漢石經》廑之階；梗，《後漢‧段頻傳》鯁，梗、鯁通瘦，病。《釋文》蔑音滅，將音養。

〔4〕本字作殷，《廣雅‧釋詁二》《楚辭》16《釋文》《正義》殷，《說文》《唐石經》慇，《魯》漍博《漢石經》殘石乙、《遠遊注》隱，殷隱讀如慇。《漢石經》《武威簡》《禮器碑》《毛》念，《漢石經》《唐石經》念，下同。《毛》僤，S.6196V《單疏》引某氏引作亶，《華山亭碑》癉，《釋文》僤，厚也，本亦作亶。《方言疏證》《通釋》僤憚癉通亶。《說文》有殰無瘤，《廣韻》瘝，病也。殰瘝瘝音義同。《箋》《毛詩音》《單疏》《詩集傳》瘝，《唐石經》瘝，避唐諱，《說文》潧。《漢石經》棘，《唐石經》《單疏》棘，通作棘。《毛》圉，鄭玄改作禦，《韓》禦，圉御禦古通。

〔5〕《唐石經》況。阮《校》況當作兄。《毛》爾、優、序、誰、逝，《墨‧尚賢中》「告女優恤（《詩考》引作憂卹），誨女予爵，孰能執熱，鮮不用濯？」《毛》溺，《說文》休，同，通作溺。

〔6〕本字作沠，《毛》遡，古寫本、《唐石經》《考文》《單疏》《北征賦》《月賦》注引《毛》愬，愬通溯，《唐石經》初刻作愬，磨改作遡，《釋文》溯，遡異體，愬通沠。《毛》孔，阮《校》《毛》本孔誤恐，明監本以上不誤。《毛》荓，古寫本作迸，《釋文》字又作迸，徐邈作拼，案：荓迸通拼，俗作拼。案：本字作嗇，《王肅注》《唐石經》穡，《漢石經》117《箋》《釋文》《考文》《群經音辨》《經義雜記》嗇，古字。

〔7〕《三家》《漢石經》《說文》威，古字，滅或體，《毛》滅，《唐石經》初刻作威，後改刻作滅。《考文》蜇，《毛》蟊賊，《漢石經》118 賊蜇，《說文》蚤，《釋文》引《說文》蝨，通作蟊。案：本字作恫，《毛》恫，《玉篇》痌，宋本、《台》128/122 引《毛詩音》恫，訌。《釋文》本又作恫，痌恫異體。《毛》贅，案：贅讀如綴，《新證》贅是贅字之訛。《唐石經》旅，《魯》《太玄‧勤》《方言》膂，旅通膂。《毛》念，《漢石經》《唐石經》念，《說文》㪁，念通㪁。《通解》八字句。《毛》無不，《漢石經》毋不，無讀如毋。

〔8〕《毛》瞻、秉、猶、相，《潘乾校官碑》瞻作彰，《列女傳·馬明法後》談、操、猷、知。猶通猷。《毛》維彼不順，《魯》《呂覽·知度》惟，《韓》《陸贄集》順作愼，《毛》俾，《淮南·氾論》卑。

〔9〕《毛》俾，《魯》卑，卑通俾。陳奐：譖，當作僭。《正義》：讒譖是僞妄之言。《毛》甡，古寫本作生，臻。《毛》《說文》甡，《正義》甡即詵，《周語》莘，《楚辭章句》侁，又作侁駪詵莘，通甡。《毛》譖，《釋文》《疏》《十駕齋養新錄》僭，譖通僭。《釋文》譖，本亦作僭。《毛》維，《魏都賦》注引《毛》作惟，維通惟。《唐石經》穀，讀如穀。《晏子春秋·內篇問下》《單疏》《唐石經》谷，谷當讀如穀。

〔10〕《毛》維，《韓詩外傳》5惟。《毛》斯，《魯》《漢·賈山傳》此，同。

〔12〕本字作泰，《魯》《潛夫論·班祿》《毛》大、隧、對，《說文》豢，大風有隧，滬博《漢石經》殘石甲作泰、對，《詩考》引《爾雅注》泰風有隧，《毛詩音》隧，古作遂，《魯》《爾雅疏》《潛夫論·遏利》《初學記》泰風有遂，古字，《韓詩外傳》5隊，豢隊遂通隧。《毛》穀 gǔ，《唐石經》穀，穀讀如穀 gǔ。

〔13〕《毛》隧，《初學記》1作遂，隧字之形省。《潛夫論·班祿》隧。《毛》「聽言則對，誦言如醉」。《唐石經》誦，避唐順宗諱。案：《魯》《齊》《漢·賈山傳》「聽言則對，譖言則退」，主語是周厲王、榮夷公等貪人，似當從《魯》《齊》，聽通聖，對通對；譖通諫，退，摒退。《逸周·芮良夫解》：「賢智箝口，小人鼓舌，逃害要利，並得厥求，唯日哀哉！」師受不同。

〔14〕《毛》弋，《三家》《說文》《哀時命注》《廣雅》雉，同。陰，《唐石經》陰，同。讀如庇蔭之蔭。案：本字作赫，《定本》《集注》《唐石經》、阮《校》作赫，《箋》《王肅注》《一切經音義》嚇，《釋文》赫，本亦作嚇，赫古字。赫讀如嚇。

〔15〕《唐石經》涼，《箋》《考文》《六經正誤》諒。《釋文》涼，鄭音亮，信。《詩集傳》：鄭說得之。《詩經小學》雪樵父《石經考辨》下，涼曰不可，誤諒。《稗疏》涼，刻薄。案：涼通㵤，《魯》《爾雅》《說文》《廣雅》《玉篇》㵤，今俗隸書作亮，《字統》：事有不善曰㵤薄。

〔16〕案：本字作涼，《釋文》《正義》《詩經小學》涼，《箋》《唐石經》諒，諒通涼。

【詮釋】

〔1〕《呂覽》諫厲王。前八章刺周厲王。作爲正直鄭重、直面現實的政治家詩人，芮良夫以大無畏的氣概進諫，在朝廷上戒百官作《芮良夫解》並作詩，犀利痛切。芮良夫，姬姓，芮 ruì 國，今在陝西省大荔縣朝邑城。芮良夫吟作此諷諫詩。菀音鬱，鬱鬱然，茂密貌。侯，乃；洵詢洵旬通徇，普遍，遍是綠蔭。捋采，連語，捋 luō；其劉，劉劉 liùliù，剝落。瘼 mò，病苦。《芮良夫解》:「專利作威，佐亂進禍，民將弗堪。」殄 tiǎn，絕。倉兄、愴怳 chuanghuang，失意，悲憫；一說喪亂悲傷。塡，讀如塵（尘），久。一說塡讀如瘨 diān，病。倬，廣大。寧，竟；矜讀如矝，憫。《目耕帖》20 引陳際泰《五經讀》:「周以忠厚開國，其失也柔。《詩》以『桑柔』爲比，即兆春秋蠶食之象。」

韻部：柔劉憂，幽部；民塡（瘨）天矜〔矝〕，眞部。

〔2〕朱熹：二至四章皆徵役者之辭。騤騤 kuǐkuǐ，奔馳不息貌。旟 yú，畫有鳥隼的軍旗；旐 zhào，畫有龜蛇的軍旗；偏通翩，翩翩然舒展。亂，禍亂；夷，平。前 875 年，淮夷入寇，厲王命虢仲征之，不克。(《後漢·東夷傳》）前 867 年西戎內犯王室，滅西戎大駱之族。(《秦本紀》）前 865 年，南國服孳犯中原（《㝬鐘》)。靡，無；國，各諸侯國；泯，泯通怋 mín，怋怋棼棼，亂。《傳》泯，滅。案：民，民眾；靡，無；有黎，黎黎 lílí。黎 lí 旅 lǚ 雙聲通借，旅，眾（众)。《新證》黎利古同字。具，俱；禍，遭禍亂；以，而；盡（藎燼燼）jìn，灰燼餘。於乎！悲歎詞；有哀，哀哀。國步，國運；斯，如此；矉 pín 頻顰，危急。《芮良夫解》:「民至億兆，后一而已，寡不敵眾，后其危哉！」

韻部：騤夷黎，脂部；哀，微部。脂、微合韻。翩，元部，泯（怋）盡（藎燼）頻（顰矉），眞部。元、眞合韻。

〔3〕蔑，無；資通濟 jì，止，定，安定。將 jiāng，養，扶助。疑讀如凝 níng，疑通𠤕 yí，止𠤕，定凝，連語，安靖。云，語詞；徂，往。實，寔，是；維，語詞。秉 bǐng，持；心，心性；無，助詞；競讀如倞，劻，強，持心於爭強，復興國家。誰，何人；生，製造；厲厲階，禍源。鯁梗 gěng 通㾘，病，害，災禍。

韻部：資維階，脂部；將往競（倞）梗（鯁讀如岡），陽部。

〔4〕隱隱殷殷通慇慇 yīnyīn，憂心深痛。土宇，疆域。癉憚僤通亶 dǎn，盛，大。定處 chǔ，止息。處，安住。《單疏》痻，皆忽之病。多我覯痻 gòumín，

我多覯殙，覯，遘遇；瘖（殙）mín，病苦，災難。孔棘我圉，為協韻而倒文，我圉孔棘，圉讀如禦，防禦、抵禦的局勢。孔，很；棘通亟，危急。

　　韻部：慇（隱），元部，辰瘖（殙殙），諄部。元、諄合韻。宇怒處圉（禦），魚部。

　　〔5〕為，制訂；謀，計劃；為，宜；毖 bì，謹慎縝密。兄，況，亂兄，禍亂滋多的現象；斯，則，乃；削 xiāo，減，除。告，告誡；爾，屬王等；優恤，連語，優，對民優恤、優柔、優和、體恤、照顧。誨，教誨；序、予，安排、委任。選賢任能。《箋》「教汝以次序，賢能之爵。」執熱，手執熱物；鮮，少；用濯，洗熱水澡。《墨・尚賢中》：「《詩》曰：『告女優恤，誨女予爵，孰能執熱，鮮不用濯。』則此語古者國君諸侯之不可以不執善承嗣輔佐也。譬之猶執熱之有濯，將休其手焉。」《箋》：治國之道當用賢。《芮良夫解》：「惟爾小子飾言事王，寔蕃有徒。王貌受之，終弗獲用。面相誣蒙，及爾顛覆。」《桑柔》則含蓄地從正面說。濯以救熱，執持熱物用濯，救熱、苦熱則很少有人不用澡浴驅熱。本文從《墨・尚賢中》：苦熱當浴濯，苦亂當任賢。案：其 qí，是；何，豈；能，能夠；淑 shū，善，好的結局。載，語詞；胥，相；及，與；溺通休 nì，覆沒。《疏》引王肅：「如今之政其何能善？但君臣相與陷溺而已。」

　　韻部：削爵濯溺，藥部；淑，沃部。藥、沃合韻。

　　〔6〕如，如同；愬通遡 sù，迎著。亦，也；孔，很；之，助詞；優，優唈 àiyì，呼吸困難。肅 su，敬。莘迸拼 pīn，使令；云，有；逮，及。好，愛；是，此；家嗇，稼穡。《商・盤庚》：「若農服田、力穡，乃亦有秋（豐收）。」案：力食，力穡，努力稼穡則有收穫，保衣食。力民，盡民力耕作；代食，代食祿。維，是；寶，寶物，食為天。代食維好，收糧代祿誠為好事，《無逸》周公曰：「嗚呼！君子所，其無逸。先知稼穡之艱難」蘇轍訓為「退而稼穡，盡其筋力，與民同事，以代祿食而已。」朱熹訓為：「以力耕所得代替祿食。」一說：力民，勤民，代食，代指穀物。黃焯《平議》：「力民，謂有功之人。」《疏》：「當愛好是知稼穡艱難之人、有功於民者，使之代無功者食天祿。」

　　韻部：風心，侵部；優逮，微部；穡食，職部；寶好，幽部。

　　〔7〕朱熹：疑在共和之後。立，位，在位王，屬王。案：據《欹毀》，周厲王時，淮夷侵洛、伊之間，用「好專利而不知大難」的榮夷公，前 841

年，平民暴動，厲王逃彘（今山西霍縣東北），暴君，沉湎酒色，貪婪，前841～828年無王。威滅，顛覆；我，助詞。厲王姬胡前877～前842年在位。詩人用「此」代替，把厲王、榮夷公比之蟊賊等害蟲。蟊吃莊稼根；賊，食苗莖葉。《芮良夫解》：「今爾執政小子，惟以貪諛爲事，不勤德以備難，下民胥怒。財單竭，手足靡措，弗堪戴上，不其亂而？」稼穡，莊稼；卒，盡；瘼 yáng，病。案：慟恫恫痌音義同，哀恫 tòng，愁悴哀憂。案：贅 zhuì 通綴，具贅、俱綴、連語，贅亦俱，連續；卒，盡；荒，荒年欠收。《新證》：贅乃贅字訛，言國人俱敖戲而盡荒樂。旅通膂，膂力，勇力。念通惄 niè，懷念。穹蒼，此處爲協韻，蒼穹 qiong，大天。

韻部：王瘼荒蒼，陽部；賊國力，職部。

〔8〕《魯傳》《周本紀》：「厲王即位三十年，好利，近榮夷公。大夫芮良夫諫厲王曰：『王室其將卑乎？夫榮公好專利而不知大難。……榮公若用，周必敗也。』厲王不聽，卒以榮公爲卿士，用事。……厲王奔於彘。」芮良夫目睹前842年國人暴動，明白老百姓何以狂？維，惟；惠君，仁厚愛民的國王。瞻彰雙聲通借，彰明，擁戴。秉，操；宣，宣示，周遍宣示；猶猷 yóu，規劃。考慎，選擇；相，輔佐之才。不順，不順理，不遵法，悖逆。自獨，自顧自；俾，使；善，獨自奢華。自有肺腸，自有心腸，《單疏》：行其心之所欲。朱熹《詩集傳》：「彼不順理之君，則自以爲善，而不考衆謀。」民，民衆；卒，盡；狂，迷惑，多怒，無常。

韻部：瞻，談部；相臧腸狂，陽部。談、陽合韻。

〔9〕後八章刺榮夷公等。反興，人不如鹿。《芮良夫解》：「敬思以德，備乃（乃，汝）禍難。」中林，林中。甡甡 shēnshēn，聚多貌。已通以，與下句「以」字異義同之例，用，譖通僭 jiàn，不信。詳錢大昕《十駕齋養新錄・譖》。不，未；胥，互相；以，用；穀，善心。《傳》《箋》《毛詩音》《單疏》《傳疏》訓爲窮，當從阮元《揅經室集》：穀、穀 gǔ，善，此詩義同字變之例也。案：谷穀 gǔ，雙聲疊韻通借。《廣韻》：穀，善。《逸周・命訓》：「無以穀之。」《老子》六章「谷神不死。」《黃鳥》：「此邦之人，不我肯穀 gǔ。」

韻部：林僭（譖），侵部；鹿穀穀，屋部。

〔10〕十至十三章賦陳。聖人，詩人尊尚聖人。言，焉，語詞；瞻焉百里，目光遠大。愚人，厲王、榮夷公等。覆，反而；狂，迷狂，癡心於聚斂；

以，且；喜，嘻，對待政事、職守視如兒戲。匪言不能，非不能言。胡，何；斯，此，如此；畏忌，連語，畏懼，畏懼以言獲罪。《魯傳》《中論・虛道》：「故忠言之不出，以未有嗜之者也。《詩》云：『匪言不能，胡斯畏忌？』」

　　韻部：人人，眞部；里喜忌，之部。

　　〔11〕良人，賢人，。弗不；求，訪求；迪，進用。忍心，忍心之人。顧復，顧覆，庇護。朱熹：顧，念。寧，竟；爲，成爲。案：荼 tú，（古）定魚；毒 dú，（古）定物；荼毒，雙聲詞，禍害，危害，苦痛。《商書・湯誥》：「爾萬方百姓罹其兇害，弗忍荼毒。」

　　韻部：迪復毒，沃部。

　　〔12〕泰風，大風。《初學記》1 泰風有遂，西風曰泰風。大，太；《傳》隊、道。有遂，遂、遂通隧，隧隧 suìsuì，迅疾貌。高亨注：旋轉。空 kōng，空曠。《詩考正》：「蓋謂聽人言則與之應答，非耳無聞知者也。及爲之誦言箴諫，乃如醉而漫不省者矣」。作爲，言行；式，用；穀穀通：谷、穀，善心。維，惟，只有；不順，違悖常理公心的忍心之人。征，行；以，用；垢，濁，污穢姦邪之道。朱熹引「或曰：征行也。中，陰暗也。垢，污穢也。」中，得；垢，恥辱。唯有那不順常理而背道行事之人，才在污穢中行走，最後蒙受恥辱。

　　韻部：谷穀，屋部；垢，侯部。屋、侯通韻。

　　〔13〕類 lèi，善。敗，敗壞；類，善。案：主語是貪人，即厲王、榮夷公，派生出：一、聽言則對，案：對 duì，應答。聽即第十章的聖人之聖，聽通聖，聽聖同爲耕部，書、透准鄰紐，聽訓聖訓治，如《呂刑》「師聽五辭」，《齊策》「不可不日聽而數覽」。聖人之言、致治之論，聞而則懟，對通懟 duì，怨恨；譖 zèn，〈古〉莊侵，諫 jiàn，〈古〉見元，侵元通轉，莊、見准鄰紐，譖通諫，聞諫諍之言則退，摒退，本文從《齊詩》。或如《毛》：聽言，聞聽從之言則答對。誦，諷（《周語》「矇誦」韋注：誦，箴諫之語），聞諷諫箴規之言則如醉，裝糊塗。《新證》：誦，頌；聽言，聖言。聞聖善之言則對答之；聞頌諛之言則如酣飲至醉。匪，不。覆，反而；俾，使；我，我等；悖 bèi，疑惑，勃然而怒。《芮良夫解》：「難至而悔，悔將安及？無曰予爲（爲讀作僞），惟爾之禍。」林義光《通解》：顛沛之沛，不用良謀，反使我顛沛。

　　韻部：隧（遂）類對（懟）醉（退）悖，微部。

〔14〕嗟，嗟歎；朋友，僚友，其時榮夷公、芮伯都是卿士。予，我；
豈，難道；不知，不明；而，爾，你；作，所爲。飛蟲，飛鳥。時，有時；
亦，也；弋，㦤 yì，用繫有絲繩的箭射獲飛鳥。用。既，已；之，是；陰，
蔭，庇蔭。反，反而；來，語詞；赫通嚇 xià，嚇唬，恐嚇，嚇辱；予，我。

韻部：作獲赫（嚇），鐸部。

〔15〕罔，無；極，準則。職，又；《後箋》：涼薄者善相欺背。背，背
叛，反覆無常。爲，治理。如，如同；云，助詞；克，勝。勝，勝任治理之
職。回遹 yù，邪僻。職，主；競，倞，強；力，強力，不教育，僅用暴政，《群
經質》上「職競用力，」用暴戾之臣。

韻部：極克力，職部；背，之部。職、之通韻。

〔16〕《廣雅・釋詁一》：戾 lì，善；職，助詞；盜，盜寇。涼 liáng，刻
薄。《群經質》上：「『職涼善背』，讒譖之臣；『職競用力』，暴虐之臣」。覆，
反而；背，背地裡；善詈 lì，大罵。雖，即使；曰，助詞；匪讀如誹，誹謗；
予，我。既，已；作，吟成；爾，此，此首詩歌。

韻部：寇，侯部；可詈歌，歌部。

【評論】

《魯說》《荀・儒效》：「故人知謹注錯，慎習俗，大積靡，則爲君子矣；
縱情情性而不足問學，則爲小人矣。爲君子則常安榮矣；爲小人，則常危辱
矣。凡人莫不欲安榮而惡危辱，故唯君子爲能得其所好，小人則日激其所惡。
《詩》曰：『維此良人，弗求弗迪；維彼忍心，是顧是復。民之貪亂，寧爲荼
毒？』此之謂也。」《墨・尚賢中》「古者聖王唯毋得賢人而使之，般（頒）
爵以貴之，裂地以封之，終身不厭。賢人則毋得明君而事之，竭四肢之力，
以任君之事，終身不倦。」《魯傳》《中論・務本》：「人君之大患也，莫大於
詳於小事而略於大道，察於近物而闇（àn，暗）於遠數，故自古及今，未有如
此而不亂也，未有如此而不亡也。」《單疏》頁 378 引王肅：「能知稼穡之事，
唯國寶也，使能者代不能者食祿，則政唯好。」陳啓源：「末二章三言民俗之
敗，皆歸咎於執政之人，上欺違則民心罔中矣；上尚力而不尚德，則民行邪
僻矣；上爲寇盜之行，則民心不能安定矣。此詩刺王而兼及輔官，故篇末縷
陳之也。」（《四庫》經 85～637 頁）《原始》「凡詩中所言，無非追究同朝不
能匡救君惡，以致危亡，並恨己無大力。拯民水火，可以挽迴天意。此作詩
大旨也。」〔七、八、九章〕三章極沉鬱頓挫之致。」《會通》「今考詩明言『天

降喪亂，滅我立王』，必非無故而爲此危悚之詞，其爲厲王流彘後作甚明。其
時天下已亂，芮伯蓋憂亂亡之至，而追原禍本，作爲此詩。」案：這是政治
諷刺詩。詩如其人，信而有徵，此詩自然而犀利，全詩以人民爲根本要旨，
第 1、2、6、8、11、15、16 共七章著明國家的政治應當以人民爲重，其它九
章都以人民的詩旨貫穿，寫出了作爲一位正直、鄭重、戒愼、縝密的政治家、
詩人在身處逆境，在周厲王時的政治情懷，憂患意識，諷刺時政，鞭辟入裡。
詩人善於比況，以桑前後作比，善於對比，第十章聖人、愚人對比，第十二
章第十三章良人、貪人對比。《孔叢子・嘉言》引孔子在回答宰我「君子尚辭
乎？」時指出，「近類，則足以喻之；切事，則足以懼之。」此詩第五章「誰
能執熱，逝不以濯？」善於用喻，第六章「好是稼穡，力民代食。稼穡維寶，
代食維好。」精於切事而闡明重大的政治、經濟方面的大道理。前 8 章寫國
運衰敗，抒詩人愛國殷憂，後 8 章句刻畫執政小子形象，善於鋪陳，志切而
憤深，心存社稷，抒寫忠悃。

雲　漢

倬〔菿對〕彼雲漢，	高高大大那天漢，
昭回于〔於〕天。	光明斡旋於長天。
王曰：「於〔嗚〕乎〔呼〕！何辜？	王悲歎：「嗚呼！是何罪過？
今之人！	今天的人，
天降喪亂，	天降下喪亂、大旱，
饑〔飢〕饉薦〔荐洊〕臻。	飢饉一再來到人間，
靡神不舉，	無論何神沒有不祭祀？
靡愛斯牲，	無論任何祭牲沒有不奉獻？
圭〔珪〕璧〔壁〕既卒，	禮器珪璧全用了，
寧莫我聽？〔1〕	天竟不聽受我祈請。
旱既大〔太〕甚〔茲〕，	大旱已經非常嚴重，
蘊〔鬱蕰慍煴薀〕隆蟲蟲〔爞蟲烔〕，	酷熱熱浪烔烔，
不殄禋祀〔祀〕，	求雨禳旱沒有斷，
自郊徂宮。	從郊外到廟宮。
上下奠瘞，	上祭天神下埋地，
靡神不宗〔崇〕。	沒有神靈不尊崇。
后稷不克〔刻〕，	后稷也不能識知如今的旱情，

上帝不臨〔隆〕。

上帝沒有臨享祭饗？

耗〔秏〕斁〔殬射〕下土，

天下田地遭敗壞，

寧丁我躬〔寧俾我遯逡〕！〔2〕

我避位引遯才妥當？

旱既大〔太〕甚〔葚〕，

旱災已經太大，

則不可推。

則已不能推排。

兢兢〔矜殑〕業業〔鮠〕，

悲摧，畏懼。

如霆如雷。

如防霹靂與霆雷。

周餘〔維周〕黎民〔尸〕，

大周所剩老百姓，

靡有孑遺！

無復幸餘一個人。

昊天上帝，

上天上帝，

則〔即〕不我遺〔問〕。

乃不對咱們恤問。

胡不相畏？〔先祖于摧〕

何以不相畏？

先祖于〔於〕摧〔嗺〕〔胡不相畏？〕。〔3〕

先祖哀嘆悲催？

旱既太〔大〕甚〔葚〕，

旱災已經太大，

則不可沮〔阻〕。

則已不能阻止，

赫赫〔焎嚇〕炎炎〔炗惔〕，

烈日炎炎如火燒，

云我無所。

庇蔭咱已無處所。

大命近止，

生命彷彿到大限，

靡瞻靡顧。

天、神也沒來視察、關顧。

群公先正，

諸位先公諸位公卿的英靈，

則不我助，

乃不對咱相助，

父母先祖，

雙親先祖們，

胡寧忍予？〔4〕

為何忍心看咱受難受苦？

旱既太〔大〕甚〔葚〕，

旱災已經太兇暴，

滌滌〔菽菽悠〕山川，

山禿河涸草木焦，

旱魃〔妭〕為虐，

旱魔作虐太猖獗為災害，

如惔〔炎炗〕如焚。

大地如同被火燎。

我心憚〔癉〕暑，

我心如此怕酷暑，

憂心如熏〔熏燻〕！

憂心如薰蒸受煎熬。

群公先正，

先公先官眾英靈，

則不我聞〔問〕。

也不對咱來恤問，

昊天上帝，

上天天帝，

寧俾我遯〔逡〕？〔5〕

難道使我逃遁？

旱既太〔大〕甚〔甚〕，
黽勉〔密勿〕畏去，
胡寧瘨〔疹胗〕我以旱？
憯〔朁〕不知其故？
祈年孔夙，
方、社不莫。
昊天上帝，
則不我虞。
敬恭明神〔祀〕，
宜〔宜〕無悔怒。〔6〕

旱災已經太兇暴，
在位努力而猶有所畏怯，
爲何一再降旱災，
曾不知其中緣故！
每年祈禱豐年很早，
方祭、社祭也不晚，
上天上帝，
也不助我戰大旱。
恭恭敬敬祭群神，
群神當不對我怨。

旱既太〔大〕甚〔甚〕，
散無友〔有〕紀。
鞫〔鞠趜〕哉！庶正，
疚〔㝹究〕哉！冢宰，
趣馬、師氏，
膳夫左右。
「靡人不周〔賙〕，
無〔毋〕不能止。
瞻卬〔仰〕昊天，
云如何里〔悝瘝〕？」〔7〕

旱災已經太兇暴，
人們散漫無綱紀，
困窘啊！眾官長。
貧窮啊！首輔，
御馬官、侍衛長，
御廚長、大臣們，
「無人不忙賙濟災民，
貧窮的勢頭未能止，
瞻仰上天與上帝，
我的憂愁何其何其？」

瞻卬〔仰〕昊天，
有嘒〔譏譏〕其星〔聲〕。
「大夫君子，
昭假〔假〕無贏〔盈〕。
大命近止，
無棄〔弃〕爾成。
何求爲我？
以戾庶正。
瞻卬〔仰〕昊天，
曷惠其寧？」〔8〕

瞻仰上天，
譏譏聲響彗星流逝，
「大夫們，君子們，
向神禱告從不緩行，
大限也許將到，
不得放棄你等的精誠！
禳旱非爲我個人！
此乃安定眾公卿。
瞻仰上天，
何時惠賜之天下安寧？」

《漢石經》《雲漢》《崧高》。

【詩旨】

案：「天災流行，國家代有」(《左傳》)，周宣王在大旱之年作一代中興之主周宣王雩祭時的祈雨詩描寫了「天降喪亂，飢饉薦臻」、「旱既大甚，熅隆爐爐」、「旱魃為虐，如惔如焚」的大旱之況，抒寫了「耗斁下土，寧丁我躬」與視民如傷、撥亂反正、恤民、勤民、賙賑災民的情懷。據《竹書紀年》《毛序》王肅《已遷主諱議》，《編年史》繫於前 823 年。《齊》《春秋繁露·郊祀》、《漢紀》則云周宣王作《雲漢》。

《孔叢子·論書》孔子：「雩祭，所以祭水旱也。」

〔齊說〕則認為周宣王作《雲漢》，如由「寧丁我躬」句分析，是周宣王口吻。《繁露·郊祀》：「周宣王時，天下旱，歲惡甚，王憂之。其《詩》曰：『倬彼雲漢，昭回於天。王曰嗚呼！何辜今之人？天降喪亂，飢饉薦臻。靡神不舉，靡愛斯牲，圭璧既卒，寧莫我聽。旱既太甚，蘊隆蟲蟲。不殄禋祀，自郊徂宮。上下奠瘞，靡神不宗。后稷不克，上帝不臨。耗斁下土，寧丁我躬。』」(《春秋繁露義證》頁 408) 荀悅《漢紀》6「消災復異，周宣《雲漢》」。案：由詩的一、二、三、四、五、八章是周宣王口吻，當是周宣王作，或仍叔等御用文人代作。

〔韓說〕抄本《書抄·天部》引《韓說》「宣王遭旱仰天也。」

《毛序》：「《雲漢》，仍叔美宣王也（案：《春秋》，前 707 年夏，魯桓公五年夏，天子使仍叔來聘。而周平王前 827～前 782 年在位，相距 120 年左右，仍叔之說誤。詳《詩總聞》) 宣王承厲王之烈，內有撥亂之志，遇烖（災）而懼，側身修行，欲銷去之。天下喜於王化復行，百姓見憂，故作是詩也。」

樊樹雲（2001）《詩經宗教文：七探微》：乞雨巫歌。

【校勘】

〔1〕《單疏》《齊》《春秋繁露·郊祭》倬，《魯》《韓》菿，倬菿古通，案：倬菿古字通，對是菿字之訛。《毛》于，《單疏》《詩考》於，于通於。本字作嗚呼，《毛》於乎，於 wu，《齊》《郊祀》嗚呼，《單疏》於呼。904 年抄《玉篇》引《毛》《單疏》饑，《韓》飢，當作饑。《齊》《繁露》《單疏》荐、寧，《魯》《釋言》《三國·高堂隆傳》《全晉文》頁 2235 薦、曾，《毛詩音》荐即薦。《玉篇》《字書》《類聚》100《類篇》《廣韻》《集韻》洊通薦，寧讀如曾。《漢石經》「靡」字上有「左右」二字。本字作珪璧，《齊》《郊祭》《單疏》《毛》圭璧，圭古字，璧通璧。

〔2〕《毛》甚，《漢石經》《唐石經》甚，蕰、蟲。案：本字作熅 wěn，《說文》蕰。《齊》《郊祀》太甚，字作熅，又作蕰。《韓》《聲類》鬱；《定本》《唐石經》、小字本、相臺本作蕰，《台》128/122 作薀，異體；《釋文》蕰，本又作熅；《單疏》蕰，讀如鬱（郁），蕰溫蕰通熅，蕰異體。本字作炯，《韓》《埤蒼》《廣雅》《字林》《眾經音義》4、何《校》烔烔，《齊》《唐石經》蟲，《說文》烛烛，《魯》《釋訓》《說文新附》《單疏》《集韻》《詩考補遺》爞。《箋》樸》爞，烔是烛字或體。《毛》祀，《唐石經》祀，當作祀。案：本字作禜，《說苑‧君道》《毛》宗，《三家》《左傳》《鄭世家》《齊》《周禮》《禮記》《說文》《箋》《廣雅》《後漢》《順帝紀》《臧洪傳》注《干祿字書》《單疏》《白帖》頁 58 作禜，宗讀如禜。案：臨當是避漢殤帝、劉宋文帝諱，本字作隆。《毛》《疏》克，《箋》當作刻，于鬯《香草校書》17 克當作佑。案：克疑為兌 duì，兌、達，與下文「上帝不臨」相似，克、兌古字形似。案：本字作秏斁 hàodù，《三家》《荀‧修身》《洪範》《漢‧薛宣傳》《淮南‧精神訓》高注引《說文》《字林》《類篇》《慧琳音義》57 引《箋》《玉篇》《汗簡》《釋文》《後漢》注10《九經古義》作秏斁，《單疏》《唐石經》秏斁，《白帖》耗斁，《箋》：斁，敗也。則當為斁，《齊》《春秋繁露‧郊祀》耗射，耗俗字，斁射通斁。《毛》「寧丁我躬」，《詩誦》4、朱子〔熹〕已並採《蘇傳》「寧俾我遯」，當依蘇轍《傳》作「避位引遯」解方合。

〔3〕《毛》大，《疏》太，大音太，下同。本字作兢，《唐石經》兢，《說文》兢，案《玉篇》瑾，瑾讀如謹，兢，矜通謹。《釋文》：兢本又作矜。《考文》矜，兢讀如矜，《毛詩音》業業即兢。《毛》周餘，《魯》《論衡‧治期》同毛。《論衡‧藝增》維周，「餘」與「孑遺」犯重，似當從《藝增》維周。《毛》遺，宋本《玉篇》引遺作隤，則作即，《疏證》遺，問。遺隤讀如問。《毛》摧，至，《箋》摧，當作嗺，嗺，嗟也。《毛》「昊天上帝，則不我遺。胡不相畏，先祖于摧。」《單疏》頁 382～383：「先天之神見天如此，何不助我？畏此旱災，使天雨也。天若不雨，民將餓死，先祖之神於何所歸而至乎？言民盡餓死，則神無所歸，欲令先祖助己憂也。此『胡不相畏』，責先祖不助己，則『先祖』之文，宜在『胡不』之上。但下之與『于摧』共句耳。」《毛詩》錯簡。《毛》摧，《箋》：「摧，當作嗺；嗺，嗟也。」

〔4〕《單疏》沮，沮讀如阻，《毛詩音》沮即阻。《毛》赫赫炎炎，《說文》赫作焃，《一切經音義》嚇，焃赫同，嚇通赫。案：本字作炎，《漢石經》炎，《考文》惔，惔或體，讀如炎。《詩考》引《爾雅注》于作於。

〔5〕本字作葔，《單疏》《白帖》82 滌，滌本義爲雨後山色，與葔義正相反，《玉篇》《廣韻》菽，《說文》葔，草旱盡也。滌葔同音假借。以《說文》爲長。《詩考》葔，又作菽，葔異體。《御覽》35 悠悠，當是異本。《單疏》《毛》魃，宋本《玉篇》《山海經》妭，同。《考文》作天，《說文》天，天炎古今字，案：本字作炎，《三家》《後漢·章帝紀》李注引、徐邈、《韓》《定本》《白帖》頁 58《類聚》100《漢石經》112 炎，《唐石經》《定本》《單疏》惔，《毛詩音》：惔，炎之訛字，本字作焚，《毛》焚，《釋文》焚，本又作樊，樊是燓字之訛。案：本字作癉，《韓》《箋》《單疏》憚，《釋文》《白帖》4《詩考》《御覽》35 作癉，憚通癉。本字作熏，《考文》《台》128/122《單疏》《毛》薰，《唐石經》《白文》熏，古字，《釋文》熏，本又作燻。燻俗字。《漢石經》《毛》遯，《箋》《漢》《釋文》《單疏》遂，古字。

〔6〕《毛》黽勉，《魯》《韓》《劉向傳》《蔡邕傳》密勿，同。《單疏》瘨，《釋文》引《韓》疹，《說文》胗，胗瘨通疹。本字作晉，《毛》僭，讀如晉。案：本字當作祀，《東海廟碑》《單疏》《唐石經》明神，當作祀，證據有十：（一）《逸周·皇門解》助王恭明祀；阮《校》同《毛》，（二）周代吉金作明祀，如《沈兒鐘》「惠於明祀」，明神則指日月、神之明察，詳《周語上》韋注、《周禮·司盟》。（三）《左傳·僖 21》「崇明祀」。（四）《文選》晉·陸機《答張士然詩》詩李注引《毛》作明祀。（五）《後漢》《章帝紀》《黃瓊傳》注引《魯相置孔子卒史碑》《孔龢碑》《華山亭碑》《白石神碑》《書抄》88 作明祀；（六）《考文》明祀，《釋文》明祀，本或作明神。《東京賦》《箋》《唐石經》、小字本、相臺本明神，師受不同。（七）上下文義，承二章「不殄（絕）禋祀」，承本章「祈年孔夙，方社不莫（暮）」。（八）此處明祀則指《雲漢》久旱後的重大祭祀──禜祭，明祀是對重大祭祀的美稱，《左傳·僖21》：「崇明祀，保小寡，周禮也。」《逸周·商誓》：「明祀上帝；」（九）從古音韻而論，祀 sì，〈古〉邪之，而「神」在眞部；帝 dì，支部；虞 yú；怒，魚部，支、魚、之、魚通轉。（十）《傳疏》「敬恭明祀者，即上文所謂『祈年孔夙，方社不莫也』。」綜上十條，當爲祀。誠如《周禮·地官·鼓人》「以雷鼓鼓神祀」賈《疏》云：「天神稱祀，地祇稱祭」。

〔7〕《毛》友，朱熹《詩集傳》引或曰：「友，疑作有。」本字作鞠、夋、鵙，案：《魯》《懷沙注》《西征賦》李注引《詩傳》「鞠 jū，窮也，」《說文》趜 jú，窮也。《單疏》《唐石經》《台》128/122 鞠，《金石文字記》雪樵父《石

經考辯》鞠，誤鞠。鞠當作鞠、趜。《單疏》疚，《說文》欨，《釋文》疚，本
或作欨，又作究。疚通欨。《單疏》周，《箋》訓爲賙，周古字。本字作悝，《箋》
《魯》《釋詁》注引悝，《單疏》里，《王肅注》《台》128/122、《玉篇》引《毛
詩音》瘟，《釋文》：里，本又作瘟，並同，《毛詩音》里即瘟，里、瘟讀如悝。
《毛》無，《漢石經》毋，無通毋。

〔8〕《唐石經》印，王粲《贈士孫文昭》仰，古今字。本字作譀譀其聲。
《單疏》嘻、星，《詩考》引《說文》「有譀其身」，張舜徽《舊學輯存》據唐
寫本《玉篇》校得《說文》「譀譀其聲，《三家》《說文》譀聲，案：師受不同，
嘻譀，擬聲詞，星通聲。《毛》昭，《說文》《毛》假、贏，《毛詩音》假，古
假字，《說文》《廣雅》《玉篇》《廣韻》緼，贏通緼。《毛》蒸，《唐石經》棄，
避唐諱。

【詮釋】

〔1〕前五章賦寫旱情。菿 dào 倬 zhuō，菿菿、倬倬、晫晫，光明，高大。
昭，光；回，斡旋。《通論》：「《棫樸》篇以雲漢喻文章則曰『爲章』，以此云
漢言旱則曰『昭回』。」嗚呼，嗟歎詞。辜 gū，罪，過。爲協韻而倒文，何辜
今之人？今人何罪過？飢饉，饑荒；薦臻，連語，《魯》《釋詁》「薦，臻也。」
旱災頻仍。靡，無；神，神靈；不舉，不舉行祭祀。《魯》《說文》祡 chái，祡
祭，積柴加牲於其上而燔燒。愛，吝嗇。圭璧，禮神的玉器；既，已；卒，
盡，全，全獻。《禮記正義·郊特牲》引《韓詩內傳》：「天子奉玉，升柴加於
牲上。」寧，胡，何；莫，不；案：聽 tīng，受，《魯說》《淮南·氾論》「聖
王不聽。」

韻部：天人。臻，眞部；牲聽，耕部。眞、耕通韻。

〔2〕蘊鬱通蘊讀如熅 wěn，鬱積悶熱；赩赩 chòngchòng，烔烔 tóng tóng、
爐爐 chòngchòng，旱熱薰炙。殄 tiǎn，絕，斷。奠瘞 yì，將祭品祭玉幽埋以祭
地神。宗讀如禜 yǒng，禜禳 yǒng rǎng，爲禳災而祭祀陳列祭品以祈禱。自，
從；郊，郊祭，祭天，與山川；徂，往；宮，宗廟之祭，祭祖。克，《箋》刻，
識。董仲舒、王肅：克，能。《香草校書》克爲佑字之訛。案：《齊傳》《繁露·
郊祀》：「宣王自以爲不能乎后稷，不中（合）乎上帝，故有此災。」克，《箋》
作刻，刻，識。《傳疏》：克，能。《釋名·釋言語》：克，刻也。《疏》克，福
祐，則如于圝《香草校書》克，當作佑。王肅：后稷不能福祐我。案：克似
兌 duì，達，后稷不達，同「上帝不臨」。克在職部，兌在月部，古職月合韻。

作臨是避漢殤帝諱，臨 lín，臨、隆雙聲通借，尊，尊崇，《荀・致士》「君者國之隆也。」上帝不臨饗。《齊傳》《繁露・郊祀》：隆中，合。案：秏讀如秏，斁讀如殬 dù，秏殬，連語，敗。敗壞天下。寧 nìng，乃；躬，親身承當。說丁，遭逢。案：寫眼前旱景寓心中焦灼，妙合無垠。

　　韻部：蟲宮宗，冬部；臨，侵部；躬，東部。冬東、侵合韻。禜，耕部，隆，冬部。冬、耕合韻。

　　〔3〕大讀如太。推，推排。推，遠離。兢兢兢兢矜矜穜穜 jīngjīng 謹慎；業業 yèyè，戒懼，努力。《皋陶謨》：「兢兢業業，一日二日萬幾」。黎，眾。案：靡有，沒有；孑 jié，遺，餘。用誇飾技法，極言大旱之後倖存的人太少。《魯傳》《論衡・藝增》：「詩人傷旱之甚，民被其害，言無孑遺一人不愁痛者。」遺 wèi，問，詳《疏證》《傳疏》《通釋》。第五章「群公先正，則不我聞。」恤問；則通即。胡，爲何。案：于，于，助詞；摧 cuī 歸疊韻通借，嗺 zuī，嗟嘆。

　　韻部：推雷遺遺（問）畏摧（嗺），微部。

　　〔4〕沮、阻，止。天炎惔聲近義同。赫赫炎炎，炎熱薰蒸人。云，助詞；無，沒；所，避旱的處所。大命，即《左傳・哀15》「大命隕墜」的大命，死亡的諱詞；近，幾乎；止，已。案：靡，無；瞻顧，顧瞻，連語，顧惜。案：群公，諸侯；先正，前代賢臣，七八章庶正（眾官）。則，縱；助，相助。胡，何；寧，竟；忍，忍心；予，我，爲何竟忍心不助我下雨？

　　韻部：沮所顧助祖予，魚部。

　　〔5〕《毛》滌 dí；《三家》薂 dí，滌通薂。薂薂如《說文》草旱盡，《說文》於義爲長，旱魃，旱魔；爲，作，肆；虐，害。惔，讀如炎，《說文》天。炎，焚，言旱熱太甚。憚瘅，苦，病，苦。則，亦；聞，問，恤問。寧，乃；俾，使；逡遯（遁）dùn，避，避位引遯。

　　韻部：川，元部，焚熏（薰燻）聞（問）遯（逡遁），諄部。元、諄合韻。

　　〔6〕密勿、黽 měng 勉，勉勉不已。案：畏去，當依《高郵王氏父子手稿》頁397「去，疑當讀怯。」黽勉，連文；畏怯，連文。憂慮，去爲叶韻，《項羽本紀》：「臣爲君畏之。」《新證》：畏去，連語，應該作畏卻，黽勉畏卻，言黽勉從事而有所畏卻，恐其無濟於事。《通釋》：畏，惡也。胡，何，爲什麼？寧，竟；瘨、疹、胗 zhěn；《韓》：疹，重也，重以旱，一再以特大

旱災，前826～前823年大旱，全國飢饉，朱熹訓疹病；懵通瘁 cǎn，曾；故，原因。祈，祈禱；年，豐年。案：夙莫，字異義同之例，夙肅 sù，莫慔 mù，夙肅莫慔聲近義同，肅敬。方，祭四方神；社，祭土地神；《廣雅》：虞 yú，助。敬恭，恭敬地祭祀。雩禜，祭，祭天。宜，當；無，不；悔怒，連語，怒。

韻部：去故莫（暮）虞怒，魚部。

〔7〕散，散漫無章；無，沒；友通有；紀，綱紀、紀律。鞫鞠趨 jū音義同，困窘。庶正，眾官。疚通疚 jiù，貧病；冢宰，太宰，眾卿之首。趣馬，負責御馬的官。師氏，負責教育、內衛的官。膳夫，負責御膳的官。靡，無；周通賙，賙救，賙濟。《通釋》無讀何有何亡之亡，亡，謂貧也。卬，仰。云，助詞。案：里癙 li 通悝 lǐ，憂，悲。案：悝，憂如之何，爲叶韻而倒文。

韻部：紀宰右止里（悝癙），之部。

〔8〕案：瞻仰，仰天祈禱；有嘒，有譓，嘒嘒、譓譓 huìhuì，擬聲詞，大約是在大旱之年或暑天天河中彗星飛逝時所發之聲；星 xīng 聲 shēng 疊韻通借，這是中國詩歌首次記錄天象中，酷熱奇旱天象中的彗星流逝發聲。《史》云：「赤氣亙天，砰隱有聲。」《說文》：譓，聲也，從言，歲聲，《詩》曰：有譓其聲。大夫君子，公卿大夫。昭假，向神禱告；無，不；羸 yíng 縊 tīng 疊韻通借，遲緩。大命，大限，死亡的諱詞；近，臨近；止，語詞。《詩總聞》18「兩言『大命近止』，言將亡也。非是哀辭，實有此理，不違此字，然後可以感人動神也。」無，勿；爾，你等；成，精誠。《箋》《通釋》訓成功。曷 he，何，何時；《傳疏》：惠，愛，賜予；其，期，所期之；寧（甯）níng，安寧，國家安寧。《傳疏》：「言今我求雨，何獨爲我躬，亦欲定庶政救災之成功而已。」《新證》曷，何；惠，謂；其，之。即曷謂之寧，言時之未安也。戾 lì，安定。正，官長。

韻部：星（聲）羸（縊）成正寧，耕部。

案：《雲漢》至《常武》六首，是關於中興之主周宣王的大雅之什，這是周宣王注重「好是懿德」，採取了北伐獫狁、治理荊楚及治理南海一系列戰略措施所成功的中興氣象，周宣王視民如傷，詩人抒其情。《齊傳》漢·董仲舒《舉賢良對策》云：「夫周道衰於幽、厲，非道亡也，幽厲不繇（yòu，從）也。至於宣王，思昔先王之德，興滯補弊，明文武之功業，周道粲然復興，詩人美之而作，上天祐之，爲生賢佐，後世稱誦，至今不絕。」

【評論】

　　《單疏》頁 381「《雲漢》詩者，周大夫仍叔所作，以美宣王也。以宣王承其父厲王衰亂之餘政，內有治亂之志，遇此旱災而益憂懼，側己身以修德行，欲以善政而消去之，天下之民見其如此，喜於王者之化復得施行，百姓見王所憂矜，故仍叔述民之情，作是《雲漢》之詩以美之也。」《文心·誇飾》：「雖《詩》《書》雅言，風格訓世，事必宜廣，文亦過焉。是以言峻則嵩高極天，論狹則河不容舠，說多則子孫千億，論少則民靡孑遺……」《詩傳注疏》卷下，「宣王憂民之心如此，如之何而不中興乎？但觀此詩，則可以知宣王之中興也。」《批評詩經》「最有風味。」《詩誦》4，在「前六章反反覆覆，呼天呼上帝，呼后稷，呼先祖，呼群公先正，呼父母。語意煩贅，情景倉皇，總在畏天勤民，一片真誠中流出，才完得一『憂』字。末二章方是率勵群臣，合力迴天之意。」案：此詩善於興象，善於寫景，長於抒情，從天漢寫起，切入世人無不關注的旱情，全詩直接天、地、民之氣，核心在民氣，叩問上蒼：「今之人何辜？天降喪亂，飢饉薦臻，」直寫旱災之慘不忍睹：「旱既太甚，則不可推。兢兢業業，如霆如雷。周餘黎民，靡有孑遺。」「我心憚暑，憂心如熏。」「瞻卬昊天，云如何里！」則將詩人與全民的憂愁一瀉無餘，當是中國災荒史不可多得的現實主義詩篇，也是不可多得的禜祭詩。與《荀·大略》所載商湯禳旱詩相比，顯示了繪聲繪色，場面嚴酷的巨大優點，顯示了周代文學的繁榮與藝術水準。是中國災情詩的不朽之作。此詩與《民勞》《板》《蕩》《桑柔》《瞻卬》《召旻》是周代士大夫詩歌中黃鐘大呂式的諷刺詩。

崧　高

崧〔嵩崇〕維〔惟〕嶽〔嶽嶽〕，	嵩山高崇聞天下，
駿〔峻〕極于天。	高崇險峻上接天，
維〔惟〕嶽〔岳〕降神，	名嶽古來降神靈，
生甫〔呂〕及申。	生有甫、申兩聖人。
維〔惟〕申及甫〔呂父〕，	周代名臣申與甫，
維〔惟〕周之翰〔榦幹〕，	乃是周代楨幹臣，
四國于蕃〔藩〕，	他是國都的屏障，
四方于宣〔垣〕。〔1〕	他宣告於四方群臣。
亹亹〔亶〕申伯，	勉勉不已的申伯，

王纘〔纘踐薦〕之事，
于〔爲〕邑于謝〔序〕，
南國〔于爲〕是式。
王命召〔邵〕伯，
定申伯之宅。
登是南邦，
丗〔廿世〕執其功。〔2〕

國王敢於擔當盡努力。
建立都邑於謝，
南國諸侯有法式。
宣王命令召穆虎，
確定申伯的新宅，
建成南方邦國好法度，
世世代代守功業。

王命申伯：
「式是南邦。
因是謝人，
以作爾庸〔墉〕。」
王命召〔邵〕伯：
「徹申伯土田。」
王命傅御：
「遷其私人。」〔3〕

宣王命令申伯：
您爲南國的範式，
依靠這些謝人建謝邑，
建成謝城保南國。
宣王命令召穆虎：
「整治申伯的土田疆域。」
宣王命令申伯的家臣之長：
「遷徙家臣到謝邑！」

申伯之功，
召〔邵〕伯是營。
有俶〔倅〕其城，
寢廟既成，
既成藐藐。
王錫申伯，
四牡蹻蹻，
鈎膺濯濯。〔4〕

申伯邑謝此工程，
多仗召伯能經營。
修成宏麗的謝邑城，
寢宮、宗廟都建成，
美輪美奐謝邑城。
宣王賜予申伯：
四匹駿馬真矯健，
胸帶鈎飾亮晶晶。

王遣申伯，
路車乘馬。
「我圖爾居，
莫如南土！
錫爾介〔玠〕圭〔珪〕，
以作爾寶，
往近〔丌迁〕王舅，
南土是保！」〔5〕

宣王派遣申伯去，
賜予輅車四駿馬，
我慮你所居，
莫如南方最關鍵。
賜您玠珪，
作爲符瑞稀世珍，
往哉！王舅，
屏衛南國享太平。

申伯信〔言〕邁，
王餞于郿，

申伯果然擬啓程，
宣王於郿作餞行，

申伯還〔旋〕南，　　　　　　申伯啓程回南國，
謝于誠歸。　　　　　　　　　誠心回歸赴謝城。
王命召〔邵〕伯：　　　　　　宣王命令召伯虎：
「徹申伯土疆，　　　　　　　「治申疆域采邑成，
以峙〔時庤偫時〕其粻〔糧〕，　儲備糧食備馬料，
式遄其行。」〔6〕　　　　　　以便申伯加速行。」

申伯番番，　　　　　　　　　申伯英武氣昂昂，
既入于謝〔徐〕。　　　　　　挺進謝邑逞英豪。
徒御嘽嘽，　　　　　　　　　步兵騎兵頗安舒，
周邦咸喜：　　　　　　　　　謝邑全國樂陶陶：
「戎有良翰〔榦幹〕。　　　　「您有楨幹好依靠，
不〔丕〕顯申伯，　　　　　　申伯顯赫威信高，
王之元舅，　　　　　　　　　國王大舅美名揚，
文武是憲。」〔7〕　　　　　　文官武將的好榜樣。」

申伯之德，　　　　　　　　　申伯美德傳全國，
柔惠且直。　　　　　　　　　溫良仁惠又正直。
揉〔燦柔〕此萬邦，　　　　　安撫天下柔四海，
聞〔問〕于四國。　　　　　　名揚全國做法式。
吉甫作誦〔誦頌〕，　　　　　吉甫吟成此頌歌，
其詩孔碩，　　　　　　　　　詩義頗長由情發，
其風肆好，　　　　　　　　　聲調頗好抒我好心情，
以贈〔增〕申伯。」〔8〕　　　特此奉贈於申伯。

【詩旨】

案：前816年，當國家中興大局初定，周宣王封中興之臣、母舅、太宰申伯于謝，目的在於「式是南邦」，「南邦是保」，另一中興之臣尹吉甫在餞行酒宴上賦詩記載並贈詩送行（《魯》《潛夫論》《三式》「故尹吉甫作封頌二篇」《志氏姓》「尹吉甫相宣王，有大功勳」），借國人之口稱美申伯「戎有良翰」，「文武是憲」，著眼「于邑于謝」的戰略作用。這是餞行詩。《編年史》繫於816年。

〔魯說〕漢·張衡《應間》：申伯、樊仲（仲山甫），實榦周邦。

〔齊說〕《正義》引《中河·考河命》：「襃賜群臣，賞爵有分。稷、契、皋陶益土地。然則益之土地，襃也。此申伯歸國已絕，今改而大之，據其新往謝邑，是爲初建。」

　　《毛序》：「《崧高》，尹吉甫美宣王也。天下復平，能建國親諸侯，褒賞申伯焉。」《續讀詩記》3「尹吉甫贈言於申伯也。」朱熹《詩集傳》18「宣王之舅申伯出封於謝，而尹吉甫作詩以送之。」

【校勘】

　　〔1〕《毛》維，《三家》《孔子閒居》《漢石經》魏・李康《運命論》惟，維音惟。案：本字作崇、峻，《唐石經》《單疏》崧、駿，《三家》《釋山》蔡邕《九疑山碑》《易林》《周語》《風俗通義》《孔子閒居》《禮記注》《三公山碑》《韓詩外傳》《文心・誇飾》《初學記》《天台山賦》904 年抄《玉篇》引《毛》《類聚》7、《白帖》5 嵩、峻，《周語》、魏《三體石經》崇，《五經文字》：「崧作嵩同，又通作崇。」崧、嵩異體。案：《齊安陸王碑文》李注引《毛》作「崧高惟嶽，峻極於天」，《毛詩音》崧，古作崇。嶽岳同。《漢石經》獄，獄讀如嶽，《三家》駿通峻。《毛》《齊》《禮記》《箋》《單疏》甫，《魯》《尚書》《應閒》《韓》《楊公碑》呂，呂，後作甫。《毛》翰，《齊》《孔子閒居》注《毛詩音》翰讀榦，《單疏》幹，幹俗體。《魯》《潛夫論・敘錄》《單疏》《唐石經》《毛》蕃，《韓》《說文》《考文》《魏都賦》注引《毛》作，藩，蕃通藩。《毛》宣，宣讀如垣。

　　〔2〕《單疏》亹，《魯》《潛夫論・志氏姓》《三式》《爾雅》郭注《慧琳音義》80《台》128/122《毛詩音》亹，《韓》《慧琳音義》88 娓，案：亹亹、亹亹、娓娓、勉勉，字異義同。正字作踐，《毛》纘、謝，《唐石經》纘，同纘，《定聲》纘通踐，《魯》《爾雅》《潛夫論・志氏姓》薦，《潛夫論・三式》纘，《韓》踐，薦踐、纘上古音同為元部精母，精、從鄰紐。纘、薦讀如踐。「案：本作南國于（為）式。」《毛》，「南國是式」，《潛夫論・志氏姓》是作為，《潛夫論・三式》「南國于是式。」師受不同。《毛》于，于讀如為。《志氏姓》序，謝序雙聲通借。《毛》召，《三式》邵，召讀如邵。本字作世，《單疏》世，《唐石經》卋，避唐諱。

　　〔3〕案：本字作墉，《毛》庸，《魯》《南都賦》注引《毛》墉，《釋文》庸，本亦作墉，庸通墉。《毛》徹，《廣雅・釋詁》撤，同。

　　〔4〕《毛》俶，《釋文》俶，本又作枃（叔）。叔、椒通作未。

　　〔5〕《單疏》介圭，《魯》《史記・五帝本紀》《說文》《釋器》郭注玠珪，介圭古字。案：本作丌，《中山王壺》魏《三石經》丌，郭店老子甲簡 27 作亓，後人增益為迸。《箋》訓近為辭，則近當為迸，《釋文》迸音記，《九經考

異》《六經正誤》辺,《毛》《釋文》《單疏》《正義》《唐石經》小字本、相臺本誤作近,轉爲己,以爲辭也。

〔6〕《箋》《單疏》《唐石經》信,《御覽》489 言。案:信讀如言,詳詮釋〔6〕。《毛》「謝歸」《唐石經》「申伯還南,謝於誠歸。」《毛》還,《考文》旋,還讀如旋。《單疏》以峙其粻,《單疏》:俗本時作時者,誤也。《釋文》時,本又作峙,《釋詁》作時,《章帝紀》,《眾經音義》12 庤時同,時峙時通峙,庤、偫,《魯》《釋詁》:峙,具也。漢‧郭舍人本作偫,峙俗體。案:本字作糧,《說文》糧,《魯》《釋言》《毛》《齊》《王制》粻,《禮器碑》糧,《毛詩音》粻糧通。

〔7〕《毛》謝,《漢石經》《楚辭‧七諫‧初放》注引作徐,謝徐同爲邪母魚部。

〔8〕《唐石經》揉,《說文》煣、柔,揉俗體,《釋文》揉,本亦作柔,《齊》《考工記》作揉,通作柔。《唐石經》《釋文》《詩集傳》聞,《釋文》聞音問。本字作頌,《魯》《潛夫論‧三式》《廣韻》頌。《毛》誦,《唐石經》誦,避唐順宗諱。《毛》《箋》《毛詩音》《集注》《正義》贈,增也,《王肅注》《釋文》贈,送也。

【詮釋】

〔1〕先述先世功勳,在方叔平定荊楚後,一統政局初定,周宣王安排大舅、卿士申伯於謝,這是政治戰略。崧 sōng,高,高聳。駿峻,高大;極,至。嵩崧同,嵩高,山名,《後漢‧靈帝紀》復崇高山爲崇高山。神,商以來有自然崇拜,山有山神,河有河神。甫,呂,在今河南省南陽縣西三十里董呂村,甫侯,周代卿士。申,在今河南南陽市北獨山下;申,申伯。南陽出土的《仲再父簋》「南申伯大宰仲父」,太宰,百官之長。維惟,爲;之,是;翰 hàn,又讀如幹 gàn,楨幹之臣。于,是;蕃藩,屏障。四國,王都及京畿之地。四方,王都以外。于通爲,是;宣通垣。此處爲叶韻而倒句,宣佈于四方群臣。《原始》眉批:「起筆崢嶸,與嶽勢競隆。後世杜甫呈獻巨篇,專學此種。」

韻部:天神申,眞部;翰蕃(藩)宣(垣),元部。

〔2〕亹亹 wěiwěi,勉勉。案:纘薦讀如踐踐 jiànjiàn,《釋文》引《韓》踐,任,擔當。于爲同爲匣母,于讀如爲,建築;邑,都邑,采邑;于,於;謝,讀如序,《魯》《志氏姓》「序」,序,序山在宛北,邑在序山下,在今河南省唐河縣南。申,西周時申國國君姜姓。在周初與姬周是婚姻之國,在今

河南省南陽東南。陝西眉縣東北渭水北有鄐城。在周宣王時徙封於序山之下
的謝邑，爲鎮南國。伯，伯爵；式，法式，成爲諸侯們的典範。定，成爲；
宅，居。召伯，召穆公虎，周屬王時，國人起義，召穆虎將太子靖藏在家，
以己子替死，後擁立太子靖爲周宣王，與周公是周宣王的顧命大臣。任司空，
主管修建繕治。登、成疊韻通借，成，定。世執，世世代代守持的法度。

韻部：事，之部，式，職部。之、職通韻。伯宅，鐸部；邦功，東部。

〔3〕命，冊命。式；立法式於；是，此。因，依靠，《傳疏》：「因，仍」；
是，此；謝人，謝邑之民。以，以之；作，建作；庸墉古今字，城。《箋》庸，
功。《方言》：徹 chè，列，列申伯土田，整治。《箋》：〔徹，治〕，治者，正其
井牧，定其賦稅。傅御，家臣之長。遷，隨遷；其，申伯；私人，家臣。

韻部：邦庸，東部；田人，眞部。

〔4〕功，建築謝邑的工程。召伯，邵穆公姬虎；營，負責營建。有俶，
俶俶 chūchū，完美宏麗。一說作俶，始作。藐妙同爲明母，美輪美奐。錫 cì，
賜。蹻讀如矯，矯健。鉤膺，馬胸帶鉤飾，案：濯濯啴啴曜曜灼灼 zhuózhuó，
鮮亮。

韻部：瑩城成，耕部；藐伯濯，藥部。

〔5〕遣，委派。路車，輅車，諸侯車。乘馬，四馬。圖，慮及。錫，賜。
玠珪大一尺二寸，玠、珪，禮器，傳世符瑞。寶 bǎo，珪璧等玉質符信。兀辺
jì，語詞，如「哉！」保，守衛。

韻部：馬土，魚部；寶保，幽部。

〔6〕信讀如言，言，而，即就，《古詩十九首·回車駕言近》：「回車駕
言邁，悠悠涉長道。」信邁、誠歸，如期遷往。王餞，宣王爲申伯在鄐設宴
餞行，鄐 méi，鄐城，在今陝西省眉縣東北。還，讀如旋，回。謝於誠歸，此
處爲協韻，誠心歸於謝國，詳《疏》與高本漢《注釋》。徹，治理。時時峙時
通偫 zhì，儲備；糧 zhāng，糧。式，當；遄 chuán，催……加速，此句是命令
之詞。行，行程。

韻部：鄐歸，微部；疆糧（糧）行，陽部。

〔7〕番番 bōbō，英武貌。徐謝同聲通借。徒，士兵；御，車御；啴啴 tāntān，
安舒。咸，全。戎汝同爲日母，你。翰 hàn，讀如榦（幹），申伯甫侯是卿士，
是楨幹之臣，是輔翼。不讀如丕 pī。元，大。文，文臣；武，武將；憲 xiàn，
法式，典範。

韻部：嘽翰憲，元部。

〔8〕柔惠，安和，仁惠，惠，順；且，而且；直，正直，能正人之曲。揉煣 róu，柔，使之服，治，安撫。聞，馳譽；於，至。尹吉甫，《兮甲盤》「兮伯吉甫，」尹吉甫以官為姓，世卿，案：誦，詩，宋·魏了翁《毛詩要義》「誦言為詩，詠聲為歌，播於音為樂」。（《宋詩話全編》頁 7921）誦 sòng，讀如頌。《慧琳音義》12 引《聲類》：「歌盛德之詩，讚美形容曰誦。」孔，很；碩，長，此詩計八章 259 字。風，聲韻音律；《後箋》：肆好，意思深長。「肆 sì，好 hào，」「孔碩」相對成文。詩人自評。鍾惺：「古人作詩自知自賞如此。」《單疏》：「此章以申伯歸謝事終，總歎其美且言作詩之意。言申伯之德安順而且正直以此順直之德揉服此萬邦不順之國，使之皆順其善聲譽皆聞達於彼四方之國，是申伯之德實大美矣。今吉甫作是，工師之誦其詩之意，甚美大矣，其風切申伯，又使之長行善通，故以此詩增長申伯之美。」《集注》：贈，贈也，增益申伯之美，王肅訓贈為送。詩人贈詩而已，似當為臨別贈詩。

韻部：德直國，職部；碩伯，鐸部。

【評論】

《詩緝》「此詩多申復之詞，……既曰『南國是式』，又曰『式是南邦』。既曰：『于邑于謝』，又曰『因是謝人，以作爾庸』……」「寫宣王丁寧之意，自是一體。」《詩志》「屢提『王命』、『王遣』、『王錫』云云。作眼目，錯綜有法，鄭重有體。」《詩誦》「此篇用韻平正通達，於第四章忽間以連句韻，亦後來古風調法所自出。」《通論》：「理明詞順，俊快自得。」梁章鉅《退庵隨筆》：「《嵩高》《烝民》，一則云：『吉甫作誦，其詩孔碩』，一則云：『吉甫作頌，穆如清風』，則並不嫌於自譽。蓋欲人知其言之善而聽之，非必若後人作詩多自嫌之詞。」《原始》：「一章起筆崢嶸，與嶽勢競隆。後世杜甫呈獻巨篇，專學此種。」

烝 民

天生烝〔蒸〕民〔民尸人〕， 有物有則。 民〔民尸〕之秉彝〔彝彝彝夷〕， 好是懿德。	天降生那眾民， 有物必有其法則！ 人民力敦那倫常， 誰不愛好這美德？！

天監〔臨〕有周，　　　　　　　上天監察咱周朝，
昭假〔假〕于下。　　　　　　　敬天事天用心在下，
保茲天子，　　　　　　　　　　爲輔弼咱周宣王，
生仲〔中〕山甫〔父〕。〔1〕　　上天降生仲山甫。

仲山甫〔父〕之德，　　　　　　仲山甫具有美德，
柔嘉維則。　　　　　　　　　　溫良和善有準則，
令儀令色，　　　　　　　　　　儀容優雅好臉色，
小心翼翼。　　　　　　　　　　謹愼恭敬實稱職，
古〔故〕訓是式，　　　　　　　古代教訓他效法，
威儀是力。　　　　　　　　　　守法遵儀他勉力。
天子是若，　　　　　　　　　　順乎國王有大用，
明命使賦〔專 fū 敷〕。〔2〕　　派仲山甫廣布法令。

王命仲〔中〕山甫〔父〕，　　　宣王命令仲山甫，
式是百辟。　　　　　　　　　　爲諸侯們作榜樣，
纘〔纘〕戎祖考，　　　　　　　繼承您祖先功業，
王躬是保。　　　　　　　　　　屛衛國王責擔當。
出納〔內〕王命，　　　　　　　掌管出入頒政令，
王之喉舌。　　　　　　　　　　爲王喉舌廣宣講，
賦〔專敷〕政于外，　　　　　　出外宣佈政令，
四方爰發。〔3〕　　　　　　　　撥亂反正功輝煌。

肅肅〔赫〕王命，　　　　　　　肅肅敬敬應王命，
仲〔中〕山甫〔父〕將之。　　　仲山甫奉行，
邦國若否〔不〕，　　　　　　　諸侯國唯唯否否，
仲〔中〕山甫〔父〕明之。　　　仲山甫宣明，使之心明。
既明且哲〔知喆智〕，　　　　　既賢明，又明智，
以保其身。　　　　　　　　　　保全自身得安心。
夙夜匪解〔懈〕，　　　　　　　日日夜夜不懈怠，
以事一人。〔4〕　　　　　　　　輔弼國王盡忠心。

人亦有言：　　　　　　　　　　古人有句名言曾說道：
「柔則茹之，　　　　　　　　　「對於弱者就吞食，
剛則吐之。」　　　　　　　　　對於強梁則避讓。」
維〔惟〕仲〔中〕山甫〔父〕，　惟有仲山甫，
柔亦〔則〕不茹〔剛亦不吐〕，　柔弱從來他不欺，

剛亦不吐〔柔亦不茹〕。　　　　　　強梁從來他不懼，
不侮矜〔鰥〕寡，　　　　　　　　　鰥寡弱者不侮慢，
不畏〔辟避〕彊禦〔圉〕。〔5〕　　　強梁惡者不畏避。

人亦有言：　　　　　　　　　　　　有句老話曾經說：
「德輶如毛，　　　　　　　　　　　「德輕如鴻毛，
民〔尸〕鮮克舉之。」　　　　　　　卻少有人能堅持。」
我儀〔義宜〕圖之，　　　　　　　　咱們應當修明德行，詳加考慮，
維仲〔中〕山甫〔父〕舉之，　　　　只有仲山甫能堅持。
愛〔薆〕莫助之。　　　　　　　　　您暗地修行，無形故無助。
袞職有闕，　　　　　　　　　　　　國王有缺失，
維仲〔中〕山甫〔父〕補之。〔6〕　　只有仲山甫能匡扶。

仲〔中〕山甫〔父〕出祖，　　　　　仲山甫出行祭道神，
四牡業業。　　　　　　　　　　　　四匹公馬高大矯健，
征夫捷〔捷健〕，　　　　　　　　　隨行人員也都敏捷，
每懷「靡及！」　　　　　　　　　　雖懷私情也顧不及，
四牡彭彭〔騯騯〕，　　　　　　　　四匹公馬都強盛，
八鸞鏘鏘〔將〕，　　　　　　　　　八隻鑾鈴瑲瑲和鳴，
王命仲〔中〕山甫〔父〕，　　　　　宣王派遣仲山甫，
城彼東方。〔7〕　　　　　　　　　　築城於齊能坐鎮。

四牡騤騤，　　　　　　　　　　　　四匹公馬奔馳不止，
八鸞喈喈，　　　　　　　　　　　　八隻鑾鈴喈喈和鳴，
仲〔中〕山甫〔父〕徂〔征〕齊。　　仲山甫往齊。
式遄其歸。　　　　　　　　　　　　盼以快快回歸，
吉甫〔父〕作誦〔誦頌〕。　　　　　吉甫作此頌詩。
穆如清風，　　　　　　　　　　　　穆穆和和，清清爽爽如清風，
仲〔中〕山甫！永懷，　　　　　　　仲山甫啊！我永思念您！
以慰其〔我〕心。〔8〕　　　　　　　用以慰藉君之心！

【詩旨】

　　案：這是品德傑出的仲山甫的頌歌。大約在前 815 年，或前 821 年（《竹書紀年集證》繫於周宣王七年），值齊國內亂，周宣王派重臣樊穆仲城於齊坐鎮，鞏固東方大國，詩人尹吉甫富於理趣地從「有物有則」、「民之秉彝」的客觀事物普遍規律的政治哲學的高度，分述德承「故訓」，「專政于外」，「明

哲保身」與「夙夜非懈，以事一人」，不侮弱勢，不畏強禦，善於舉德、善補君缺，城彼東齊，與滿含情趣「式遄其歸」、「以慰其心」，一首贈行詩，讀者可以感受到作為政治家作為周代名詩人統觀政局，敬德保民之心的律動。這是周宣王中興名臣、名將、貴族詩人尹吉甫力敦倫常，有裨於德治與法治。《編年史》繫於前 815 年。

〔魯說〕《潛夫論·德化》：「《詩》云：『民之秉夷，好是懿德』。故民有心也，猶為種之有園也。遭和氣則秀茂而成實，遇水旱則枯槁而生孽。民蒙善化，則人有士君子之心；被惡政，則人有懷姦亂之慮。」蔡邕《朱公叔諡議》「周有仲山甫、陽處父，優老（品行著名的長者）之稱也。」

〔韓說〕《韓詩外傳》6「《大雅》曰：『天生蒸民，有物有則。民之秉彞，好是懿德。』言民之秉德以則天，不知所以則天，又焉得為君子乎？」

〔齊說〕《大戴禮記·衛將軍文子》：「不畏強禦，不侮矜寡，其言曰性。」

《毛序》：「《烝民》，尹吉甫美宣王也。任賢使能，周室中興焉。」《詩集傳》18「宣王命樊侯仲山甫築城於齊，而尹吉甫作詩以送之。」

【校勘】

〔1〕《三家》《書·益稷》《釋詁下》《漢石經》114《單疏》烝，《史·孝文紀》胡廣《黃瓊頌》《孟·告子上》《後漢·馬融傳》注《四子講德論》注《一切經音義》7《韓詩外傳》6P3383、《詩考》蒸，蒸通烝。《洪範》《韓》《毛》《釋文》《唐石經》彝，《魯》《釋詁》《宋世家》《孟·告子上》《潛夫論·德化》《單疏》夷，夷通彝。《魯》《釋詁》夷、彝，常也。《毛》監，《考文》臨，監臨古字通。《毛》仲山甫，《國語》樊仲山甫，《齊》《古今人表》中山父，《漢·杜欽傳》仲山父，音義同。

〔2〕本字作故，《毛》古，《毛詩音》古，讀故，《魯》《說文》《釋詁》《列女傳》《單疏》《定本》故，古是故之省，《釋文》舊本多作故，今或作詁，音古，又音故。

〔3〕《毛》纘，《唐石經》續，同。本字作敷，《單疏》賦，《毛公鼎》「專命在外」，賦通專，《長發》《毛詩音》：賦通專。內古字，《毛》納，《釋文》本亦作內。

〔4〕《毛》否，《漢石經》不。《毛》肅肅，《齊》《後漢·郎顗傳》赫赫，義同。《唐石經》哲，徐邈本作知，《齊》《中庸》知，《郭緝碑》喆，喆，喆

古字，《齊》董仲舒《對策》荀悅《漢紀》28《毛》《孝經》解，古字，《魯》《說苑·立節》《韓詩外傳》2、8《晏子春秋·內篇問下》《曲水詩序》《博弈論》注引《毛》作懈。

〔5〕《左傳》《文 10》《定 4》「剛亦不吐，柔亦不茹，蔡邕《司空袁房楨碑》亦作則，《毛》維，《宣2》《韓詩外傳》惟，維惟古字通。本字作鰥，《毛》《王制》《集韻》矜，古寫本、《王莽傳》《昭1》《定4》《新序·雜事四》《韓詩外傳》6《毛詩音》《單疏》鰥。《單疏》彊禦，《毛》畏，《秦策》高注《左傳·文10》引辟，《魯》《潛夫論·述赦》《後漢·鮑永傳》避，辟畏避音義近。《毛》禦，《唐石經》彊禦，漢馬王堆帛書簡 193 禦作圉，簡 258 不作弗，古佚書《五行》《王莽傳》圉，禦圉同。

〔6〕案：本字作義，讀如宜，《毛詩音》《單疏》《唐石經》儀，《釋文》《正義》《考文》《傳疏》義。《箋》義通儀，匹也。阮《校》：作儀字，誤。儀，義。《毛》愛，《毛詩音》：愛，古薆。《廣雅》愛薆通。《毛》袞，《郭仲奇碑》：滾，《高頤碑》《綏民校尉碑》昆，《衡方碑》《魯峻碑》緄，滾是傳寫之誤，昆緄讀如袞。《詩考》引《左傳》「唯仲山甫補之。」

〔7〕《毛》揳，不體，《唐石經》捷，《三家》《說文》《玉篇》《眾經音義》16 倢，同。《毛》彭，《詩考》引《說文》騯、駓、彭，讀如騯。《單疏》鏘，《釋文》將，本亦作鏘。

〔8〕案：《毛》征，《考文》征，當從《箋》《單疏》作徂。案：本字作頌，誦讀如頌，《單疏》甫誦，《唐石經》誦，避唐順宗諱。《魯》《潛夫論·三式》頌，《韓》《魏·曹植《與吳質書》注《廣韻》《御覽》引《毛》「吉父作頌」。晉·張華《答何劭》注引「《毛》曰『吉父作頌』，則晉時四家詩俱在，張華作西晉著作佐郎，篤定於經，藏天下秘本，則「吉父作頌」至隋唐曹憲、李善時尚在。唐·張說《宋公遺愛碑》《御覽》588 作頌。誦通頌。《箋》《唐石經》《正義》其，相臺本作我，阮《校》：作我，誤。

【詮釋】

〔1〕蒸，通烝 zhēng，眾，人民是詩人主要的關注對象。周代政治家、名詩人尹吉甫獨創以理趣寫詩，開中國哲理詩的先河，此詩以論理開篇。有物，宇宙萬事萬物；則，法則，都有其內在的規律性。此則為古代通語，《夏書·五子之歌》：「『民惟邦本，本固邦寧』。」「有典有則」《逸周·文酌解》「民生而有欲、有惡、有樂、有哀、有德、有則。」烝，眾；秉 bìng，持，

遵；夷彝，倫常，大道，常理，如《湯誥》「無從非彝」，倫常道德。懿德，美德。監，視；有周，周。顧鎭《虞東學詩》：昭假，事天。保茲天子，生仲山甫，案：此句爲協韻，本爲天降生仲山甫，保茲天子。保，保佑，輔弼。《周語》樊仲山甫，樊國之君，爵爲侯，字仲山甫食采於樊邑，周宣王中興之臣，周宣王料民（清點民戶），他曾規諫。《原始》：「《三百篇》說理第一義。」

韻部：則德，職部；下甫，魚部。

〔2〕仲山甫，由《韓詩外傳》8《魯傳》蔡邕《薦董卓表》《楊公碑》張衡《司徒呂公誄》《應間》，可見仲山甫樊仲，中興功臣。柔，溫厚；嘉，善良。朱熹：「不茹柔，故不侮矜寡；不吐剛，故不畏強禦。以此觀之，則仲山甫之柔嘉，非軟美之謂，而其保身，未嘗枉道以徇人可知矣。」維，爲；則，法則，榜樣。令，善；儀，威儀容止。小心，謹愼；翼翼，忠於職守。《釋詁》：古，故；訓，道，遺訓，遺典，《逸周》頁737「今予小子聞有古遺訓而不述，朕文考（祖）之言不易。」式，《箋》訓法，《傳疏》訓用。《箋》：力，勤也。力，勉力。《釋言》：若，順。明命，成命，法令，命令；賦專 fū，雙聲通借，廣爲頒布，《毛公鼎》「專命專政」。

韻部：德則色翼式力，職部。若，鐸部；賦（敷），魚部。鐸、魚合韻。

〔3〕式，法式，榜樣；是，此；百辟，諸侯們。纘 zuǎn，承，繼承；戎，汝；祖考，祖輩父輩的功業。躬，身。內，納，《舜典》：「命汝作納言，夙夜出納朕命，惟允。」出而廣宣王命；納，下有所爲彙報國王，下有建言建策報告國王，並頒佈政令。喉舌，掌管機要、出納王命的重要官員。賦通專 fū，廣布政教。爰，於是；發通撥 bō，治，撥亂反正，治理。朱熹：發而應之。《通釋》發 fā，實行。

韻部：考保，幽部；舌外發（撥），月部。

〔4〕案：肅肅 sùsù，（古）心沃；赫赫 hèhè（古）曉鐸，齒頭音心、喉音曉准鄰紐，赫通肅。肅肅然，敬畏。將，執行。《箋》：若，順。一說若，惟，《君奭》：「若天棐忱。」《新證》若，惟，惟惟，唯唯，聽從貌；否 pǐ，閉隔。邦國惟否；明，通；仲山甫明之，言邦國當沉晦之時，仲山甫有以通其閉塞。《釋文》引王：否 fou，不。明，賢明，修明；知哲通智，明察。保，保全。《毛》夙夜匪解，夙夜非懈，解通懈。朱熹：保身，順理以守身，非趨利避害，夙夜，早晚；匪解，不懈怠。事，侍奉，輔佐；一人，國王。《書・太甲下》：「一人元良，萬邦以貞。」《呂刑》「一人有慶，兆民賴之。」

韻部：將明，陽部；身人，眞部。

〔5〕茹 rú，容納。吐 tǔ，吐出，瀉棄，畏懼。維，惟。不侮，不欺侮鰥寡等老人弱者。強圉、強禦、強梁，強暴勢力，不畏強暴勢力。矜同鰥 guān。這是上古提倡的三德：正直，不畏強暴，和柔能治，《周・洪範》：「三德：一曰正直；二曰剛克；三曰柔克。」《魯傳》蔡邕《對詔問災異八事》：聰達方直，有山甫之姿。《康誥》：「不敢侮鰥寡。」

韻部：茹吐甫茹吐寡禦（圉），魚部。

〔6〕輶 yóu，輕。鮮，少。舉 ju，堅持。我，助詞；儀讀如義 yi，圖，修明；之，德。《箋》：「愛，惜也。仲山甫獨能舉此德而行之，惜乎莫能助之者（雖同情，限於條件，無從相助）。」愛薆隱雙聲通借。愛隱形修德，隱行修德則無形，無形者則無以相助，《傳疏》：「言仲山甫能舉積微之德，隱行而莫能助也。」案：詩人用借代格，袞 gǔn，國王所穿卷龍衣，借指國王。《成王冠頌》：「今日吉日，王始加元服，去王幼志，服袞職。」；職 zhí，通識，袞識，袞章。《平議》：職，適，偶然。闕缺 quē，缺失。言仲山甫能彌補、匡救國王的缺失。《群書治要》引三國・桓範《諫爭》：「《詩》云：『袞職有缺，仲山甫補之』，『柔也不茹，剛亦不吐』，正諫者也。」《通論》：「多用『之』字，見纏綿之態。」

韻部：舉圖舉助補，魚部。

〔7〕祖 zǔ，古人出行，作軷祭，祭道神。業業 yèyè，重言擬況字，高大雄健貌。捷捷、倢倢 jiéjié，矯健，敏捷貌。每，雖，懷（怀），和，王肅：「仲山甫雖有柔和明智之德，猶自謂無及。」靡及，來不及。言仲山甫戒慎。彭彭驕驕 péngpéng，馬行盛貌。鏘鏘 qiāngqiāng，鑾鈴和諧聲。城，於齊國國都臨淄（今山東省淄博市臨淄鎮）築外城，加以監護督察。《全後漢文》頁104，《孟郁修堯廟碑》：「天生仲山甫，翼佐中興，宣平功遂，受封於齊。」

韻部：業捷，盍部；及，緝部。盍、緝合韻。彭鏘方，陽部。

〔8〕騤騤 kuíkuí，奔馳不止，喈喈，鑾聲和諧。徂 cú，往。式，助詞；遄 chuán，快速，抒發詩人盼仲山甫速速回歸的眷眷深情。誦頌 sòng 通借，案：穆如，穆穆然，穆穆美美，和和暢暢，溫溫睦睦，清越和美，曹植《與吳質書》：「得所來訊，文采委曲，曄若春榮，瀏若清風。」晉・潘岳《楊荊州誄》「穆如和風」；一如清風灑然，《單疏》：「其調和之情性如清微之風」，「穆是美之貌，故爲和也。」案：仲山甫永懷，此處爲協韻，懷，思。當讀作仲

山甫君！我永懷永思君！或永懷仲山甫。以，用此詩；慰，慰藉；其心，仲山甫之心，此詩是贈行詩，即席賦詩以相贈。王曉平（2009）《亞洲漢文學》：「在中國，以詩論詩，濫觴甚早。《詩經・大雅》裡周宣王的大臣尹吉甫贈給仲山甫的詩篇《烝民》中，最先引譬設喻，自評頌詩風格：『吉甫作頌，穆如清風。』後世學人引以爲以詩論詩的先例。」

韻部：騤喈齊，脂部；歸懷，微部；風心，侵部。

【評論】

《孟・告子上》：「《詩》曰：『天生烝民，有物有則。民之秉彝，好是懿德。』孔子曰：『爲此詩者，其知道乎！故有物必有則，民之秉夷也，故好是懿德。』《魯說》蔡邕《銘論》：「仲山甫有補袞闕、式百辟之功。」《韓詩外傳》8「若申伯、仲山甫，可謂救世矣。昔者周德大衰，道廢於屬（周厲王），申伯、仲山甫輔相宣王，撥亂世反之正，天下略振，宗廟復興。申伯、仲山甫乃並順天下，匡救邪失，喻德教舉遺士，海內翕然向風。故百姓勃然詠宣王之德。《詩》曰：『周邦咸喜，戎有良翰。』又曰：『邦國若否，仲山甫明之。既明且哲，以保其身。夙夜匪懈，以事一人。』如是可謂救世矣。」末四句爲晉代詩人謝道韞推賞。晉・摯虞《周宣王贊》：「宣王承衰，邦家多阻，懲難思理，官人以敘。山甫補闕，方叔禦侮。是用中興，恢復周宇。」《正義》：「以宣王能親任賢德，用使能人，賢能在官，職事修理。周室既衰，中道復興，故美之也。」朱熹引曾氏：「賦政於外，雖仲山甫之職，然保王躬、補王闕，尤其所急。城彼東方，其心永懷，蓋有所不安者。尹吉甫深知之，作誦而告以遄歸，所以安其心也。」《批評詩經》：「語意高妙，微入奧，又別有一種風格，大約以理趣勝。」《稽古編》22「山甫之職，兼總內外。城齊之役，其暫耳。故篇末方言之，復睠睠（睠睠 juānjuān，依戀懷顧）望其遄（chuan，迅速）歸。」《通論》：「《三百篇》說理始此。」案：誠如《文心雕龍》《宗經》、《徵聖》所云：此詩善於用「宗經」、「徵聖」的寫作技法，融攝了《書・五子之歌》『民惟邦本，本固邦寧。……有典有則。」《易經・震・象辭》「後有則」《洪範》：「九疇，彝倫攸敘」，《逸周・文酌解》：「民生而有欲、有惡、有樂、有哀、有德、有則」，《論衡・率性》引召公戒成王云：「初生意（志）於善，終以善。」《度訓解》：「天生民而解其度」。「極以正民」，「明王是以極等（明等極）以斷好惡」，《常訓解》「民生而有習、有常。」《堯典》「詩言志」，宋・嚴羽《滄浪詩話》主詩歌「詞，理意興，」明・謝榛《四溟詩話》主「興、

趣、意、理」，清・葉燮《原詩》主「情、事、景、理。」案：亞里斯多德《詩
學》：「詩是一切文學形式中最富有哲學意味的」，此詩以理趣開篇，誠如業師
童慶炳教授所云：「文學的特質是審美」，此詩富於警策如「有物有則，小心
翼翼」，「民之秉彝，好是懿德」，「古訓是式」，「既明且哲，以保其身」，「柔
也不茹，剛亦不吐」，「不侮矜寡，不畏強禦」，「愛（薆）莫助之」，「穆如清
風」，含蓄淵遠，《晉・王凝之傳》記載謝安激賞末四句有「雅人深致。」又
有意象的鮮活靈魂之美善於取象，巧於用喻，善用擬聲詞，寫仲山甫勳德兼
茂，富於人格魅力，嶷然自守，其形象美六個方面：一、效法古訓，頒令於
外；二、出納王命，布政於外；三、明哲保身，夙夜非懈；四、不侮鰥寡，
不懼強梁；五、推舉善人，王缺能補；六、城於臨淄，穩定東方。善於突出
仲山甫的人格美：突出「仲山甫之德，柔嘉維則」，「柔也不茹，剛也不吐，」
結以深摯友情，首章贊天生其才以輔弼中興之主周宣王；二三四章讚美其德
其職；五章贊其有中和的美德，善於撫民；六章善事宣王，七章城齊，懷柔
東方諸侯；八章盼歸。「吉甫作誦，穆如清風。仲山甫永懷，以慰其心。」故
不僅多有雋句，又以理趣、人格魅力感人，在詩歌藝術中別開生面。劉宋・
顏延之《庭誥》引東漢・荀爽云：「詩者，古之歌章。」此詩雖是餞行詩，但
文脈清朗，詩味盎然，可誦可歌，懿訓昭義，耐人尋味。

韓〔韓〕奕

奕奕〔弈〕梁山，	高高的梁山，
維禹甸之。	大禹分治九州來過，
有倬〔焯晫〕其道，	周宣王晫晫然賢明大道，
韓〔韓〕侯受命。	韓侯來京等候。
王親命之：	宣王當面策命：
「纘〔續〕戎〔纂我乃〕祖考，	「繼承光大您先輩功業，
無廢朕命！	不可廢棄我的冊命！
夙夜匪解〔懈〕，	日夜不可懈怠，
虔共〔拱恭〕爾位。	忠於您的職守，恭恭敬敬。
朕命不易，	我今冊命不容易，莫淡忘，
榦〔幹〕不庭〔廷〕方，	糾正不肯朝覲國王的方國，
以佐戎辟。」〔1〕	以輔佐大國王！」

四牡奕奕，
孔修且張。
韓〔韓〕侯入覲，
以其介圭，
入覲于王。
王錫〔賜〕韓侯：
淑旂綏〔緌〕章，
簟茀錯衡。
玄袞赤舄，
鉤膺鏤錫〔鍚錫〕，
鞹鞃〔靹鞃鞃〕淺〔虥〕幭〔幦幭幨裸韉〕，
鞗〔鋈〕革〔勒〕金厄〔軛〕。〔2〕

韓〔韓〕侯出祖，
出宿于屠〔鄏〕。
顯父〔甫〕餞之，
清酒百壺。
其殽〔肴〕維〔惟〕何？
炰〔炰〕鱉鮮魚。
其蔌〔鸞餗蔌〕維〔惟〕何？
維筍〔惟葦〕及蒲。
其贈維〔惟〕何？
乘馬路車。
籩〔邊〕豆有且〔楚〕，
侯氏燕胥。〔3〕

韓〔韓〕侯取〔娶〕妻，
汾王之甥，
蹶父之子。
韓〔韓〕侯迎止〔之〕，
于蹶之里。
百兩彭彭，
八鸞鏘鏘〔將瑲〕，
不顯其光。

四匹公馬高大雄健，
非常修長又雄強，
韓侯覲見獻禮於周宣王。
敬奉大玉珪，
〔秋季〕朝覲周宣王。
宣王賜與韓侯：
繡有交龍的旗緌緌 rui 然有文章，
竹席，錯金車衡。
黑色卷龍衣，紅色雙層木鞋，
馬胸帶有金飾，馬額有刻金飾物，
皮草束軾，虥淺虎皮做覆巾，
馬籠頭有銅飾，車軛也飾金。

韓侯出行祭路神，
寄宿於合陽鄏城，
顯父爲他餞行，
百壺美酒香馨。
菜肴是什麼？
紅燒鱉魚鮮魚，
蔬菜是什麼？
是竹筍（葦筍）香蒲蒻。
贈品是什麼？
四馬、輅車，
禮器多多，
韓侯宴飲歡愉。

韓侯娶妻，
那是厲王的外甥女，
蹶父的女兒。
韓侯迎娶蹶父女，
在那蹶父的采邑。
一百輛車子眞豪華，
八隻鑾鈴瑲瑲和鳴，
彰顯著他的光榮。

諸〔姪〕娣從之，祁祁如雲。	諸姪娣隨作媵妾，眾多如天上的雲。
韓〔韓〕侯顧之，爛其盈門。〔4〕	韓侯回顧，燦燦爛爛，賓客盈門。
蹶父孔武，	蹶父非常英武，
靡國不到，	沒有哪國沒去過，
爲韓〔韓〕姞相攸，	替韓姞選夫婿，
莫如韓〔韓〕樂！	都不如韓侯稱心如意。
孔樂韓〔韓〕土，	很快樂啊韓國土，
川澤許許〔訏濊誻〕，魴鱮甫甫，	川澤廣大，魚兒眾多，
麀鹿噳噳〔虞〕，	公鹿母鹿呼喚成群，
有熊、有羆，有貓〔苗貓〕、有虎。	有熊有羆，有山貓，有老虎。
慶既令居，	喜歡居住韓國土，
韓〔韓〕姞燕譽。〔5〕	韓姞也歡愉。
溥〔普〕彼韓〔韓〕城，	寬廣啊！那韓城，鄰近燕國，
燕〔匽〕師所完。	北燕國民眾所建成。
以先祖受命，	由於先祖受命爲侯，
因時百蠻。	依此治理北方百蠻民。
王錫韓〔韓〕侯：	宣王賜與韓侯：
其追其貊〔莫貊貉〕，	管轄追國、貉國，
奄〔掩〕受北國。	安撫北方各諸邦，
因以其伯。	因此任北方諸侯長。
實〔寔〕墉〔墉〕實〔寔〕壑，	鞏固城牆、護城河，
實畝〔畝〕實藉〔籍〕。	按田畝收稅充實國庫房。
獻其貔〔貔豼〕皮、赤豹、黃羆。〔6〕	進貢名貴的白羆皮、赤豹皮、黃羆皮。

《漢石經》《韓奕》《公劉》。

【詩旨】

案：前816年周宣王北伐後（據《竹書紀年集證》繫於宣王四年，前824年），韓侯覲見周宣王，周宣王賜命韓侯爲北方諸侯的方伯，榦不庭方，加強統一，這是周宣王的中興大臣尹吉甫專美韓侯的樂歌。

《毛序》：「《韓奕》，尹吉甫美宣王也。能錫命諸侯。」《編年史》繫於前816年。

【校勘】

〔1〕《漢石經》《說文》韓，古字，韓，俗字。《唐石經》奕，《爾雅疏》《劉寬碑》《御覽》頁 192 弈，重言擬況字。《毛》倬，《毛詩音》倬即焯，《韓》晫，倬焯通晫。案：《毛》纘戎，《唐石經》纘戎，《白帖》50 纂我，纂、纘音義同，《左傳·襄 14》「纂乃祖考」，乃、汝同義，以作戎訓汝爲長，但是宣王、韓侯都是姬姓，《竹書紀年》：「成王十二年，王師、燕師城韓，王錫韓侯命」，韓侯，姬姓，周武子封國，作我亦可。（在今河北省固安縣東南。）《毛》解，古字。《魯》《韓》《考文》懈。《毛》共，《台》128/122《毛詩音》音拱鄭音恭，《箋》古恭字，或作共，共讀如恭，《疏》《釋詁》拱，共讀如拱。《毛》朕，《漢石經》朕，《說文》𦙶，朕同。《說文》《唐石經》榦，《三家》《武榮碑》《西京賦》注引《韓》《韓詩章句》《箋》幹，同。《毛》庭，《毛公鼎》廷，庭通廷。

〔2〕《毛》錫，古字，《魯》《齊》《書抄》30《周禮·屨人》鄭注引、《詩考》賜。本字作綏，《單疏》綏，綏 suì 讀如緌 ruì，詳《王制》注、《釋文》。案：本字作鍚，《魯》《東京賦》《唐石經》鍚，《說文》鍚，古字，明監本誤作錫。（《談經》認爲當作鍚，與鳥叶韻。《毛》軜、淺、幭，《釋文》軜，本亦作𨌹，或作䡄、又作𢎥，《毛詩音》軜，《玉篇》𩨉，淺通𩨉。本字作幦，幭應作幦，《齊》《玉藻》《廣雅》《單疏》幦，《說文》《釋文》《單疏》《唐石經》幭，《天官》幎，古寫本、《五經文字》宋本幦，《釋文》幭，本又作簚。《齊》《巾車》禩，禩𣥠幭幦音義同，作幭誤。《毛》厄，《說文》《玉篇》軶，厄通軶。𨍋當作鎜，《說文》鎜。

〔3〕《毛》屠，《說文》𡊊。《毛》父，《三家》《類聚》5 甫，《毛詩音》父音甫，《釋文》父，本亦作甫。《毛》壼，《唐石經》壺，同。《單疏》殽，《釋文》肴，本又作殽，同。《字書》《毛》《單疏》炰，炮炰同。《魯》《釋器》《唐石經》《單疏》蔌，案：《說文》𦿉，古字，《易·鼎》餗，或體，蔌別體。《箋》《毛詩音》：筍，字或作笋。《類聚》5《單疏》筍。《詩考補遺》《三家》《說文》惟葦，師受不同。《毛》籩，《集韻》邊，當爲籩。且楚，楚楚，櫖櫖 chǔchǔ。

〔4〕《毛》取，古字，《單疏》娶，《釋文》取，本亦作娶。《毛》止，《疏》訓之，止讀之。《毛》鏘，《釋文》將，本亦作鏘，將，古字，又作瑲。《毛》諸，《魯》《公羊傳·莊 19》《白虎通·嫁娶》姪，師受不同。

〔5〕《傳》訏訏《唐石經》許許，P3383 訏訏，《白帖》5《御覽》37 滸，《齊》《易林·離之中孚》詡，許 xǔ 訏 xū 滸 hǔ 詡 xǔ 上古音同爲曉母魚部。《唐石經》、東京國立圖書館藏古抄本《正義》《說文新附》貓，《釋文》貓，本又作苗。苗貓古今字。《逸周·世俘解》《考文》貓，俗體。《單疏》《釋文》P3383 嚘，本亦作虞，案：嚘嚘、虞虞，重言擬聲詞，通作嚘，《三家》《說文》嚘嚘。

〔6〕《毛》溥，古字，《魯》《潛夫論·志氏姓》普，音義同。《匽公匜》、《匽侯旨鼎》、《沇兒鐘》《說文》匽，《毛》燕，1986 年北京琉璃河出土銅罍、銅盉作匽，音義同。《漢石經》莫，《後漢》《山海經》監本《毛》貊，《晉書》《唐石經》《單疏》貊，《說文》貉，《五經文字》貃，音義同。《毛》奄，《考文》掩，音義同。《漢石經》《毛》實藉，《箋》《單疏》寔，讀如寔，墉藉，《唐石經》籍，《毛》《三家》《鹽鐵論·未通》《漢石經》116 墉藉，籍通藉。《說文》《單疏》貔，《玉篇》《考文》豼，或體。《說文》貔，豼俗體。

【詮釋】

〔1〕弈弈、奕奕 yìyì，高大貌。《王肅注》《魯傳》《潛夫論·志氏姓》《單疏》《水經注·聖水注》《括地志》《日知錄》《春秋地理考》與考古發現，周初梁山在今河北省固安縣城東南。《單疏》《正義》「韓山，晉望也（在今山西省河津附近）。」據《箋》：「梁山，今（東漢）左馮翊夏陽西北」，當在今陝西省洛水流域韓城西北。周宣王時韓國都邑在陝西韓城。維，惟；禹甸九州；甸 diàn，治，劃定。有倬，倬倬焯焯晫晫 zhuózhuó，賢明。韓，國名，姬姓，在今河北省固安縣東南，後遷山西省河津市東北，再遷陝西韓城；受，承受宣王的冊命。纘纂 zuǎn，纘述，繼承；戎、乃，汝；光大；祖考，先輩的功業。無，勿要；廢 fèi，廢棄，中止；朕，我；命，冊令。解，懈怠。匪，非，易，容易。虔共、虔拱、虔恭，連語，恭敬；爾，汝；位，職守，盡職守。易，變易。《韓詩》：榦 gàn，幹，正。庭，廷，不庭方，不朝見周王的諸侯國。佐，輔佐；戎，大；辟 bì，國王。

韻部：甸命，眞部；道考，幽部；解，支部；位，微部。支、微合韻；易辟，錫部。陰入韻中的支、錫通韻。

〔2〕四匹公馬神采奕奕，雄健有力，身材很修長而且強壯，韓侯秋季覲見國王，敬奉著瑞玉大玉珪，朝見周宣王並進貢。此時的韓侯，爵位侯，據

《儀禮·覲禮》公、侯、伯、子、男，覲禮時執瑞圭以朝周王。錫，賜。旗飾有：淑斿、綏章相對爲文，淑，美，綏讀如緌 ruì，亦美，仰天湖楚簡九「紅組之緌」，《五年召伯虎殷》：「余弆于君氏大章。」賜予繡有交龍的美旗，緌緌然有文章。一訓綏 sui，上車繩索。車飾有：竹席作車蔽，車軾前的橫木上雕有特定的圖案以示尊貴。服飾有：繡有卷龍的黑色禮服，紅色的木製雙層鞋，馬的胸帶上金屬飾物閃閃發亮，馬額上有鏤空的金屬飾物，馬走動時發出聲響，車軾上有用去毛的皮革加固並作爲把手可以憑軾，淺通虥 zhàn，虥（虦）zhàn 貓皮，車上有車覆笒 líng（車涷）下織竹作車笒，作爲馬籠頭的皮革鋚 tiáo 勒有彎首銅飾物，厄軛 è，車轅前端架在馬頸上的橫木，上有金鐲形飾品。幭幭 miè，《毛公鼎》冟，鼏禤幎同，用毛皮作覆巾。

韻部：張王章衡錫（鍚），陽部；幭，月部，厄（軛），錫部。月、錫合韻。

〔3〕出祖，出行祭路神。屠，郇 tú 城，古有郮陽亭，在今陝西省合陽縣。顯父 xiǎnfǔ ，姓姞，周宣王時的卿士。清酒，冬釀的澄酒。殽肴 yáo，肉質荣肴；維，是。炰 fǒu，蒸煮。案：鮮 xiān，讀如析，剖魚煮魚。虋餗（蔌）sù，荣蔬。鼎中食物代指美味佳餚。《三家》《說文》葦，《箋》筍，竹萌，《類聚》5 引作筍，師受不同。案：葦，荣，花柴筍（柴筍、蘆筍），詩人記錄了中國荣的範圍，民間流傳蘆筍是野生荣灘八珍之一，有多種氨基酸、微量元素、纖維素，野生荣之一，脆嫩可口，能排除油膩，清胃通腸，兼有瘦身美容的功效，所以，徐鍇云：「葦初生，其筍可食。」蒲 Pú，香蒲蒻 ruò 的根莖，蒻頭，美食荣蔬之一，又可醃製酸荣。《傳疏》且，語詞。不妥。《箋》：且（jū），多貌。《通釋》：葽、且雙聲，盛。案：有且，且且 jūjū，齭齭楚楚 chǔchǔ，鮮潔、眾多貌。爲協韻而倒文，燕胥，宴愉；侯氏，韓侯；燕胥，宴飲歡愉。贈，贈送；維，爲。路車，輅車。周宣王派使者賜與諸侯車輅車和禮服。

韻部：祖屠（郮）壺魚蒲車且胥，魚部。

〔4〕取，娶。《單疏》厲王在汾，因號厲王爲汾王。子，甥厲王姬胡姊妹的女兒，周宣王大臣蹶父的女兒。蹶 guì，姓，姞姓之後。案：國人暴動，周厲王逃到汾水旁的彘（在今山西霍州市西三里），詩人以嘲謔的口吻稱他爲汾王，不稱國王。迎，親迎；止通之，蹶父女。于蹶之里，此處爲協韻，于蹶父之采邑。《竹書紀年集證》32 宣王四年，王命蹶父如韓，韓侯來朝。兩，輛；彭彭，盛多。不通丕；光，榮耀。媵 yìng，《公羊傳·莊 19》「媵者何？

諸侯娶一國，則二國往媵之，以姪娣從。姪者何？兄之子（女）也。娣者何？弟也。」這是原始的夥婚制殘餘媵嫁婚。祁祁 qíqí，眾多。《集注》：顧，曲顧。爛其，燦爛，光彩貌。

韻部：子止里，之部；彭鏘光，陽部；雲門，文部。

〔5〕孔，非常；武，英武。到，至。為，替；韓，男姓，姞，女性，古女嫁則將男姓前置；相，選；攸，所，所匹。案：樂 yào，如願。訏訏、潣潣、詡詡，廣大。甫甫，大而眾多貌。噳噳，群鹿相聚貌。羆 pí，如熊，黃白色。苗貓古今字，淺毛虎，豹屬，山貓 Felis catus silzestris。《箋》慶 qing，善。朱熹：慶，喜；令，善也；喜此有此善居也。吳秋暉《談經》據《召伯虎殷》推知慶是庶出，年長於韓侯，慶與韓侯同祖。令，美好。安慶，慶賀；既，已；《釋文》：令，使；居，居住。燕譽，喜悅。

韻部：到樂，宵部；武土訏（潣詡）甫噳（虞）虎居譽，魚部。

〔6〕溥，溥溥 pǔpǔ，廣大，歡美之詞。案：當如《王肅注》與孫詒讓云：燕，北燕國，又稱郾匽匽，姬姓，召公奭封國，居河北北部，遼寧西部，都薊（今北京西南，故址在今北京房山琉璃河一帶，北京琉璃河考古發現，武庚兵敗逃亡河北匽地，後為召公所平。青銅器銘文有「匽侯」；初韓城即今河北省固安縣韓塞營一帶。師，眾；所完，所完成的韓城建築。先祖，周武王庶子召公奭。《潛夫論·志氏姓》：」昔周宣王亦有韓侯，其國也近燕，故《詩》云：『普彼韓城，燕師所完』。」因，依；時通司、通治，治理，管轄，即周宣王封韓侯為北方諸侯長，東京國立圖書館藏古抄本《毛詩正義》：「宣王以此韓侯之先祖嘗受王命為一州侯伯，既治州內之國，又因使之時節百蠻之國，其有貢南往來為之節度也。」追 zhūi，國名，古代西方少數民族所建；莫貊貉貉 mò，國名，貊貊貉貊 mò，古代對北方部族的蔑稱，扶餘國，故址在長城北，北狄。案：代指西周時北部外族鬼方、北戎、燕京戎、犬戎、林人、西羌、北羌。（《簡明中國歷史地圖集》9～12 頁）。奄掩，安撫，管轄。因，因而；以，以為。伯，方伯，諸侯長。實，寔，是；墉壑，此處為協韻，是周朝在北方的重要屏障。周宣王時的韓在今陝西韓城，西北為黃龍山，上古名龍門，老城北有韓侯坡、韓侯祠，春秋時名韓原。或訓為實，充實鞏固；墉，城牆；壑，護城河。籍通藉 jí，丈田地，以收稅。獻，進貢周王庭。據《說文》郭璞《爾雅圖贊》貔 pí，似虎，毛灰白色，又名白羆，豹屬。訓白狐狸，非。羆 pí，棕熊，猛獸，膽入藥。何焯：「服蠻伯而定申伯，伐獫狁而錫韓侯，

於是南夷不得與北狄交，山甫城東方，召虎平淮夷，其聲勢又足以相應三面底寧，西京復見成康之盛矣。」

韻部：完蠻，寒部；貊壑籍，藥部；皮羆，歌部。

【評論】

明‧鍾惺《詩經》：「借『蹶父相攸』，『韓姞燕譽』，形容韓之富饒，文章映帶之妙。」《詩誦》4「此詩敘賜命，中間忽借『取妻』作一大波，雖無關正意，卻是做應酬詩討好之法。」《會通》：「雄峻、奇偉，高華、典麗兼而有之。」引舊評云：「首章『纘戎』以下，古奧如《尚書》，此〔韓〕退之〔愈〕得之以雄百代者。三章忽變清麗，令讀者改觀。四、五章朝令大文，夾敘婚姻事，豔麗非常。」周代中興之主周宣王的名臣名將名詩人尹吉甫以其嫻熟的筆致，深邃的哲理，豐茂雅正的語匯，以其三首大雅之詩《崧高》、《烝民》、《韓奕》作爲中國雅詩的名篇耀眼於中國詩歌的藝術長廊。

江　漢

江漢浮浮〔夲滔滔陶〕，	江漢之水滔滔滾滾，快速前進，不可阻撓，
武夫滔滔〔洺浮浮〕，	英武之士無不英豪。
匪安匪遊，	不敢安居，不敢遨遊，
淮夷來求。	咱來責求，咱來把淮夷征討！
既出我車，	戰車隆隆已經出動，
既設我旟。	飛隼之旗迎風飄飄，
匪安匪舒，	哪敢安逸？哪敢舒適？不敢寧居，
淮夷來鋪〔痛戣塼搏〕。〔1〕	搏伐淮夷，咱建功勞！
江漢湯湯，	江漢之水浩浩蕩蕩，
武夫洸洸〔潢璜趞儻搞〕，	英武之士勇不可當！
經營四方，	奉王之命經略東南，
告成于王。	捷報成功，報告宣王！
四方既平，	凱歌高奏，淮河流域，四方平定，
王國庶定。	大周慶幸可安靖。
時靡有爭，	這時沒有了戰事，
王心載寧。〔2〕	宣王的心則安寧！
江漢之滸〔汻〕，	在浩浩江漢之濱，
王命召〔邵〕虎〔虍〕：	宣王命令召穆公虎，

「式〔或〕辟〔闢〕四方，　　　　「奮勇前進，開闢四方，
徹我疆土。　　　　　　　　　　治理祖國偉大疆土，
匪疚匪棘〔棘急悈〕，　　　　　無傷害，無急躁，
王國來極。　　　　　　　　　　王國是正，全民安居！
于疆于理，　　　　　　　　　　切實治理祖國疆域，
至于南海〔海〕！」〔3〕　　　　直到南海，不容侵寇！

王命召虎〔虍〕：　　　　　　　宣王命令召穆公虎：
「來旬〔營徇巡〕來宣，　　　　「巡察南方南海，廣宣政令，
文、武受命，　　　　　　　　　銘記文王、武王受命，
召公維翰。　　　　　　　　　　召公乃是楨幹之臣，
無曰予小子，　　　　　　　　　我是年輕人，
召公是似。　　　　　　　　　　召公功業我繼承，
肇〔肇〕敏戎公〔功〕，　　　　劭勉偉大的功業，
用錫爾祉！」〔4〕　　　　　　因賜給您更多福份。」

釐〔賚〕爾圭瓚〔瓉〕，　　　　「賜給您大珪與玉瓚，
秬鬯一卣〔攸〕。　　　　　　　黑黍鬱金香與中尊，
告于文人，　　　　　　　　　　奉告於有文德的先王，
錫〔之〕山〔川〕土田〔附庸〕，賜給您山川與土田，
于周受命，　　　　　　　　　　您在成周接受封號，
自召祖命。」　　　　　　　　　用以紹繼召公封典。」
虎〔虍〕拜稽首：　　　　　　　召虎拜手又叩頭：
「天子萬年！」〔5〕　　　　　「敬祝國王萬年！」

虎〔虍〕拜稽首：　　　　　　　召虎低頭彎腰作揖並叩頭：
「對〔遂〕揚王休，　　　　　　「答謝稱揚明王的大德。
作召公考〔簋〕！　　　　　　鑄造追孝召公的簋，
天子萬壽，　　　　　　　　　　祝天子萬歲保邦國。
明明天子，　　　　　　　　　　勉勉不已的國王，
令聞〔問〕不已〔巳〕。　　　　美好聲譽不絕。
矢〔弛施〕其文德，　　　　　　廣施您的文治，普惠您的文德，
洽〔協〕此四國！」〔6〕　　　協和咱們全國！」

【詩旨】

案：前 822 年，鑄《召伯虎簋》的同時，顧命大臣、名詩人召穆公姬虎
用靈動、豪放的詩歌語言，記敘了顧命大臣召伯虎奉周宣王之命經略東南，

由江漢東下平定淮夷、治理南海的歷史功勳，周宣王勉其「旬來宣」，「召公是似」，受到賞賜後，召伯虎向周宣王致頌詞中又有建言建策：「維德懷遠，明明天子，令聞不已。矢其文德，洽此四國。」補史籍之不足。《詩切》：「召穆公平徐銘功也。」以下二篇《編年史》繫於前 822 年。

《毛序》：「《江漢》，尹吉甫美宣王也。能興衰撥亂，命召公平淮夷。」

【校勘】

〔1〕案：東京國立圖書館藏唐抄本《正義》殘卷、《單疏》、《毛》首二句作江漢浮浮，武夫滔滔，東京藏本滔作㳷，俗字。首二句當爲「江漢滔滔，武夫浮浮」，理由：一、《魯》《風俗通·山澤》：「江漢陶陶」，陶陶、滔滔聲近；二、《法藏》24/47P3383、《毛詩音》「江漢滔滔」，則《毛詩》六朝寫本沿晉·徐邈《毛詩音》，晉時四家詩俱在，則江漢滔滔當爲定本。三、運用本校法，《詩經》《載驅》《四月》《江漢》均以滔滔形容水。《四月》滔滔江漢（《白帖》引亦同），《載馳》「汶水滔滔，行人儦儦」，滔滔形容水，通語，如《堯典》「浩浩滔天。」俱水勢大、軍威壯用滔滔比喻。儦儦 biao 與浮浮是廣義的雙聲疊韻詞，聲近義同。四、一章「江漢滔滔」、二章「江漢湯湯」，正相承啓。《述聞》《傳疏》已提及浮浮、滔滔當乙。五、從音韻而論，浮遊求叶韻，陳喬樅《魯詩遺說考》引《楚辭注》等書：「《魯詩》作『江漢陶陶，武夫滔滔，』『江漢陶陶』，謂其流盛而向前也。陶與下句協韻，作陶陶與上下文義、音韻皆協。」《隋書·音樂志》引漢·侯苞《韓詩翼要》「武夫滔滔，眾至也」，師受不同。《說文》《廣韻》夲夲 tāotāo，《單疏》「江漢浮浮，武夫滔滔」。大約在隋代，尤其是唐代陸德明、孔穎達時已誤，敦煌寫本保留古本原貌。案：本字作痡，《魯》《釋詁》痡，東京藏古抄《毛詩正義》鋪，病，朱文旁注：文彼作痡。《單疏》訓爲病，《毛詩音》鋪即痡。《定本》鋪通痡。《講讀》：通搏。可資參考。《方言疏證》：「鋪，止也。」《毛詩音》痡，鋪通痡，非安非舒的原因——淮夷是痡。

〔2〕《毛》、古本洸，《魯》郭舍人注《爾雅》8《古文苑》12、13《齊》《鹽鐵論·徭役》僙，《法言》潢，《韓》《玉篇》趪，字異音義同。《漢平都相蔣君碑》撗，撗、矯、洸義同。

〔3〕《唐石經》滸，正字作汻，《說文》《玉篇》《群經正字》汻，《毛》召，《三家》《潛夫論·三式》曹植《求自試表》《衡方碑》《唐抄文選集注匯存》3.49 邵，召讀如邵。《毛》虎，《唐石經》虖，避唐祖諱。《毛》辟，《毛詩

音》辟即闢，辟通闢。《毛》棘，《漢石經》棘，《唐石經》棘，《魯》《釋言》「棘，急」，又戒、悈，《魯》《釋詁》《毛詩音》棘，即急。棘通急。棘急戒悈意義同。《毛》海，《漢石經・大雅校記》作海，同。

〔4〕《毛》旬，魏《三體石經》古文作宣，《正義》P3383《箋》：旬當作營，《魯》《釋言》《廣雅》徇，《毛詩音》旬，張揖讀作巡。翰即榦。似讀嗣。公，即功。孔：旬營字相類。旬巡，遍。《釋文》《單疏》古抄本作肇、公，《唐石經》肇公，《漢石經校記》《後漢》《宋弘傳》《周舉傳》肇、功，《齊侯鎛鐘銘》肇敏於戎攻，肇同肇。東京國立圖書館藏古抄本《正義》作肇公，訓爲功，似通嗣，公工攻通功。

〔5〕《毛》瓚，《唐石經》纘。《毛》《法藏》24/47、《唐石經》釐，沉重：音贊，釐通贊，《書抄》引作贊。古抄本、《毛》卣，《韓詩外傳》8 攸，通卣。《毛》小字本、相臺本「錫山土田」，《唐石經》「錫」下旁添「之」字，「山」下旁添「川」字，「土」下旁添「田」附庸，《定本》《集注》《毛傳》有「附庸」，《釋文》本或作「錫之山土田附庸者」，從全詩文體而論，基本是四言詩，一本作錫之山土田附庸者」當是，作爲傳授者訓釋語，如作「錫之山土田」五字句與前章「無曰予小子」相類，而「無」字乃助詞，有「無」與否無關詞旨，「錫之」亦然。故當依東京國立國書館藏古抄本《正義》作「錫山土田」。

〔6〕《毛》對，《毛詩音》對，讀遂。《毛》已，《唐石經》巳，當作巳。古抄本、《毛》矢、洽，《毛詩音》矢，讀弛，《魯》《爾雅》《齊》《繁露・竹林》《孔子閒居》《定本》弛、協，《禮記注》「弛，施也；協，和也。」《單疏》：「謂施陳文德，《定本》爲『弛』字，非也。」矢弛讀如施，聲近義通。洽協通。《毛》聞，《責躬詩》李注引《毛詩》作問，問聞通。

【詮釋】

〔1〕周宣王中興，在北伐玁狁，北國安定後，則征討淮夷，鞏固南疆南海。《竹書紀年》：宣王六年（前 822）「召穆公率師伐淮夷」。邵虎的老祖邵公奭，當周成王幼時任太保，周公旦任太傅，呂望任太師，召公是顧命大臣。召虎不僅在國人暴動，厲王逃巟時捨子而保護了姬靜即周宣王，而且是教育培養周宣王的輔國重臣。是年，周宣王作命召虎爲南征統帥。此詩與《竹書紀年》《後漢・東夷傳》《晉・庾亮傳》《召伯虎簋銘》相互發明，詩則具象化、細節化因而更文學化，故有高峻簡明而描繪生動之感。周厲王時，召公弭謗；周宣王時作《天保》《常棣》《伐木》《常武》《嘉樂》《江漢》《卷阿》。前 827

年輔國大臣召公作《常棣》旨在共同禦侮，周宣王行冠禮，召公作《嘉樂》《天保》。前 823 年伐獫狁。前 822 年平淮夷，召公受賞賜作《江漢》《常武》。

　　江漢，周室王師沿江漢東下；夲夲 tāotāo，王紹蘭《說文段注訂補》：夲夲，進趣（快速前進），陶陶、滔滔，水勢浩浩漫漫，不可阻遏；浮浮 fúfú 斈斈 fúfú，眾多，眾將士鬥志昂揚豪氣勃勃。匪，非；安，安逸；遊，遊止。淮夷來求，爲叶韻而倒文。來，是；案：求，責求，《盤庚上》「人惟求舊，器非求舊，惟新。」《疏》：討伐。車，戰車。旟 yú，畫有鳥隼的旗幟。匪安匪舒，不求自安，不求舒適。《毛傳》：鋪 pū，病也，即鋪通痛，病。案：此句爲協韻而倒文，本爲來鋪淮夷，即周宣王時吉金《兮甲盤》「敢不用命，則即井（弄）屢伐」，來，是；鋪、屢與《宗周鐘》戮伐，《虢季子白盤》「博伐獫狁（獫狁）的博同，搏伐。屈萬里《詮釋》：鋪，懲處也。

　　韻部：陶滔浮游求，幽部。車旟舒鋪（痛博搏），魚部。

　　〔2〕湯湯 shāng shāng，水勢浩大，代指軍威強大。洸洸、撟撟、矯矯，重言形況字。《魯》《釋訓》洸洸 guāngguāng，武也。洸洸僙僙潢潢趪趪 guāng，英武貌。經營，經略，征平。治理。告成，《召伯虎簋銘》「告慶」，捷報勝利。《詩集傳名物鈔》，「三言」「四方」皆指淮夷左右而言。庶，幸；定，太平。時，其時；靡，無；有爭，戰爭。載，則，方。厄軶 è，車轅前端駕在馬頸上的人字形器具。

　　韻部：湯洸方王，陽部；平定爭寧，耕部。

　　〔3〕三章彰明邵穆公虎。汻滸 hù，水邊。據《召伯虎敦》，江漢之滸，王命召虎：此句倒文，王命召穆虎沿江漢東下。式，當，命令之詞；辟，闢，討伐，開闢；《釋文》引《韓說》：辟，除（chú，除舊布新）。徹，治理；疆土，疆界。匪，無；疚 jiù，害，《易·履》：「剛中正，履帝位而不疚，光明也。」棘通惎，急。來，是；極，準則。案：于通爲，劃定；疆理，疆界；案：至於南海，《單疏》：「上言『經營四方』，故知周行四方乃至於南海，九州之外，謂之四海，至於南海，則盡天子之境。」至遲在（前 822 年）西周，據《虞夏書》前此，早在夏、商中國早已有南海，南海早已是中國不可分割的領域疆域。（據北京·群言出版社 2008 年版《中朝日越四國歷史紀年表》頁 65 載，前 257 年越南王甌雒國安陽王元年才是有文字可考）《商頌》《玄鳥》「肇域彼四海」，《長發》「相土烈烈，海外有截」。

　　韻部：滸虎土，魚部；棘（急）極理海，之部。

〔4〕來，語詞。案：旬、徇，巡察，《說文》古文旬字酷似宣字，旬宣，旬徇在眞部，宣在元部，廣義的疊韻詞，連語，周邊宣示與巡察。文，文王；武，武王；受命，受天命的大業。召公，召康公虎；維，爲；翰，楨幹之臣，當時主要是三名大臣：太師姜尙、周公旦、召公奭。《逸周·克殷解》：武王克殷時，周公把大鉞，召公把小鉞，以夾王。武王病故，周公、召公是顧命大臣。無曰，結構助詞。《商·湯誥》「明聽予一人誥」，《商·盤庚》《周·泰誓》《禮記·王藻》、卜辭都有王自稱「予小子」。予小子，宣王謙稱，召虎是輔國大臣，周宣王是晚輩。似通嗣，繼。黃焯《平議》：予小子，宣王。詩乃召公旋師奏凱後論功行賞時所作。末章「明明天子，令聞不已。」穆公歸功於上。此章宣王推美於下。案：肇敏，周代常語，《不嬰毀》「女肇敏於戎工」，《弓鎛》：「女肇敏於戎攻」，肇敏，連語，敏，《魯》《釋詁》肇，謀，或訓爲肇敏，連語，敏，勉力；《魯》《釋言》肇，敏也。《釋文》引《韓詩》：肇，長。戎，大；工公攻通功。用，以；錫，賜；爾，汝；祉 zhǐ，福。

韻部：宣翰，元部；子似（嗣）祉，之部。

〔5〕釐 lí賚 lài 同爲來母，釐通賚，賜與。圭，玉珪，禮器；瓚 zàn，宗廟祭器，玉質勺，經一尺，口徑八寸，以挹取鬯灌祭。《五年召伯虎毀》：「余眔（惠）於君氏大章」，章，珪璋。秬鬯 jùchàng，黑黍鬱金香酒，用於祭祀與賞賜有功的諸侯、將領。攸通卣，卣 yǒu，青銅酒器，中尊，橢圓口，深腹，圈足，有蓋。告于文人，案：當是承前「文武受命，召公維翰」文、武——文王、武王，「文人」當是「文武」或「文王」。又：文人，有文德的先王，《書·文侯之命》：「追孝于前文人」。錫，賜。于周，于周朝；受，承受。召是紹之省，自召，自紹，自，以；召，紹，紹承，繼承；祖，召康公奭；命，禮數，受到國王冊命。虎，召穆公虎；拜，叩拜；稽首，九拜禮中最恭敬的頭叩至地的跪拜禮節。

韻部：瓚，元部；人田命年，眞部。元眞合韻。

〔6〕拜 bài，低頭彎腰作揖；稽 qǐ首，跪拜禮。對揚，答謝、稱揚，休，休命，即「王命」，對揚王休，或訓爲美德，商周常語，《商·說命下》：「敢對揚天子之休命！」西周中期《大鼎》：「對兄易王天子不顯休。」郭沫若《青銅器時代》載《召伯虎簋銘》「對揚朕宗君其休」。《單疏》引《定本》、《集注》：「皆云對成王命之辭。」作召公考，作，爲，鑄成追考召公的簋（詳《郭沫若全集·考古》307頁）。《新證》作孝召公之倒文，此處爲叶韻，孝，追孝，

考 kǎo 孝 xiào 疊韻通借，考通簋 guǐ。明勉雙聲通借，明明，勉勉不已。令聞，美好的聲譽；不已，不止。矢弛通施，廣布，朱熹：矢，陳也；文德，文治，美德，澤及全國。洽 qià 協 xié 雙聲通借，和協，協同；四國，各諸侯國。

　　韻部：首休考（孝簋）壽，幽部；子已，之部；德國，職部。

【評論】

　　《魯傳》《潛夫論・三式》：「其有韓侯，邵虎之德，上有功於天子，下有益於百姓，則稍遷位益土，以彰有德。」《續〈讀詩記〉》3「『江漢浮浮』，似言興江漢之師，順流而下。『匪安匪遊』，言不敢甯居之意。『淮夷來求』，兵欲加而淮夷已求服。來鋪納款請降，陳列於軍前也。二章淮夷既平，因經略四方，大抵平定，蓋屬王之後，亂者多矣。三章言召虎時在江漢，王申命之，使式辟四方，治其土田，取法王國，疆理之功，至於南海。……矢其文德，因以為戒也。」《毛詩六帖》：「王褒召虎之德，虎勉宣王以文德，君臣之德之盛也。」《詩誦》4：「敘平夷武功，只『告成于王』一句，三章善後，四章以下皆凱旋、賜命，受賞之事，蓋召公元勳重德，奕世宗臣，朝野所望，惟在繩其祖武，致君成、康，固不以武功稱美。故其詩與《六月》《采芑》不同，結語提出『文德』，大旨顯然。《烝民》詩精微博大，無一點浪墨浮煙。《江漢》詩飛揚秀發，精彩百倍。」《會歸》頁 1776，「此篇以武功文治為主旨，以文德為歸宿，而首總挈伐淮夷之戰功，次進述諸夷悉平，三推述平後政教，四綜前功，遞述襃功錫祉，五遞述錫祉之文物，六遞述錫祉之謝辭。銜屬遞下，一線珠聯，以逶邐之風神，為聯綿之篇法，視《崧高》《烝民》《韓奕》，又易以輕靈之體格，詩人筆參造化，變化固無盡也。」案：興衰撥亂，詩人美之，此詩尚有西周雄渾氣魄、高峻之勢，興會神到，雖《楚辭》《唐詩》無以過，曹植詩可與媲美。一、二章雖文約而高峻之勢已成，一二句善於用譬，一二章善於賦寫，後四章善用對話，語言朗暢而厚重，富於韻味，極寫中興之主經略東南，極其重視南海的宏偉的政治戰略，「至於南海」，於咽喉之地極其關顧，「來巡來宣」，五章寫有功則賞，又勉之以「自召（紹）祖命」，發揚光大開國勳臣的功業，六章則以崇高渾穆的語彙於頌揚中寓老臣的規勸，「明明（勉勉）天子，令聞不已。矢（施）其文德，洽（協）此四國」。其實詩人善於謀篇，末四章看似宕出題外，如綜觀全詩，實則鞭緊題中，三章義炳千古，卒章「矢此文德」，綰會到治國的根本，符合政治戰略家的遠見宏圖，確為詩人妙旨。末二句千古箴言。

常　武

赫赫〔爀〕明明，　　　　　　聖明啊，明察啊，
王命卿士，　　　　　　　　　宣王任命卿士，
南仲〔中〕大〔太〕祖，　　　南仲太祖，
大〔太〕師皇父，　　　　　　三公中最尊的皇父，
「整我六師，　　　　　　　　「整飭我六師，
以修我戎〔戍〕，　　　　　　修好了兵甲諸務，
既敬〔儆警〕既戒〔慽亟〕，　已加強警戒，
惠此南國。」〔1〕　　　　　　惠及南國的黎庶！」

王謂尹氏：　　　　　　　　　宣王示知尹氏：
「命程伯休父：　　　　　　　「任命大司馬程伯休父：
左右陳〔陳〕行，　　　　　　分左右兩翼，
戒我師旅，　　　　　　　　　王師應戒備，
率彼〔省此〕淮浦，　　　　　沿那淮水岸，
省此徐土。　　　　　　　　　偵察徐子國，
不畱〔留〕不處，　　　　　　嚴禁殺戮！嚴禁擾民！
三事就緒。」〔2〕　　　　　　三卿各就其職，各盡其職！」

赫赫業業，　　　　　　　　　威武啊！莊嚴啊！
有嚴〔儼〕天子。　　　　　　威嚴的國王，
王舒保作，　　　　　　　　　大軍從容按序起程，
匪紹匪遊。　　　　　　　　　絕不遲緩！
徐方繹〔驛斁〕騷〔慅〕，　　徐兵騷動，震懾，
震驚徐方。　　　　　　　　　徐方震驚！
如雷如霆，　　　　　　　　　如雷如迅雷，
徐方震驚。〔3〕　　　　　　　徐方震驚！

王奮厥武，　　　　　　　　　宣王奮揚英武氣概，
如〔而〕震如〔而〕怒〔雷〕，　而霹靂其聲，而震雷其威，
進厥虎〔虙武〕臣，　　　　　奮勇前進！虎賁將士！
闞〔嘽諕〕如虓〔虓哮〕虎〔虙〕，如同獅虎咆哮發怒！
鋪〔敷〕敦〔敦彼屯〕淮濆，　　雄師屯兵淮河岸，
仍〔扔〕執醜虜，　　　　　　頻頻捉到眾多俘虜，
截彼淮浦，　　　　　　　　　截截然整治徐淮一帶，
王師之所。〔4〕　　　　　　　王師所到之處管轄一切就緒。

王旅〔師〕嘽嘽〔驒〕，	王師眾盛，銳不可當！
如飛如翰，	鷹鸇一般迅猛異常，
如江如漢。	其勢如江如漢。
如山之苞，	靜如不可撼動的群山，
如川之流。	行如不可阻攔的巨川。
縣縣〔民民〕翼翼，	眾多，綿綿不可絕，整肅不可亂，
不測不克，	不可測度，不可戰勝，
濯征〔正〕徐國。〔5〕	大征徐子國。
王猶〔猷〕允塞〔寒〕，	宣王謀略實在周密，
徐方既來〔倈〕，	徐子國歸順，
徐方既同，	徐子國歸往會同，
天子之功。	宣王的歷史勳功。
四方既平，	四方已經平定，
徐方來庭。	徐方來朝覲，
徐方不回〔違〕，	徐方從此不違，
王曰：「還〔旋〕歸！」〔6〕	國王頒令：「班師回歸！」

【詩旨】

　　這是召穆公虎於前 822 年寫中興之主周宣王親征徐夷的詩。《毛序》：「《常武》，召穆公美宣王也。有常德以立武事，因以爲戒然。」《單疏》頁 173，「唯《常武》宣王親自征耳。」《詩集傳》18「宣王自將以伐淮北之夷，而命卿士之謂南仲爲大祖兼大師而字皇父者，整治其從行之六軍，修其戎事，以除淮夷之亂，而惠此南方之國。詩人作此以美之。」《毛序》、趙逵夫教授（1993）《論西周末年傑出詩人召伯虎》認爲召伯虎作《常武》。《竹書紀年集證》繫於周宣王六年，前 822 年。

【校勘】

　　〔1〕《毛》赫，《釋文》赫，字又作爀，同。《單疏》仲太，《毛》仲大，《齊》《古今人表》中、太，《魯》《白虎通・爵》仲太，《釋文》大，音太。《唐石經》敬，《齊》《大司馬》注引作儆，《釋文》儆，本亦作敬，《箋》《單疏》警，敬儆讀警。《毛》戒，《毛詩音》音亟，《單疏》悈，音義同。

　　〔2〕《說文》《毛》畱，《張遷碑》留，同留。《毛》陳，《毛詩音》陳即陳，《毛》率彼淮浦，《眾經音義》19「省此淮浦」，疑爲竄改。

〔3〕《毛》嚴，《單疏》儼，嚴通儼，《毛》繹騷，《箋》《單疏》驛騷，繹驛懌數古通，騷通慅，繹騷、驛騷即數慅，慅動騷亂，震怖，古無懌有繹。

〔4〕案：正字作而，《唐石經》《疏》如、如，《箋》《稽古編》而、而，如、而古字通，此處如讀爲「而」。《毛》怒，《齊》《漢·敘傳》雷，當作雷。《毛》虎，《唐石經》虍，《辯亡論》注引《毛》武，避唐祖諱。闞嚙，古今字。《毛》《說文》虓，《魯》《風俗通·正失》《通俗文》《武榮碑》《韓》《七啓》注引作哮。虓，古字。案：本作敦彼淮濆，依據一、《說文》《詩考》作「敦彼淮濆」；二、與句例同：「率彼淮浦」，「截彼淮浦」，「敦彼淮濆」，三、《箋》訓「循彼淮浦之旁」屯其兵於淮水大防之上。《唐石經》鋪敦，《說文》「敦彼淮濆」，《齊》《後漢·班固傳》《馮緄傳》《聲類》《釋文》引《韓》敷，大也；敦，迫也。《箋》敦作屯。《稽古編》：「大迫淮濆」與「濯征徐國」文義相類。案：鋪敷通傅（搏），鋪敦是臺戲的倒文，臺古字，《宗周寶鐘》「南國服要，敢爲虐我土，王臺其至，戲伐乃都。」又鋪讀如痛，《毛》仍，《釋文》仍，本或作扔，仍讀如扔。

〔5〕《毛》旅、嘽，《齊》《漢·敘傳》師、驒，義近，嘽嘽、驒驒，重言擬況字。《考文》《韓詩外傳》8 縣縣，《釋文》引《韓》民民，民民、縣縣雙聲疊韻通借。《漢石經·校記》正，《毛》征，正通征。

〔6〕《毛》塞，《說文》寋 sè。案：本字作猷，《箋》《唐石經》猶，《三家》《荀·君道》《漢·嚴助傳》《新序·雜事》漢·潘勖《璦姿奇表》《韓詩外傳》6《韻會》猷，晉·束晢《補亡詩》李注引《毛》正作猷，猶通猷。《毛》來，《齊》《漢·景武昭宣元成功臣表》倈，來倈古今字。《毛》還，讀如旋，《考文》旋。《毛》回，《傳》違，回通違。

【詮釋】

〔1〕案：一二章彰明名將南仲、程伯休父。《竹書紀年》《趙世家》《後漢·東夷傳》：周穆王時，徐夷僭號稱王，率九夷攻宗周，周穆王畏其方熾，乃分東方諸侯，命徐偃王主之。後徐偃王行仁義，陸地而朝者有 36 國，周穆王時令楚文王伐徐。前 963 年，徐偃王反，穆王大破之。前 822 年，周宣王平徐戎。徐，古國名，嬴姓；古徐子國在今安徽泗縣西北五十里。赫赫，顯盛；明明，明察。「王命卿士，南仲太祖，太師皇父」，南仲之後，南仲在帝乙三年是周文王名將，西摧昆夷，城朔方，字皇父，父讀如甫。詩人此處爲協韻，其實卿士是他的平日職務，太祖南仲，周文王時武臣南仲，此時周宣

王時，稱太祖。《祭統》：「古者人君爵（授於官位）有德，必於大（太）祖〔廟〕」。《單疏》：「南仲，文王時武臣，是今所命者皇父之太祖，故本言之命皇父為將，必遠本其祖者，因其有稱績世之功，尤欲使之彰顯故也。」太師，周制三公中最尊的。如武王克殷，《大明》維師尚父，即太師姜尚父，《齊世家》周武革命「師尚父左杖黃鉞」，姜尚是總參謀長，整，整飭；我，周宣王。「整我六師，以修我戎，既敬既戒，惠此南國」，從古音韻學審之，「以修我戎」與「既敬（通警）既戒」當乙。王質引吳氏：戎當作戍以與祖、父叶韻，不免有破字改經之嫌。戎 jiè，國 guó，之、職通韻。戎屬東部，不協韻。從詩義分析，「整」的結果自然是警戒，有大戰前的精神狀態紀律狀態。以，為；修，備；我，王師；戎，兵器軍械；惠，惠及；南國，南國之民，即令出不擾民。

韻部：祖父，魚部；戒（愂甀），之部；國，職部。之、職通韻。

〔2〕謂，示知；尹氏，太師，《竹書紀年》幽王元年（前781年），王錫大師尹氏皇父命。詩中尹氏是周宣王大臣。《齊》《古今人表》：程伯休父曾率軍從周宣王平定徐國叛亂。命，任命；程伯，字休父，大司馬，采邑于程，程是先周大本營之一，休父是周代世大夫，伯爵，據《後漢書・郡國志》程在今河南省洛陽市東。休父，名，休父為前指總指揮，由三章「赫赫業業，有嚴天子」可見宣王親征。左右陳（zhèn，軍陣）行，分左右兩路軍夾擊。率，沿；淮浦，淮水。省 xǐng，審察，偵察；徐土，徐子國。不 bù，助詞。預告徐民，留 liu 通劉 liu，殺，嚴禁殺戮，嚴禁滯留擾民。處，安止。緒，業。陸奎動《陸堂詩學》、王利器《風俗通義校注》：三事，三卿。《箋》：「王又使軍將豫（預先）告淮浦、徐土之民，云：不久處於是也，女（汝）三農之事皆就其業。為其驚怖，先以言安之。」

韻部：父旅浦土處緒，魚部。

〔3〕赫赫業業，威武莊嚴。案：有嚴，嚴嚴、儼儼 yǎnyǎn，威嚴，矜莊。舒，從容；保作，安然起兵。匪，非；紹遊，遲緩。徐方，徐戎，徐國。案：繹騷，繹騷、繹蕭、懌騷，敇騷、驛騷，也是比較寬的疊韻詞，騷動，驚慌。其軍威，如，而；霆，迅雷一般。震驚，震動而驚懼。

韻部：業，鐸部；子，之部；作，鐸部；遊騷，幽部。之、鐸、幽合韻。方，陽部；霆驚，耕部。陽、耕合韻。

〔4〕案：本章善於用喻，用排筆，寫不可阻擋之勢，「九如」之勢。奮，奮揚；厥，其；武，武威，尚武精神，勇武氣概。如讀如而；震，霹靂，威；

怒，讀如雷，《齊》《漢・敘傳》雷，怨 yuàn，怒，其怒如驚雷，雷 léi，（古）來微，喉音影、舌頭音來准鄰紐，怒通雷。《御覽》271 引姜太公兵法「大人之兵，如狼如虎，如雨如風，如雷如電，天下盡驚，然後乃成。」進，先遣出發；虎臣，虎賁之將士。闞噉譃、譃譃 hǎn hǎn，咆哮吼叫聲，闞虓 hàn xiao，如獅虎發怒發威。案：鋪通搏，敦 tūn，屯兵，《韓說》敦，迫，《害夫鐘》「臺伐」，《不嬰段》「臺戠」。《宗周鐘》敦伐，《閟宮》「敦商之旅」。敷伐，敦伐，連語，搏伐，敦伐，又訓大迫；濆 fén，岸。仍 réng、扔 rēng，強力牽引，一說頻頻；執，拘捕；醜，眾；虜，俘虜。《傳》：截，治。截，截截 jiejie 然整治。

韻部：武怒虜浦所，魚部，雷，微部。微、魚合韻。

〔5〕案：嘽嘽，驒驒，重言擬況字，驒驒 tuó tuó，讀如 嘽嘽 tān tān，強盛貌。案：嘽通覃、剡，銳不可當。案：飛翰，複語，迅速，翰 hàn，本為紅腹雞（Chrys phuhs Ptus），此處翰 hàn 鸇 zhān 疊韻通借，猛如鳥中的豪俊者一般快速。江漢，如江漢之水波濤洶湧不可阻擋。山苞，靜則駐紮如山環抱不可撼動。民民緜緜，眾多貌，不可絕；翼翼，嚴正整肅不可擾亂。壯盛而整飭。此六個排比句，詩人用形象思維來寫軍事學中的邏輯思維、辯證思維，《孫子》《軍形》：「若決積水於千仞之溪」，《兵勢》：「不竭如江海」，《虛實》「兵形如水」，《軍爭》「不動如山」，《六韜・奇兵》：「疾如流矢」，《商子・賞刑》：「行如流水」。不測，不可測度；不克，不可戰勝。《魯》《釋詁》濯，濯濯 zhuózhuó，大；正讀如征 zhēng，征討。

韻部：嘽（驒）翰漢，元部；苞流，幽部；翼克國，職部。幽、職通韻。

〔6〕猶通猷，規劃、戰略、方略、謀略；允，實在；塞 sāi，通寒 sè，古音聲韻同，《舜典》：「溫恭允塞」，仁義充實誠信，此處訓周密。既，已；俫來 lái，至，歸服。平，平定。庭通廷，朝見。回，違，違逆。曰，說；訓為於，還讀如旋，班師回京。

韻部：塞（寒），職部；來，之部。職、之通韻。同功，東部；平庭，耕部；回歸，微部。

【評論】

案：崔述《丰鎬考信錄》：《六月》《出車》《嵩高》《烝民》《采芑》《江漢》《常武》「此詠宣王經略東南之事也。」唐代詩聖杜甫《憶昔二首》：「周宣中興望我皇」，可見周宣王中興巨大的歷史意義。同是寫周宣王征伐，《六月》《采

芑》繫於《小雅》，大約是軍旅詩人、貴族文人之作，《江漢》《常武》繫於《大雅》可能是宮廷詩人、召穆公虎作。《江漢》《常武》有淵宏英邁之氣以寫民思統一之旨。《齊傳》《董仲舒傳》：「至於宣王，思昔先王之德，興滯補弊，明文武之功業，周道粲然復興，詩人美之而作，上天佑之，爲生賢佐，後世稱頌，至今不絕。」《單疏》頁404：「鳥飛已是迅疾，翰又疾於飛，故云翰，其中豪俊者若鷹鸇之類鷙擊眾鳥者也。故《傳》以爲『摯如翰』，爲其擊戰之時也。『江漢』以比盛大，即『漢之廣矣』，『江之永矣』，軍師之眾，其廣長似之也。兵法有動有靜，靜則不可驚動，故以山喻；動則不可禦止，故以川喻，如川之流，取流爲喻，如江如漢，不取其流，取其盛大耳。」《詩童子問》：「既盡歸美之義，而又寓規戒之忠焉。」案：前三章寫將領，主帥周宣王；四章寫征討軍威，五章寫軍勢，六章歸美宣王，善寫場面，善用比喻，善用排比，意境雄渾，氣象豪縱，作爲周代傑出的名臣、大詩人，同爲豪放派詩，借事明義，《江漢》云：「于疆于理，至于南海」，而義在「矢此文德，洽此四國」；《常武》寫九如之雄威，「濯征徐國」，「四方既平，徐方來庭」，而義在於「既敬既戒，惠此南國」，「徐方不回」。開中國詩歌豪放派的濫觴，啓《石鼓詩》《荀·成相》屈原《九章》漢·劉邦《大風歌》魏·曹植《白馬篇》與唐·韓愈《平淮西碑》。唐·杜甫《憶昔二首》「周宣中興望我皇」。從一個側面可見周宣王中興的歷史意義之深遠。黑格爾《美學》第三卷下冊頁107、170說「中國人沒有民族史詩」，失之偏頗。《七月》《大明》《生民》《縣》《公劉》《皇矣》《江漢》《常武》都稱得上史詩。《詩補傳》：「宣王之賢足以遠紹文、武之丕緒，是以興衰撥亂，爲中興之冠。」《詩說》下，「《常武》詩敘戰極工，其中有提挈，〔首二節〕有照應，〔末二節〕插敘法，〔『徐方繹騷』四句〕正敘法，〔『赫赫業業』三節〕關鎖收束法，無一不備。全篇卻只有一百九十三字，眞奇筆也。」《會通》「四、五二章正敘眞事，『如飛』四句，形容軍陣，措語之精，振古無倫」，「縣縣」三句承上文而下，氣勢浩穰，有天地裹開、風雲變色之象。」案：邵虎的《江漢》《常武》與尹吉甫的《烝民》等詩反映了貴族詩人的政治素養、藝術修養、文采斁彧，漢代揚子雲《法言·吾子》：「事勝辭則伉，辭勝事則賦，事辭稱則經。」《烝民》《江漢》《常武》可以當之矣。

瞻卬

瞻卬〔仰〕昊天，	仰望那周幽王，
則不我惠，	已不愛咱們人民，
孔塡〔塵〕不寧，	已經很久不安寧，
降此大厲〔戾癘癘〕，	降此禍亂災疫不太平！
邦靡有定，	國家沒有安定，
士民〔㞷〕其瘵。	士與人民遭受疾苦、禍殃，
蟊〔蛑〕賊蟊〔蛑〕疾，	如蟊賊殘害農作物，
靡有夷屆。	禍殃竟沒有止境，
罪〔辠〕罟〔孤辜〕不收，	羅織罪名未有止，
靡有夷瘳。〔1〕	沒有治癒的時辰。

人有土田，	別人有土田，
女反有之；	你反而霸佔來；
人有民人〔人民〕，	別人有民人，
女覆奪〔敚〕之。	你反而搶奪來。
此宜〔宐〕無罪，	此人本無罪，
女反收之；	你反而拘捕他；
彼宜有罪，	那人本有罪，
女〔汝〕覆說〔反稅脫〕之。〔2〕	你反而開脫他。

哲夫成城，	周幽王終了西周王業，
哲〔嚞悊〕婦傾城。	女陰謀家傾覆國家，
懿〔抑噫〕厥哲〔悊〕婦，	噫！那女陰謀家，
為梟為鴟〔鴞〕。	多麼不祥的長尾林鴞。
婦有〔為〕長舌，	那婦人是播弄是非的長舌婦，
維〔惟〕厲〔癘〕之階。	是禍亂與危險的根本原因。
亂匪降自天，	禍亂並非從天而降，
生自婦人。	禍亂來自婦人。
匪教匪誨，	那婦人的教唆幽王，
時維〔惟〕婦寺。〔3〕	唯婦人、近侍之言是聽。

鞫〔𥷚𥷚鞠〕人忮〔伎〕忒〔匿〕，	惡人窮治對方而善變，
譖〔僭〕始竟背。	開始互不相信終於互相背違。
豈曰「不極」？	難道說不該誅罰？

「伊胡為慝〔匿嫚〕？」　　　　　　　「這是為什麼要犯罪？」
如賈三倍，　　　　　　　　　　　　如同競高數倍的價位，
君子是識。　　　　　　　　　　　　君子所審知。
婦無〔有〕公〔功宮〕事，　　　　　皇后本有功事，
休其蠶織。〔4〕　　　　　　　　　　竟停止蠶織，哪有功為？

天何以刺〔刺責〕？　　　　　　　　老天你為什麼責？
何神不富〔福〕？　　　　　　　　　為什麼神明不來保佑？
舍〔捨〕爾介狄〔逖〕，　　　　　　捨棄大道宏猷，
維予胥忌。　　　　　　　　　　　　只對咱賢人忌恨悠悠。
不弔〔淑〕不祥，　　　　　　　　　不善不祥，
威儀不類。　　　　　　　　　　　　威儀不善，
人之云亡，　　　　　　　　　　　　賢人逃亡，
邦國殄瘁〔悴顇〕。〔5〕　　　　　　全國病苦連連。

天之降罔〔網〕，　　　　　　　　　老天降下罪網，
維其優〔漫〕矣。　　　　　　　　　豈其寬容優宥？
人之云「亡」，　　　　　　　　　　賢人逃亡，
心之憂矣。　　　　　　　　　　　　我心憂憂。
天之降罔，　　　　　　　　　　　　老天降下罪網，
維其幾矣。　　　　　　　　　　　　其危險了，
人之云「亡」，　　　　　　　　　　賢人逃亡，
心之悲矣。〔6〕　　　　　　　　　　我心悲悲悼悼。

觱〔鷉渾〕沸檻〔弗濫〕泉，　　　　湧湧而出的泉水，
維其深矣。　　　　　　　　　　　　因為它的淵源深啊，
心自憂矣，　　　　　　　　　　　　我心憂憂，
寧自今〔全〕矣？　　　　　　　　　難道從今開始？
不自我先，　　　　　　　　　　　　不在詩人我前，
不自我後。　　　　　　　　　　　　不在詩人我後，
藐藐〔菲菲〕昊天，　　　　　　　　浩浩邈邈的上天，
無不克鞏〔固〕。　　　　　　　　　無不可恐。
無忝皇〔爾〕祖，　　　　　　　　　莫辱沒你的祖宗，
式救〔穀〕爾後〔訛譌為〕。〔7〕　　應求你等的有作為，利國中。

《漢石經》《桑柔》《瞻仰》《假樂》。

【詩旨】

案：前 772 年，周幽王十年，繼前 780 年三川地震，前 779 年幽王寵幸褒姒，前 776 年幽王命伯士伐六濟之戎而敗，前 774 年黜申后而立褒姒子伯服爲太子，矛盾爆發，禍亂日亟，《單疏》：「作者既假昊天以斥王，」詩人以危苦情廹之詞，揭示幽王時任用虢石父，寵幸褒姒，唯褒姒、虢石父、奄人之言是聽，「士民其瘵」，「邦國殄瘁」等嚴酷的社會問題，指出「無忝爾祖，式救爾後」，而荒淫無道是「維厲之階」。邵炳軍博士《〈詩·大雅·瞻卬、抑〉繫年輯證》「《瞻卬》爲周大夫凡伯刺幽王聽信讒言以滅國之作，當作於驪山之難後，即周平王元年（前 770 年）頃。」

〔魯說〕《後漢·楊震傳》：「詩刺哲婦喪國。」

〔齊說〕《易林·家人之咸》：「心狂志逆，耳聽以類。政令無常，下民以孽。」

《毛序》「《瞻卬》，凡伯刺幽王（《詩經世本古義》18：《瞻卬》《板》《正月》《小旻》爲凡伯所刺，刺屬王。）大壞也。」以下二首《編年史》繫於前 772 年。

【校勘】

〔1〕周公姬旦子凡伯之後凡伯（其故城凡城在今河南省衞縣西南 20 里），於前 770 年目睹周幽王死於驪山而賦此詩。《毛》卬，古字，《考文》《唐石經》仰，《單疏》卬訓仰，《釋文》卬音仰。《漢石經》瘽蜱，《毛》屬瘒，《墨·公孟》戾，《毛詩音》屬，即瘋。屬瘋戾字異音義同。《毛》民，《唐石經》㫝。上博藏《漢石經》殘石甲屬作瘽，《說文》屬字或體，《漢石經》《毛詩音》蜱。字異音義同。罪，古作辠，罟，古作孤、辠。《毛》《法》24/47 瘵、瘳。

〔2〕《毛》民人，《唐石經》㫝人，蘇轍本作人民。當作民人。《毛》女覆說之，《群書治要》汝覆，《毛詩音》說音釋，《釋文》說音稅，赦。《魯》《潛夫論·述赦》《後漢·王符傳》「女反脫之」，女古字，覆、反義同，說古字。《唐石經》奪 duo，《三家》《說文》敓 duó，古字。

〔3〕《單疏》懿，《箋》《疏》抑、噫。懿讀如噫。《毛》哲（維），《魯》《列女傳·末喜傳》《齊》《漢·谷永傳》悊，《釋文》喆，本亦作哲。悊古字，喆異體。《列女傳·晉驪姬傳》《列女傳·齊靈聲姬傳》惟，維通惟。《毛》有長舌，《大戴·本命》爲長舌。《毛》屬，《漢石經》118 瘽，《說文》屬，或體。《說文》《毛》屬，《毛》鴟，滬博藏《漢石經》殘石作鴞，同。《毛》亂降自天，《列女傳·齊桓文姜傳》《谷永傳》無「亂」字。師受不同。四言，獨五言，似應同《魯》《齊》。

〔4〕本字作籥，《單疏》《唐石經》鞠忮，《魯》《說文》《玉篇》《天問注》籥伎，又作歎，鞫、諏。《毛》譖慝，《釋文》譖 zen 本亦作僭。據《箋》《釋文》《十駕齋養新錄·譖》譖僭通。《三家》《說文》伎，伎，忮。《詩考》引《說文》「籥人伎忒」，「舍爾介逖」。P3383 作匿，《神女賦》李注引《韓》嫕，悅也。《說文》嫕、靜。《蒼頡篇》嫕，密。古作匿，讀作慝。師受不同。《毛》婦無公事，公，《白帖》82 功，公通功。《夏小正》宮，公宮功古字通。《考文》婦無有公事，今本脫「有」。

〔5〕《毛》刺，《三家》《玉篇》朿，古字，《唐石經》刺，《毛詩音》刺讀朿。《單疏》「刺為責」。《毛》富，《毛詩音》富音福。舍，即。《毛》《敦煌文獻》《釋文》狄，古字，《三家》《說文》《類篇》《定本》逖，狄通逖。案：本字作淑，古淑字如《寡子卣》作𠂤與弔的古字《叔倉父簋》𠂤近似。《漢石經》118 淑，《毛》弔，弔讀如淑。《吳·孫皓傳》注引、《毛》殄瘁，古寫本作泉粹，《左傳·文 1》同《毛》，《齊》《王莽傳》頴，《詩考》引《漢》：「邦國殄頴。」《韓》疹。案：殄疹瘨聲近義同，瘁，漢代寫作頓，字異音義同。

〔6〕《毛》優，卷子《玉篇》引《毛》憂，《毛詩音》優即憂。優通憂。

〔7〕本字作渾沸、濫，《單疏》潪、沸檻，《魯》《釋水》《說文》《玉篇》𩰾、濫，又作渾沸，《法藏》24/47 作弗，𩰾潪古今字。檻通濫。《毛》今，《列女傳》8 全，「全」當是「今」，葉深。《毛》皇，《列女傳·晉范氏母傳》爾，義近。《毛》救爾後，《列女傳》3 作式穀爾訛，作訛，師受不同。《說文》有譌無訛，《新證》：譌，為。《漢石經》118 菿，《毛》菣，同。《毛》救，蘇轍本作穀，救，案：救穀同為見母，相通借。

【詮釋】

〔1〕瞻仰，連語，望。昊天，代指幽王。則，即，今；我，民；惠，愛。孔，很；塡讀為塵，久；寧，安。案：厲讀如癘 lì，惡，災害，禍亂，疫病。士，士階層，《箋》：士，士兵。民，基層民眾；其，將；瘵 zhài，疾苦。蟊賊比喻禍國殃民的亂臣；賊疾 jí，連語，害。靡，無；夷屆 yìjiè，連語，止。案：此處用喻，《單疏》頁 404「王又乃下此大惡之政，以敗亂之。又說所下大惡之狀，王為虐政，天下騷擾，邦國無有定安者，士卒與民，其盡勞病矣，其殘酷於民如蟊賊之蠱害於禾稼然」。罪罟，罟通辜，構陷好人的罪網；收，收斂。案：夷瘳 chōu，連語，病癒。

韻部：天，眞部；寧，耕部。眞、耕合韻。惠，疾，質部；厲（癘戾），瘰，月部。質、月合韻。（《高郵王氏父子手稿》頁 102 則認爲惠、厲、瘰、疾、屆，質、術、月三部並用。）屆，脂部；收、瘳，幽部。脂、幽通韻。

〔2〕女，汝；反，反而；有，取，佔有。覆，反而；敚奪 duo，強奪別人的人口。宜，本來；無罪，絕無罪辜。《箋》：覆，反。反，反而；收，捕。說通脫 tuō，解脫，赦免。

韻部：有，之部；奪，月部；收，幽部。之、幽合韻。說（脫稅），月部。罪罪，微部。月、微通韻。

〔3〕案：美惡同詞，《一切經音義》20 注引《爾雅》懿，美也。（《續修》198/229）此處寫褒姒徒有其傾城妖豔的外表，而其心極其醜惡陰險。懿讀如抑噫 yì，傷痛之聲，案：《釋言》：哲，智，哲夫，賢人良將；成，構築城市，比喻成就功業。案：此處哲婦用反語，寫褒姒，成、終。詳《諸子平議·荀子一》，成，終了。前 771 年西周亡於周幽王。案：《魯傳》《周本紀》周幽王重用虢石父爲卿，用事，石父佞巧善諛爲利，王用之。又廢申后，去太子也。「哲婦」，女陰謀家褒姒；城，比喻國家，傾城，比喻禍國。朱熹：城猶國。婦有長舌，有，助詞；長舌婦，好播弄是非，內宮弄權。《單疏》頁 405「婦言是用，國必滅亡。王何故用婦人之言爲此大惡。故疾之也。」懿讀如噫、抑，恨聲詞。美惡同詞，此處寫外表絕豔的褒姒內心極惡。《毛》維，《魯》惟，維、惟，是；厲，危，禍亂；階 jiē，原因。生，亂由於；婦人，褒姒。寺讀如侍 shi，近侍，內小臣；宦；長舌，播弄是非。案：匪讀如彼，上承婦人，教誨，連語，此處訓爲教唆。「匪教匪誨，時維婦寺」，周幽王並沒有遵循古哲先王遺訓，讓褒姒以事蠶桑織績，而唯褒姒、虢石父、奄人之言是從。此詩比「女禍論」高明。梟 xiāo 鴟 chī，長尾林鴞。《批評詩經》3「『豔妻』意淺，『哲婦』意精。說到『哲』處，可謂透入骨髓。」

韻部：城城，耕部；鴟階，脂部；天人，眞部；誨寺，之部。

〔4〕鞫 jū，羅織罪名，窮理罪人，忮，伎 zhī，狠，害人，將好人誣陷成罪人；忒 tè，變。竟，盡；背，違。極通殛，懲罰。《箋》譖 zèn 通僭 jiàn，不信。伊，發語詞；胡，何；案：匿古字 tè，忒慝字異義同之例，惡。《韓說》嬺，悅。如，爲；賈 gǔ，居貨，賈利；三倍，多倍。即爲利三倍，周代恒語，詳《易說卦傳》《管·小問》。《箋》識 shi，知也。有道德的君子明白姦人、姦婦爲謀利數倍而不擇手段。公宮功古字通。《述聞》，「休其蠶織，即無功事。」

休，止。周代規定皇后得從事蠶絲紡織。《魯故》《列女傳・敬姜傳》：「《詩》曰：『婦無公事，休其蠶織。』言婦人以織績爲公事者也，休之非禮也。」周幽王竟發生爲褒姒一笑，烽火戲諸侯的醜劇，前 771 年亡國。

韻部：忒，職部；背極，之部；匿（慝）識織，職部；倍事，之部。之、職通韻。

〔5〕天，代指幽王。《疏》：刺，責。刺讀如賚，譴責。何，爲什麼？富讀如福 fú，福佑，保佑。舍，捨；介狄，介逖，遠道宏猷。王肅注：「舍爾達道遠慮，反與我賢者怨乎？」《箋》訓爲披甲夷狄，《通釋》訓爲元惡。維，惟；予，我；胥，斯相；忌 jì，《王肅注》《單疏》訓忌爲怨，忌恨。案：《漢石經》淑，弔 di、〈古〉端藥與。叔淑古字形字，而且上古音弔 di、叔淑舌頭音禪母、舌上音端母準鄰紐，弔淑通借，善。類 lèi，善。人，賢人；之，云，助詞；亡，逃亡。《左傳・襄公 26》釋爲：「無善人之謂也。」案：《魯》《釋詁下》殄，盡。又殄，危，《素問疏五過論》：「能持此術，終身不殄。」殄悴 tiǎncuì，疢疚疢瘁 chencui，比較寬泛的雙聲詞，《述聞》：殄瘁，皆病。病困窘，衰弱。

韻部：賚（責），錫部，富（福），職部。錫、職合韻；狄（逖），錫部；忌，之部。錫之通韻。祥亡，陽部；類瘁，微部。

〔6〕天，幽王；降，施；罔，網 wǎng，罪網，陷人以罪網。維，惟；優通瀀 yōu，多，罪網太大，冤獄太多，承前「此宜無罪，女反收之」。維，發語詞；幾，危。

韻部：罔（網）亡罔（網）亡，陽部；優（瀀），幽部；幾（危）悲，微部。

〔7〕觱，沸（觱沸），雙聲詞，泉噴湧貌。檻通濫 làn，溢出。案：《廣韻・脂韻》：維，豈；優 yōu，寬容，優宥；爲，因爲；深，淵源深。寧，豈，難道；自，從；今，此日？不自我先，不在我生之前。不自我後，不在我生之後，生不逢時。藐藐通邈邈 miǎomiǎo，浩渺無垠。遠古人以爲天是無所不能的自然神，鞏 gǒng 固 gù 雙聲通借。《魯》《釋詁上》：鞏，固也。《廣雅・釋詁》，鞏，愻（恐），懼也。救求古通，式救爾訛，式穀爾訛，應讀作式求爾爲，須求爾之所自爲。無，勿，不要；忝 tiǎn，辱沒，有愧於；皇祖、（爾祖），祖先功業。式，當；救 jiù，補救，諫止；後，子孫。

韻部：深今，侵部；憂，幽部；後，侯部。幽、侯合韻；鞏，東部；固，魚部。侯、魚通韻。

【評論】

　　據《魯傳》《史・齊世家》「〔約前 516 年〕齊景公寵愛晏子，好治宮室，聚狗馬，奢侈厚賦重刑，故晏子〔平仲〕以此諫之。」《詩》曰：「『哲夫成城，哲婦傾城』，今君不免成城之求，而惟傾城之務，國之亡日至矣。」孔子云：詩可以怨。《魯故》司馬遷《自序》「《詩三百篇》，大抵賢聖發憤之所爲作也。」案：詩人用強烈的對比手法與賦敘、比興，寫出了周代並不多見的諷刺詩，前六章，一、三、七章章十句，餘皆章八句，比喻句，「蟊賊蟊疾，靡有夷屆」「哲夫成城，哲婦傾城」，「潝沸濫泉，維其深矣。」形象生動而蘊涵良深，寫出了正因爲周幽王、褒姒、虢石父等的無惡不作，「罪罟不收，靡有夷瘳」，奪人土田民人，陷人以罪，「哲婦傾城」「鞫人忮忒」，索取無厭，導致「人之云亡，邦國殄瘁」，禍不自天而自人。這是幽王衰敗時期變大雅峻切懇惻、蘊涵深遠的代表作。開《天問》之先河。第四章一韻到底，下啓柏梁體與唐人七古。《名物抄》7「一章言國無定法，下蠹（dù，損害）於民；二章言用刑不當；三章言嬖褒姒及用奄寺；四章婦寺之邪態；五章善人去國；六章承上章；七章言已逢禍患，又勸改過免禍。《批評詩經》：「篇中語特多新刱，然又有率意處。此起章則極其雄肆，勃勃如吐不罄，語盡而意猶未止。」邵炳軍《〈詩・大雅・瞻卬、抑〉繫年輯證》：「凡伯，姓姬，氏凡，伯爵，爲周公旦次子凡伯之後，生卒年未詳，歷仕周幽王、平王爲卿士。其敢於直面現實，憤世嫉俗，憂國憂民，怨天尤王，善於辭令，富有文才，爲春秋前期周王室著名政治家與貴族詩人，傳世有《板》《召旻》《瞻卬》三詩。」

召旻〔邵旻〕

旻〔愍慜〕天疾威〔畏〕，　　　哀憫！悲傷！老天肆威，
天篤降喪。　　　　　　　　　　老天嚴重的災害往下降，
瘨〔疹〕我飢饉，　　　　　　　連年飢饉我病苦，
民〔㞷〕卒流亡，　　　　　　　民眾盡逃亡，
我居圉〔御〕卒荒。〔1〕　　　無論城市，無論邊境，無不饑荒。

天降罪〔皐〕罟〔辜孤故〕，　老天竟又降法網，
蟊賊內訌〔虹〕，　　　　　　　官僚內鬥自潰亡，
昏〔昬〕椓〔斁〕靡共〔恭〕，忙於內訌不盡職，

潰潰〔憒讀憒襀〕回〔褈徊〕遹，
實靖夷我邦！〔2〕

臯臯〔譹浩〕訿訿〔呰呰〕，
曾不知其玷〔刮〕，
兢兢業業。
孔塡不寧，
我位孔貶。〔3〕

如彼歲〔嵗〕旱，
草〔莫〕不潰〔彙蕢遂〕茂，
如彼棲〔捿〕苴〔藉柤〕。
我相此邦，
無不潰止。〔4〕

維昔之富〔福〕不如時；
維今之疚〔欠〕不如茲〔兹〕。
彼疏斯粺，
胡不自替〔普〕？
職兄〔況悅〕斯引。〔5〕

池之竭矣，不云自頻〔濱瀕頻瀕〕。
泉水竭矣，不云自中。
溥斯害矣，
職兄〔況〕斯弘！
不烖〔災〕我躬。〔6〕

昔〔者〕先王受命，
有如召〔邵〕公〔之臣〕，
日辟〔闢〕國百里，
今也日蹙國百里！
於乎！哀哉！
維今之人，
不尙有舊！〔7〕

昏亂姦邪道德喪，
他們其實圖謀滅我國邦。

不稱職卻相互詆毀，
竟不知缺誤與恥辱，
不知戒懼。
已經好久不得安寧，
我的職位大爲貶黜。

那年天大旱，
草不豐茂都曬乾。
像那枯草全曬枯，
我看這周國，
無處不潰亂。

〔想當年〕昔日的福，不如今時；
今日貧病，不如今時嚴重。
那賢人吃粗食，小人吃精糧，
你何不引退？占著權位中。
滋亂醜聞只會延長！
（末兩句譯文參考高本漢《注釋》）

池水乾涸了，由於河水涸乾；
泉水乾涸了，由於內源瀕危。
此禍已經廣泛，
反而加以擴展，
禍及我身邊！

當年哲王承受天命，
有如召公之臣多多。
每日開闢國土百里，
而今每日削減百里。
嗚呼！大可悲哀！
如今這些官員，
竟不去尊尚典章、典範。

【詩旨】

　　案：召昭邵共召，大；旻，愍憫 mǐn，哀憫，《單疏》頁 407「《召旻》者，

周卿士凡國之伯所作，以刺幽王大壞也。」前 722 年左右，詩人凡伯目睹飢饉遍地。「民卒流亡」，「蟊賊內訌」，賢良遭貶，小人受到重用而不知廢替，戎狄侵暴，憤而刺幽王「不尙有舊」而用蟊賊以至喪邦的社會痼疾。

　　案：題目當爲《邵旻》，召讀如邵，《考文》《台》128/122p3383 劉炫《毛詩音》宋・蘇轍《詩集傳》作《邵旻》，末章有「有如召公」。

　　《毛序》：「《召旻》，凡伯刺幽王大壞也。旻，閔也。閔（《箋》病）天下無如召公之臣也。」《詩集傳》18「此刺幽王任用小人，以至飢饉、侵削之詩也。」《詩切》「刺王不用賢臣也。」《編年史》繫於前 772 年。

【校勘】

〔1〕案：本作旻憨，詳《雨無正》《小旻》《單疏》《毛》旻天疾威，《漢・敘傳》昊天疾畏，畏通威。《毛公鼎》啟天疾畏。《韓詩外傳》6《說文》《唐石經》《五經文字》瘨，《毛詩音》瘨與疹同。《毛》圉，《韓詩外傳》8 御，通圉。

〔2〕案：《毛》罟，《三家》《大禹謨》《詩・正月》《雲漢》《說文》辜，《盬盨》有皋有故，《十月之交》辜，故罟讀如辜。《漢石經》《箋》《單疏》昏，《唐石經》昏，古字。《毛》椓，《說文》《廣韻》敦，椓讀敦。《毛》共，《釋文》共音恭，《毛》潰、回，《毛詩音》潰即憒，《說文》憒又作𢠹，作𥚸又作𥚴，《魯》《潛夫論》僓佪，正字作憒，通作潰、回，音義同，重言擬況字。《毛》訌，通虹。《單疏》靖，《魯》《釋詁》靜，同。

〔3〕《毛》皋訿，《玉篇》諤諤，《魯》《釋訓》皋，又作浩，漢・樊光注《爾雅》作浩，案：皋通諤，浩、皋與諤聲近義通。《魯》《荀・修身》訾，《台》128/122 作訾訾，《說文》呰，字異音義同，訾同。《毛》刮，《毛詩音》刮，俗刮字，刮古字。

〔4〕《毛》歲，《唐石經》歲。本字作彙（匯），《箋》《單疏》《幽通賦》《毛》《韓詩外傳》5《集注》潰作遂，《毛詩音》潰讀遂，《齊》《漢・敘傳》《箋》《玉篇》《幽通賦》《釋文》彙，潰讀彙。《單疏》《唐石經》《悲回風注》《五經文字》棲苴，《三家》《單疏》《眾經音義》25 捿柤，捿當是棲字之訛，《魯》《九章注》《五經文字》苴，《通俗文》棲柤，《齊》《韓》棲柤，棲棲同，苴柤古今字。

〔5〕《毛》替，《箋》廢退，《疏》同。《說文》暜，徐鉉：今作替，非是，暜並行，同。案：本文句讀、章句依《疏》。理由有三：一、用技法分析，

此章用對比手法，正與六、七章句例相同，六、七章也是章七句；二、從音韻分析，首句「富」與第三句「疚」（或仒），第二句「時」、第四句「茲」都是「之」部韻，《詩經》時代對於用韻頗為講究；三、從詮釋角度分析，明・楊慎《升菴經說》6，吳景旭《歷代詩話》5 引吳旦生云，都視為倒字句，楊氏云：「首二倒字句也。昔時之富，善人是富；今茲之疚，君子在疚也。」至於《詩誦》4「惟昔之時不如時，惟今之疚不如茲，舊作四句，以『富』與『疚』叶，隔句韻也。鄙意此七字語意本直下，不如一句讀如勝。二句實後世七言之祖。」可作一說，《詩經》多長短句，似不宜遽下結論。《毛》富，《箋》訓為福。《齊》《聲類》《漢石經・校記》《毛》疚，當依《說文》作仒，《釋文》疚，字或作仒。疚仒音同義近。《漢石經・大雅校記》《考文》《修華嶽碑》《毛》兄，《考文》況，兄古字，作況是，況況字之訛，《詩集傳》兄悅同。

〔6〕《毛》兄，《考文》況，況當作兄。《毛》頻，《單疏》濱，不應作頻，《魯》《列女傳》8《箋》《字詁》《單疏》濱，頻瀕古字。《說文》**頻**（瀕）同瀕（濱），《魯》《列女傳》《箋》濱，《漢志》「瀕濱古今字」，《毛詩音》瀕，俗省作頻。《單疏》濱，同濱。《單疏》：頻通濱。《魯》《漢石經》災，《唐石經》烖，烖（天火）災同，通作災。

〔7〕《唐石經》小字本相臺本《毛》「昔先王受命，有如召公」，檢《毛詩・關雎正義》頁 274：「昔者先王受命，有如召公之臣。」宋・魏了翁《毛詩要義》1 同。《毛序》「閔天下無如召公之臣」、《箋》「言有如昔時賢臣之多」、則當有「之臣」，《箋》「昔時」，則「昔」當為「昔者」對「今也」；再從音韻分析，命、臣、耕、真通韻，上下對應六字，頗順。《談經》亦主此說。《毛》辟，《考文》《釋文》《毛詩音》《正義》闢，辟古字。《毛》慼，古無慼字，通作戚，慼俗體。

【詮釋】

〔1〕旻 mín 讀如愍閔憫 mǐn，哀憫，《毛公鼎》「敃天疾畏」。旻敃 mǐn，畏通威。疾，猛烈。篤 dù，大，狠；喪，喪亂。瘨 diān，病。案：我，發語詞；案：我，助詞；居圉、居禦 jūyǔ，疊韻詞，御 yù 圉雙聲疊韻通借，圉 yū，邊陲。無論城市，無論邊境。《疏》：城中所居之處。朱熹：國中。卒，盡；荒，饑荒。《單疏》407 頁：「謂重賦斂，病中國以飢饉，令盡流移也。」

韻部：喪亡荒，陽部。

〔2〕罪罟，孤故罟讀如辜，皋辜，連語，罪。《單疏》：「『天降罪罟』，承以『蟊賊內訌』，是人自潰亂，非上天降之」。內訌，因內部爭鬥而潰敗。案：昏 hūn，昏憒之人，《周書·多方》：「有夏誕厥逸，不肯慼（憂）言於民，乃大淫昏……天惟求民主……」椓，相互攻訐之人，《左傳·哀 17》「衛侯辭以難，太子又使椓之。」《單疏》訓椓為夭殺。《後箋》昏椓即內訌之實。即內耗內訌之人，非常有害，正事不作，外寇不禦，忙於內耗內訌，而不知羞恥。一說椓通斀 zhuó，宮刑，去生殖器的太監。靡，不，《文賦》注引《韓詩章句》：「靡，好」；共，恭，不盡職守。訌 hong，潰，潰潰、讀讀、憒憒、償償，憒憒 kuìkuì，昏亂貌，潰敗狀；回遹，邪僻。實，誠；靜靖，圖謀；夷 yí，滅；《單疏》頁 407「上言王以暴亂病民，此又言所病之事，今比天之王者，下此刑罰羅網之法於天下，諂佞之臣又助為此刑罰殘酷，其害於人如蟊賊之害禾稼，然又內自潰亂相陷以罪人也。又王所親任是刑餘之人，此昏奄椓毀之小人無供其職事者，皆潰潰然昏亂，其行邪僻，實謀滅我王之邦國，王何故信任之？」《韓傳》「昏椓之人自謂好共職事，而憒亂邪僻，實謀夷滅我國也。」

韻部：訌共（恭）邦，東部。

〔3〕皋皋，警警 áoáo 譊譊 gāogāo 譑譑 hèhè，欺騙，詆毀，訿訿 zǐzǐ，相詆毀。《釋訓》：不供職。朱熹：務必詆毀。案：此章玷貶通韻：一其玷；二兢兢業業，故至「業」斷句。刮玷 diàn，污點，曾，竟，竟不知自己的污點、恥辱，也不知兢兢而戒，業業而懼。「孔塡不寧，我位孔貶」，是倒句為協韻，主詞是我，賢人；位，職位；孔，很；塡，久；貶 biǎn，黜退。

韻部：刮（玷）貶，談部，業，盍部。談、盍通韻。

〔4〕案：潰遂讀如彙，潰茂、彙茂、遂茂、菁茂、薈茂，連語，茂盛貌。案：棲苴，捿苴、棲菹、棲柤，比較寬泛的雙聲詞，枯草。相，觀察。潰 kuì，國亂。止，語詞。

韻部：茂，幽部；苴（菹柤菹），魚部；止，之部。幽、之合韻，幽、魚合韻。

〔5〕維昔之富，昔時之福；善人之福，善人得志；如時，如此。維今之疚，惟今之災，君子在疚 jiù（貧病）。《述聞》7：災與富對言，是災為貧也。如茲，如此。彼，君子，賢人；疏，粗，粗糲之米；斯，此，蟊賊、小人；粺 bài，食精鑿米。《新證》：粺讀卑，疏親疏之疏，卑，尊卑之卑，彼情宜疏

而位本卑者，胡不自廢退乎？以下反詰句，胡，何；不，未；自，自行；《魯》《離騷注》替 ti，廢也。職 zhí，主；兄，況 kuàng，滋益；引 yǐn，引長。

　　韻部：富（福），職部；疚（灾），之部。職、之通韻。時茲替，之部；引，眞部，之、眞合韻。

　　〔6〕此章用比。竭，已乾涸。不，彼；云，是；瀕頻 pín 急，來自河的枯竭。《單疏》：「以喻人見王政危亂矣。」中，內泉源。溥，溥溥 pǔpǔ，廣泛；害，內亂。職，乃；兄，滋益；斯，此；弘，更大。不，豈不；裁 zāi 危，災。躬，自己，言危及我們自身。

　　韻部：竭竭害，月部；中躬，侵部；弘，蒸部。侵、蒸合韻。

　　〔7〕昔者，當年；先王，文王、武王、宣王；受命，承受天命、國王命令。有如召公之臣，有如召臣一類的名臣多人，《左傳・襄28》：「武王有亂臣（治臣）十人。」日，每日；辟，開闢國土上百里。戚蹙 cùcù，收縮，喪失，《後漢・西羌傳》「伊、洛往往有戎」。《南蠻傳》「蠻遂侵暴上國。」嗚呼哀哉！哀痛之詞。維，語詞；今，如今；人，當政者。不尚，不尊尚，《新證》：尚，常；有舊，有範例、有典章、有舊德如召公的老臣。《箋》：「哀哉，哀其不高尚賢者，尊任有舊德之臣，將以喪亡其國。」一說尚，佑助，幫助。

　　韻部：命人，眞部；里里哉舊，之部。

【評論】

　　《魯傳》漢・荀悅《申鑒》：「上多欲，下多端，法不定，政多門。此亂國之風也。以侈爲博，以伉爲高，以濫爲通。遵禮謂之劬，守法謂之固。此荒國之風也。以苛爲密，以利爲公，以割下爲能，以附上爲忠。此叛國之風也。上下相疏，內外相蒙，小臣爭寵，大臣爭權。此危國之風也。上不訪，下不諫，婦言用，私政行。此亡國之風也。故上必察乎國風也。」《魯說》蔡邕《上封事陳政要七事》：「使吏知奉公之福，營私之禍，則眾災之原，庶可塞矣。」《單疏》408 頁引《魯傳》：「《釋訓》云：殘殘、㺻㺻，刺素食也。〔漢・郭〕舍人曰：殘殘，不治之貌。某氏曰：『無德而空食祿也，是頑不知道也。」《魯傳》《中說・王道》：「其〔孔子〕述《詩》也，興衰之由顯，故究而皆得。」《名物抄》7「一章愬亂；二章用群小致亂；三章小人排黜君子；四章凋療無生意；五章歎小人不知退；六章慮害及己；卒章有舊德不能用。」元・陳櫟《詩經句解》：「前詩望其改過，而『無忝皇祖』；此詩望其改圖，而擢用舊人。」《批評詩經》：「音調悽惻，語皆自哀苦衷中出，匆匆若不經意，而自有一種

奇陗，與他篇風格又別。」《詩誦》「《詩》之四言，猶後人五言、七言，其定體也。其間一言至八言，昔人歷數之，然猶散言之也。至如《風》之《緇衣》《伐檀》，《雅》之《魚麗》《祈父》《召旻》等篇，短長雜奏，爲後世雜言之祖。蓋句有長短，則氣脈翕張，波瀾縈轉，迴翔離合，乍陰乍陽，言之難盡署引申之，意之難言者紆徐之，非是不足以盡詩之能事也已。」「『惟昔之富不如時，惟今之疚不如茲。』……二句實後世七言之祖。」《會通》：「賢者遭亂世，蒿目傷心，無可告愬，縈寃抑鬱之情，《離騷》《九章》所自出也。」

案：此詩用鋪敘歷史生活畫面，比喻與對比的技法，首章寫實，令人驚悚悲悼；二至四章抨擊小人當道，備盡情感，鈎魂攝魄；五至六章古今對比，深情苦語，語語至要，緬懷召康公而心存社稷，將國家比喻爲池泉，形象生動，國帑揮霍不得，池泉枯竭不得。《瞻仰》《召旻》智性諷刺詩，編輯家選此爲《大雅》奠基之作，獨具隻眼。《齊傳》《春秋繁露·玉杯》：「《詩》道志，故長於質。」

卷二十六　周頌一

周　頌

　　《公羊傳・襄29》、《左傳・襄29》記載，前544年，吳季札論《頌》：「至矣哉！直而不倨，曲而不屈，邇而不偪，遠而不攜，遷而不淫，復而不厭，哀而不愁，樂而不荒，用而不匱，廣而不宣，施而不費，取而不貪，處而不底，行而不流，五聲和，八風平，節有度，守有序，盛德之所同也。」《齊傳》《禮記・子貢》：「師乙曰：『……寬而靜、柔而正者，宜歌《頌》。』」

　　古字先作訟，後作頌，楚竹簡子夏《詩說》：「有成功者何如？曰訟是也。」《說文・言部》：「訟，謌訟。」頌，《孔子詩論》簡2作訟，《說文》古本《毛詩》《說文繫傳》又作訟，《大戴禮記・保傅》「宴樂雅誦迭樂序」，《崧高》「吉甫作誦」，《廣韻》引作頌，又作容，古文容作公，容通作頌。《藝文類聚》引晉・摯虞《文章流別論》：「古者聖帝明王功而治定，而頌聲興。於是史錄其篇，工頌其章，以奏於宗廟，告於鬼神。故頌之，所美者，聖王之德也。」《史》用容，《漢》用頌，宋・王觀國《述林》頌亦作頌，形容，美盛德。

　　周頌是周朝初葉，周武王、成王、康王、昭王（前1046～前977）宗廟的樂章，太平盛世的治世之音，祭祀時的樂歌。頌樂是周王朝或諸侯宗廟祭祀的樂歌。《詩補傳》26「周頌有助祭、謀廟、進戒、求助之詩。」《孔子詩論》《詩序》簡2：「頌，平德也，多言逡（後），丌（其）樂安而犀（遲），丌訶（其歌）紳而芽（引而逖），丌（其）思深而遠，至矣。」（李學勤院士《〈詩

論〉分章釋文》(《中國哲學史》2001.1)《經典釋文‧毛詩音義》:《周頌》「皆成王、周公時作也。」如《正義》所云:《周頌》祭祀時「樂歌」。

案:從思想內容看,一、愼終追遠,如《清廟》「對越在天」,《烈文》「前王不忘」,不忘大本營的《天作》「大王荒(拓廣,治理)之」;二、敬德秉德,主要頌揚周文王、周武王的「平德」——平成天下的大德,《清廟》「秉文之德」,《昊天有成命》「成王(周成王誦)不敢康,夙夜其命有密(勉)」,《時邁》「我求懿德」;三、十分注重形成的政治局面,《烈文》:「無(勿)封(閉)靡(縲,犯法)於爾邦」,「無競維人,其方其訓(順)之,不顯其德,百辟其刑之」;四、政治哲學,《思文》「立我烝民」,戒諸侯們如《烈文》「不顯維德,百辟其刑之。」戒官員們,如《臣工》「敬爾在公」;成王自戒,懲前毖後,如《小毖》「予其懲而毖後患」;宣導不娛不傲,如《絲衣》「不吳不敖」;五、一切著眼於事業的傳承,如《閔予小子》「繼序(緒,業)思不忘」;六、敬畏天地,如《我將》「畏天之威」;七、在政治戰略上則主張培育人才、重用人才,如《清廟》「濟濟多士」,《敬之》「學有緝熙于光明,佛(弼)時仔肩,示我顯德行」,又注重韜光養晦,如《酌》「遵養時晦」;八、注重農業為本,如廣泛推廣良種,《思文》:「貽我來牟,帝命率育,無此疆爾界,陳常于時夏」,《噫嘻》的開發私田「駿發爾私」;在藝術上則多數簡直而渾穆,也有《載芟》、《良耜》的鋪陳見長,著稱於中國文學史。應該說,上述內容不宜簡單歸之為頌而視為無可取。《義門讀書記》8,《小毖》亦周頌之變。其實《小毖》、《閔予小子》是頌中善於抒懷的佳什,開中國頌歌抒懷的先河。二、從藝術價值而言,《周頌》中的《載芟》《良耜》《敬之》《有客》《小毖》,《齊說》《禮記》譽之為「美哉輪焉!美哉奐焉!君子稱其善頌善禱。」並不為過。《周頌》多簡直而要言不煩。《北堂書抄》95引漢‧鄭玄云:「《詩》者,絃歌諷喻之聲也。」《周頌》是周代初葉宗廟祭祀時的頌舞樂章,是詩、舞、樂三者的結晶,所以前儒關於《周頌》無韻說,前人對《周頌》的評價有失公允,都是值得重新考量。《清廟》的「文王之德」、「文王之典」、「成王不敢康」、「駿發爾私」、「以永終譽」、「宣哲維人」。《有客》的待客之道,《閔予小子》的「夙夜敬止」,《訪落》的「訪予落止,率時昭考」,《敬之》的「學有緝熙光明」,都有思想價值。《載芟》《良耜》文學價值高。下啓管仲《國頌》、屈原《橘頌》、漢之《聖主得賢臣頌》、楊雄《趙充國頌》、傅毅《顯宗頌》。

清廟之什

清　廟

於！穆〔穆〕清廟〔庿窅〕，	嗚呼！莊嚴肅穆、美輪美奐的祖廟，
肅離〔雍〕顯相。	助祭的諸侯恭恭敬敬，
濟濟多士，	眾多的賢良之臣，
秉文之德，	秉持周文王之德，
對越在天。	宣揚文王在天之靈，
駿〔逡〕奔走在廟〔庿窅〕。	長久在祖廟奔走，推本，
不〔丕〕顯不〔丕〕承〔烝〕！	大大彰顯，大大美好，
無射〔斁〕於人斯！	絕不見厭於眾民哉！

【詩旨】

《孔子詩論》簡 5：「又城工（成功）者可女（何如）？日訟氏（頌是）也。《清窅（廟）》，王惪（德）也，至矣。敬宗窅（廟）之豊（禮），𠔼爲丌本杳（竹簡子夏《詩說》以爲其本），秉殳（文）之惪（德），𠔼爲丌業業（以爲其業）。」簡 6：「『口口（竹簡子夏《詩說》作濟濟）多士，秉文之德』。虘（吾）敬之。」案：這是前 1036 年，《逸周‧明堂解》《竹書紀年》說是周成王七年，在宗周完全建成，周公還政於周成王，奉祀周文王時的樂歌，主「秉文（周文王）之德」，「無射（斁，厭）於人（民）。」《編年史》將《清廟》《維天之命》《維清》《天作》《昊天有成命》《我將》《時邁》《思文》《般》繫於前 1036 年。

〔魯說〕漢‧王襃《四子講德論》：「周公詠文王之德，而作《清廟》，建爲《頌》首。」漢‧蔡邕《獨斷》（引自張溥《蔡中郎集外集》，下同）「《清廟》一章八句，洛邑既成，諸侯朝見，宗祀文王之所歌也。」

〔齊說〕《續漢‧祭祀志》劉注引《東觀書》東平王蒼議稱《詩傳》：「《頌》言成也，一章成篇，宜列德，故登歌《清廟》，一章也。」

《毛序》：「《清廟》，祀文王也。周公既成洛邑，朝諸侯，率以祀文王焉。」《詩集傳》「此周公既成洛邑而朝諸侯，因率之以祀文王之樂歌。」

【校勘】

〔1〕《毛》穆，《單疏》《唐石經》穆，避唐諱。《釋文》廟，本又作庿，

古今字也。《毛》廟，《說文古文》《考文》庿，《詩論》簡5宿。《毛》離秉，《詩論》簡5作雍、夃，《魯》《齊》《劉向傳》《考文》《唐石經》雍，離雍通。《毛》駿，《書大傳》《傳》《箋》《魯》《釋詁疏》《單疏》駿，《齊》《禮記》注引作逡，音義同，《毛》不，《魯》《孟·梁惠王下》丕，不通丕 pī。案：據《令狐君嗣子壺》「丞受屯（純）德」。《梁十九年鼎》《毛》射，《文選·魏都賦》張載注引《毛》作斁，《齊》《禮記大傳》鄭注、《禮記》注作斁，射讀如斁。

【詮釋】

〔1〕於烏 wū，嗚呼，讚美詞，是歷史眞音，抒發周公旦率周成王、召伯奭、諸侯們奉祀周文王時，恭請周文王英靈歆饗的心情。清，肅穆清靜。穆，穆穆 mùmù，美，英明、偉大。或訓爲：於穆，讚美詞。肅雍，恭敬；顯，明；相，助祭的諸侯們。濟濟，眾多；士，賢良之臣。對越，越 yuè（古）匣月，揚 yáng（古）余陽，喉音匣、餘鄰紐，越通揚，奉答、頌揚；在天，周文王在天之靈。駿逡 qūn，長久。奔走，通語，《盂鼎》「言奔走畏天畏」。不讀如丕 pī，盛大。顯，彰顯；承，烝，美好。《君牙》「丕顯哉，文王謨！丕承哉，武王烈！」射通斁 yì，厭；人，民；斯，句末語氣詞，頌歌中卒句拉長的尾音。朱熹：承，尊奉。《釋文》引《韓詩》烝，美。《述聞》7 承讀烝，美。於，被；射，斁，厭。《定本》：「『不顯』，顯於天矣。『不承』，見承於人矣。『無射於人斯』，不見厭於人矣。」（《續修》經部 64/167）斯，〈古〉心支；哉，〈古〉精之，之支通韻，齒頭音心、精準鄰紐，斯讀如哉，句末語氣詞。《詩總聞》19「『無射于人』」叶「『對越在天』，則『斯』一字爲句，終章『斯』，此餘聲也。」

《通論》、今人《通詁》《注析》稱此詩「無韻」。

韻部：士，之部；德，職部。之、職通韻；天人，眞部；承，蒸部。眞、蒸合韻。

【評論】

《詩論》簡五：「《清富》，王惪（德）也，至矣。敬宗宿之豊（禮），吕爲亓（以爲其本），秉？（文）之惪（德），吕爲亓（以爲其業），肅？（雍）。」據李學勤院士釋文《詩論》第十一章，「《清廟》，王德也，至矣！敬宗廟之禮，以爲其本；『秉文之德』，以爲其出；『肅雍〔顯相〕』……行此者其有不王乎？」。前 134 年，漢武帝《詔賢良》：「朕聞昔在唐虞，畫像而民不犯，日月所燭，莫不率俾。周之成、康，刑錯不用，德及鳥獸，教通四海，海外肅愼，

北發渠搜，氐、羌徠服。」（《全漢文》3）〔齊傳〕《樂記》：「《清廟》之瑟，朱弦而疏越，一倡而三歎，有遺音者在矣。」《詩志》8「不必鋪揚文德，從助祭之人看出秉德無射，自然深厚。」

維天之命

維〔惟〕天之命，	思念那上天的天道，
於！穆〔穆〕不已〔似〕，	嗚呼！穆穆運行無可停！
於乎〔戲〕！不顯，	嗚呼！顯赫著明，
文王之德之純〔紈〕。	文王的美德的確大而精純！
假〔何誐〕以溢〔謐恤〕我。	以美政善道將我安寧，
我其收之，	我承受，我奉行！
駿〔畍〕惠我文王，	推本我們的文王，
曾孫篤之！	子子孫孫努力踐行！

【詩旨】

　　案：詩人作於前 1036 年，國家太平，周公借祭周文王而勉勵周成王等秉持周文王之德，推本於文王，固守其本。這是祭歌。清·李光地《詩所》8「此祭而受福之詩。」

　　〔魯說〕《獨斷》：「《維天之命》，一章八句，告太平於文王之所歌也。」《白虎通·禮樂》：「武王起兵，前歌後儛，克殷之後，民人大喜，故中作所以節喜盛。」

　　《毛序》：「《維（《釋文》引《韓詩》：惟念也）天之命》，大平告文王也。」

【校勘】

　　《毛》維，《齊》《禮記》歐陽健《臨終詩》注引《韓》、《匡謬正俗》盧氏《考證》《釋文》引《韓詩》惟。維讀惟。《毛》已，《正義》《詩譜》引《子思論詩》、孟作已、孟仲子作似。似通已。《唐石經》於乎，《齊》《大學》於戲，字異音義同。《毛》純，《唐石經》紈，避唐憲宗諱。本字是誐謐。《毛》假以溢我，《左傳·襄 27》「何以恤我？」《三家》《說文》「誐以溢（溢疑為謐字）我，」卷子《玉篇》引《韓》賀以謐我。《廣韻》、《段注》「誐以謐我」。假通誐，恤、溢通謐，溢，慎。《毛》駿，《新證》：畍古字。

【詮釋】

　　維讀如惟，《韓詩章句》惟，念也。於 wū；穆，穆穆，美；不，無；已，

止。於 wū 乎，讚歎詞；不，丕。《魯》《釋詁》：純 chún，大。純，精純，誠信。《齊》《中庸》：純，不已。假 jiǎ，嘉 jiā，雙聲通借；誐 é，（古）疑歌，喉音見、疑鄰紐，假通嘉，假通誐，何誐同在歌部，假何通誐，《說文》誐 é，嘉善，《字彙》：誐，嘉善；恤溢通謐 mì，案：假讀嘉，嘉善；謐 mì，安寧，善以安我，以嘉善之道、嘉善之政使我戒慎，安定我國。《傳疏》：「言以嘉美之道戒慎於我也。」其，將。收，承受。駿惠，《新證》：吮駿古今字，大；惠，柢，推大本於周文王。朱熹：惠，順。曾，重。曾孫，作為王季的曾孫，周文王的孫子，周成王。又訓為曾孫以下的統稱。篤 dǔ，力行，又固，固守其本。

韻部：命，耕部；純，諄部。諄、耕合韻。我，歌部；收，幽部。歌、幽合韻。篤，沃部。幽、沃通韻。

【評論】

《續〈讀詩記〉》3「天命生物，至和無極，聖人默默，與天同功。蓋純則無間，惟無間，故不已，相因之理也。夫德盛者垂裕，故曰『假以溢我』。餘波洋溢，故曰『我其收之』。文王之德，雖大如天，然至簡至易，惟曰愛民而已。」《詩本音》10「此章或可以『命』、『純』、『收』、『篤』為韻。凡《周頌》之詩，多若韻若不韻者。意古人之歌，必自有音節，而今不可考矣。」

維 清

維清緝熙，	清明光明，
文王之典。	有周文王如此的榜樣。
肇〔肇〕禋，	開始祭祀列宗、諸神，
迄用有成。	到如今已大功告成，
維周之禎〔楨祺〕。	這是周朝的吉祥！

【詩旨】

案：前 1036 年，周公當雒邑建成文王廟、武王廟後，便率群臣到二廟祭二王，（《書・洛誥》）禮讚道：「維清緝熙，文王之典」，統一得到鞏固功成，是全國的吉祥，這是祭周文王的樂歌。

〔魯說〕《獨斷》：「《維清》一章五句，奏《象》、《武》之所歌也。」

〔齊說〕《春秋繁露・三代改制質文》：「武王受命⋯⋯作《象樂》，繼文以奉天。」

《毛序》：「《維清》，奏《象》，《舞》也。」《箋》云：「《象舞》，象用兵時刺伐之舞，武王制焉。」《正義》：「《維清》詩者，奏《象舞》之樂歌也。」

【校勘】

案：本字作肇，《毛》肇，《釋文》《唐石經》肇，同。案：本字作禎，理由：《定本》《集注》、徐邈本、《毛詩音》《單疏》《唐石經》小字本相臺本禎，《爾雅》《釋文》祺，祥也，徐云：本又作禎。《釋文》祺，不入韻。阮《校》：《傳》《箋》用《爾雅》祺，祥，《釋文》《正義》祺，作禎字非也。案：《單疏》引某氏曰：「《詩》云：『維周之祺，《定本》《集注》祺字作禎，」《唐石經》初刻作楨，改爲禎。《釋文》、《正義》祺。如從音韻分析，作禎則全詩皆韻。熙、祺入韻。《詩誦》4「舊說『維清』五句，『緝熙文王之典』爲句，言周道所以清明者，以能緝熙文王之典常也。案：此讀句法，與『儀式型文王之典』同，而『清』，『禋』，『成』，『禎』，通體得韻，不爲無見。」

【詮釋】

維清，緝熙文王之典。肇禋，迄用有成。維周之禎。維，發語詞；清，清明；緝，熙，光明。案：文王之典即文王之德，《我將》「儀式刑文王之典」，《齊》《韓》典作德，因此，典，德，典，典範，典，榜樣。肇肇，開始；禋，祭祀天。《初學記》13「《周禮》曰以禋祀祀昊天上帝。」迄，至；用，因；成，成功。維，爲；周，周代。《魯》《釋言》：祺，吉也。禎，善，福，吉祥。

韻部：清成禎，耕部；典禋，諄部。耕、諄合韻。熙、祺，之部。

【評論】

《單疏》「象武之樂，象文王之事。」清·戴震：「辭彌少而意旨極深遠。」《原始》16「故《象舞》者，象其清明之德而爲舞耳；非象其刺伐之功而爲樂也。」

烈文〔剌戾〕

烈文〔剌戾〕辟公！	有功勳有文德的諸侯們，
錫茲〔兹〕祉福；	賜與這般宏福吉祥；
惠我無疆，	愛戴我無疆，
子孫保之。	世世代代保持無恙！
無〔毋〕封靡〔累纍〕于爾邦！	莫要在你邦犯法繫獄，

維〔惟〕王其崇之！	唯有對國王盡忠心多崇尚！
念〔念〕茲戎功，	顧念你等如此大功，
繼序〔緒〕其皇之！〔1〕	繼承功業加以光大發揚！
無〔乍〕競〔倞〕維〔惟佳〕人，	國家強大唯在得眾賢人，
四方其訓〔順〕之！	引導四方天下民！
不顯維〔惟〕德，	彰顯於天下唯有德，
百辟其刑〔型〕之！	諸侯們效法國王！
於乎〔戲虖〕！前王不忘！〔2〕	烏乎！莫忘先王先君！

【詩旨】

　　《孔子詩論》簡六：「《剌昃（烈文）》曰：『乍競佳（唯）人，……不昃（丕顯）佳惪（唯德）』『於虖（於乎）！前王不忘。』虖敬（吾悅）之。」案：前 1035 年正月一日，周公還政，這是成王親政大典上，諸侯們助祭，朝享之禮，周成王登基時所奏的頌歌，據《逸周・皇門》，當是輔國重臣周公所作樂歌兼訓詞，先戒與祭的諸侯們「毋封靡於爾邦，惟王其崇之！念茲戎功，繼緒其皇之！」《逸周・諡法解》：「有功安民曰烈」，《大克鼎》「惠于萬民」，與《烈文》「無競維人，四方其順之」一脈相承，又戒勉成王「百辟其型之，於乎！前王不忘！」《編年史》繫於前 1035 年。

　　〔魯說〕《獨斷》：「《烈文》一章十三句，成王即政，諸侯助祭之所歌也。」《正義》同。

　　〔韓說〕《疏》引服虔《左傳注》：「《烈文》，成王初即洛邑，諸侯助祭之樂歌也。」

　　《毛序》「《烈文》，成王即政，諸侯助祭也。」

【校勘】

　　〔1〕《毛》烈文，《詩論》簡 6《剌昃》。《毛》茲，《唐石經》茲，同。《毛》無、維，《齊》《白虎通・誅伐》毋、惟。案：無讀作毋，維通惟。《毛》念，《唐石經》念，同。《毛》序，《毛詩音》序，即緒。序緒音義同。

　　〔2〕《毛》無競維人，《左傳・哀 26》惟，《詩論》簡 6 乍競佳（亡競唯）人。《毛》不顯維德，簡作不昃佳惪。《毛》於乎，簡六作於虖。案：乍是亡字之訛，無、亡古通，漢代無多寫作亡，乍亡形近而訛。佳唯古今字。昃顯古今字。虖乎古字。《左傳・哀 26》維作惟，訓作順。訓，《左傳・哀 26》作順，訓讀如順。〔釋〕：無，助詞；競，倞，強；惟，只；訓，順，服從；四方，

全國；其，可以；個人，得人，造就千千萬萬人才，善於用賢良。維通惟《唐石經》「不顯維德」「於乎」，《齊》《大學》乎作戲。古文《尚書》作嗚呼，今文《尚書》作嗚戲，戲讀如呼 hū。

【詮釋】

〔1〕詮釋此詩當用比勘詮釋。《作雒解》：「周公、召公內弭父兄，外撫諸侯。……臨衛政（征）殷，……作大邑成周於中土。……乃位五宮：大廟、宗宮、考宮、路寢、明堂。」《皇門解》「維正月庚午，周公格左閎門會群門（臣）。……人斯既助厥，〔辟〕勤勞王家。……王用奄有四鄰，遠土丕承，萬子孫用末被先王之靈光。……維德是用。……朕蓋（進用）臣，夫明爾德以助予一人憂，無維乃身之暴皆郵。」（《逸周書匯校集注（修訂本）》頁 516～537、543～558）案：以下戒勉諸侯們，烈，有功烈的；文，有文德的；辟公，此處是相對於辟王而言，朱熹訓辟公爲諸侯。愚以爲辟公即是《皇門解》「命我辟王」與《棫樸》「濟濟辟王」之辟王，辟王連語，周王。《單疏》頁419「文王既賜以此福，又愛我等諸侯無有竟已之時，令其子孫得常安之。」《後箋》惠，順。錫，賜；茲，今；祉福，福。惠，愛；無疆，無有期境（《傳》封，大）。子孫，子子孫孫；保之，永遠保有。無，毋；案：封靡，封縻，連語，執繫，拘捕，詳《小學蒐佚・韻英》，《廣雅》《廣韻》。執繫，因犯大罪而被執繫。《傳》：靡，累也。《玉篇》：靡 mí，罪累。害，《荀・大略》：「利夫秋豪，害靡國家。」《疏》：「靡，謂侈靡，奢侈淫靡是罪累之事，故靡爲累也。」《通釋》：損壞。爾邦，諸侯國。維，唯；王，國王；其，當，可，周公要求諸侯們：崇，尊崇國王。《箋》：崇，厚也。一說崇，分封。念，顧念；戎，大；功，功勞。繼，繼續；序，緒，功業；皇 huáng，發揚光大。不，丕 pī，彰顯。刑，型，效法。於乎於戲（戲讀乎）讚美詞。

〔2〕以下戒勉周成王，重在尙賢。《魯傳》《呂覽・求人》高注：無兢，兢也。《單疏》言諸侯得賢人，則其餘諸侯順之，不顯維順之，不顯維德與上「無競維人」相當。國之强，惟在得人。無，語詞；兢通倞 jìng，强；惟人，惟在得賢良才俊。《傳》：訓，道（導）也。《箋》：訓順。不，丕；顯，顯揚；維，惟；德，德行，這是周初敬德保民的一貫思想。百辟，諸侯們；其，應當；刑，法。於乎，於戲，又作於熙，戲熙讀乎，《那》於赫，歎美之詞。前王不忘，不忘前王。《齊傳》《大學》「君子賢其賢而親其親，小人樂其樂而利其利。此以沒世不忘也。」

韻部：公邦功，東部；疆皇王忘，陽部；人，眞部，訓（順），諄部，刑，耕部。眞諄、耕通韻。保，幽部；崇，多部。幽、多對轉。福德，職部。

【評論】

《孔子詩論》簡 6，「多士，秉殳（文）之悳（德），虔（吾）敬之。《剌殳（烈文）》曰：『乍兢佳（亡兢唯）人，不㬎（顯）佳悳（唯德）。於虖（乎）！前王不忘！』虔敂（吾敬）之。」〔魯傳〕《呂覽・求人》「身定，國安，天下治，必賢人。……先王之索賢人無不以也，極卑極賤，極遠極勞。……孔子曰：『《詩》云：『無競惟人』。子產一稱而鄭國免。」〔齊傳〕《白虎通・誅伐》：「《詩》云：『毋封靡於爾邦，惟王其崇之。』此言追誅大罪也。」鍾惺：「末語無限含蓄」。《原始》16：「古人說《詩》，正意既畢，言外必有餘波層出不窮，乃能使人領略不盡。試思此詩若無後段，則不過戒諸侯耳，有何意味？解者不知，妄生別議，豈能得詩中妙旨哉？」「末段忽題先王所以能使後人不忘之故，君臣交相勉勵，神味尤覺無窮。」

天　作

天作高山，	天造地設的高山岐山，
大王荒〔充〕之，	太王統領軍民墾殖拓廣。
彼作矣，	岐周從此開墾興建啊，
文王康之。	文王賡續發揚。
彼徂〔岨〕矣者岐，	那些去岐山的人，
有夷〔侇〕之行。	有美好和悅之道，
子孫〔其〕保之！	子孫應保有發揚。

【詩旨】

案：《易・升》「王用享於岐山，吉。」此詩是在前 1036 年，周公、邵公與周成王去周部落創業史上的大本營岐山奉祀太王古公亶父、王季與周文王時的樂歌，意在愼終追遠，戒勉子孫永遠葆有，這是無忘岐周大本營的戒勉歌。

〔魯說〕《獨斷》：「《天作》一章七句，祀先王公之所歌也。」

《毛序》：「《天作》，祀先王先公也。」

【校勘】

《毛》荒,《毛詩音》「荒,充聲得義。」充荒古今字。《唐石經》:「彼徂矣,岐有夷之行」《毛》彼徂矣,岐有夷之行,《說苑·君道》:「岐有夷之行,子孫其保之。」《箋》「彼萬民居岐邦者,皆筑作宮室以爲常居,文王則能安之,後之往者又以岐邦之君有佼 jiǎo 易（美好和悅）之道故也。」《韓詩外傳》《箋》《後漢》《朱輔傳》《西南夷傳》武億《經讀考異》「彼徂者岐,」朱熹改徂爲岨。《韓詩》「岐」字屬此句,《毛》岐屬下句,師受各異。《毛》夷,《毛詩音》夷,古侇字。《毛》子孫保之,《魯》《詩考》引《說苑·君道》「子孫其保之。」《集疏》同《魯》。案:似當以《魯詩》爲長,理由:一、「岐有夷之行,子孫其保之」,字數相等;二、《箋》同;三、《爾雅》邢《疏》同;四、顯然周公等奉祀岐山時意在事業的傳承、其時也有小字輩在場,有「其」字則語義尤深,矚望之情一瀉於頌歌;五、《韓詩》薛君《傳》:「彼百姓歸文王者,皆以岐有易道,可往歸矣。」六、從音韻而上,「之」與上之矣之矣之,同在之部,音韻美自然增強。

【詮釋】

作 zuò,造立。高山,即《易經·升》「王用享於岐山。吉,無咎」的岐山。充 huāng 荒,廣開拓,墾殖,治理。周國的大本營在岐山一帶。棄子不窋率周部落遷至今甘肅慶城,不窋城遺址在今慶城東南三里。棄曾孫公劉遷豳,公劉墓在今陝西彬縣東土陵村南。避獯育,古公亶父遷岐山,建都周原,其子王季擒義渠首領,周文王用姜尚,占全國三分之二土地。案:康 kāng（古）溪耕;賡 gēng（古）見陽溪見鄰紐,康通賡,賡續。《傳》《箋》訓康爲安,似當訓廣,徂訓往,也可訓阻。嚴粲:夷,平。侇 yí,夷,古今字,平坦,平和,《箋》:佼易之道（美好和悅之道）。《後漢·西南夷傳》李注引《韓詩章句》:「徂,往也。夷,易也。行,道也。彼百姓歸文王者,皆曰:岐有易道,可往歸矣。」其,當。朱熹:岨,險阻。

韻部:荒（充）康行,陽部;作作,鐸部,徂,魚部。鐸、魚通韻。之矣之矣,之部。之、魚通韻。

【評論】

案:晉·陸機《文賦》云:「觀古今於須臾,撫四海於一瞬」,詩人以巨大的藝術概括力,善用排筆,善用想像,在歷史與神思的巧妙結合中暗寓了一條深邃的歷史真理,誰親民愛民施仁政,老百姓就跟他走。《詩志》8「只

就岐山寫出太王、文王之功，極有渾灝草昧之氣。」《詩誦》4「《頌》之《天作》即《雅》之《皇矣》。《雅》者，告君之辭，主於暢達，故累累數百言而不厭其多。《頌》者，告神之辭，歸于謹嚴，故寥寥六七句而不嫌其少。《思文》、《生民》亦然。『荒』字、『康』字、『夷』字，煉得簡括，一字萬鈞。」《會通》：「峰巒起伏，綿亙萬里。」

昊天有成命

昊〔阊〕天有成命，	上天已定有使命，
二后受之。	文王、武王承受天命，
成王不敢康，	周成王不敢圖安逸，
夙〔殂〕夜基〔其〕命〔又〕宥密〔謐〕。	恭敬受命宏深唯有勉勉，
於！緝熙〔絹灖熙〕！	嗚呼！正大光明，
單〔亶〕厥心，	精純誠厚其心，
肆其靖之。〔1〕	所以鞏固，進而全國安定！

【詩旨】

《孔子詩論》簡六：「《昊二（昊天）又城（有成）命》：『二后受之』，貴叔（竹簡子夏且）㬎（顯）矣。訟（頌）。」案：前1036年，《周語》說周公執政，作此祭歌。在雒邑南郊祭祀天地、奉祀周文王、周武王時表達其不敢貪圖安逸、早夜其命唯有勉勉不已，光明正大地盡心安邦的志向，這是郊祭樂歌。

〔魯說〕《新書・禮容語下》：「夫《昊天有成命》，頌之盛德也。其《詩》曰：『昊天有成命，二后受之，成王不敢康，夙夜基命宥謐。』……文王有大德而功未就，武王有大功而治未成，及成王承嗣，仁以臨民，故稱『昊天』焉。不敢怠安，蚤（早）興夜寐，以繼文王之業。布文陳紀，經制度，設犧牲，使四海之內，懿然葆德，各遵其道，故曰『有成』。承順武王之功，奉揚文王之德，九州之民，四荒之國，歌謠文、武之烈，累九譯而請朝，致貢職以供祀，故曰『二后受之』，方是時也，天地調合，神民順億，鬼不厲崇，民不謗怨，故曰『宥謐』。成王質仁聖哲，能明其先，能承其親，不敢惰懈，以安天下，以敬民人。」《獨斷》「《昊天有成命》，一章七句，郊祀天地之所歌也。」

《毛序》「《昊天有成命》，郊祀天地也。」

【校勘】

〔1〕《毛》旻，《穆天子傳》郭璞注引作阊。《毛》夙，金文、《說文》殂，

夘古字。《毛》成。《毛》密，上博《楚竹書・民之父母》簡8「城（成）王不敢康，逎（夙）夜譽命又密（基命又密）」「言其命又密」，《魯》《新書・禮容》基命宥謐，《齊》《禮記・孔子閒居》《孔子家語・論禮》「其命宥密」，《禮記》鄭注讀作「夙夜其（基、謀）命宥密」，《新證》讀作「夙夜其命有勉」。《漢石經》緝熙，《唐石經》緝熙《毛》緝熙。《毛》單，《周語》亶，單通亶。

【詮釋】

〔1〕《魯說》《周本紀》：「成王既遷殷遺民，周公以王命告，作《多士》《無逸》。召公爲保，周公爲師，東伐淮夷，殘奄，遷其君薄姑。成王自奄歸，在宗周，作《多方》。既絀殷命，襲淮夷，歸在豐，作《周官》。興正禮樂，度制於是改，而民和睦，頌聲興。」昊天，上蒼；成命，已定的天命。二后，周文王、周武王；受，承受，歷史擔當；之，天命。《國語》：成王，周成王。成王誦，前1042～前1026年在位，是周朝「成康之治」的創始人。夙夜，恭敬；康，康回，圖安逸，媞，樂無度，迷亂。基讀如其；命，歷史使命；宥yòu，有，《禮記・孔子閒居》鄭注「《詩》讀其爲基。基，謀也。言君夙夜謀爲政教以安民。」宥 yòu，《箋》：寬仁。朱熹：宏深。有密，密密，勉勉密mì謐mì俛勉miǎn，密謐俛勉同爲明母，勤勉不已。於，嗚呼，緝熙，光明；單，亶，厚，單亶，誠，或訓單爲殫，盡。肆，固，鞏固；其，而，進而；《傳》：靖，和；朱熹：靖，安；之，國家。

韻部之，之部；密（謐俛勉），術部。熙之，之部。之、術合韻。

【評論】

《周語下》記載叔向對單靖公說此詩「是道成王之德也。」《詩誦》4「如『夙夜基命宥密』四句，非大聖人製作，誰能更道一字，必非祀成王之詩。」《會通》「通首密陳。」案：「成王不敢康」，周成王爲偉大事業不敢耽樂無度，終成「成康盛世」。《魯傳》漢・楊雄《法言・寡見》「說志者莫辯乎《詩》。」旨哉斯言。

我　將

我將〔𩱏〕我享〔饗〕，	咱們烹煮，咱們獻饗，
維羊維牛〔維牛維羊〕，	犧牲是整牛，是整羊，
維天其右〔佑〕之。	唯有天尊尚周文王。
儀式刑文王之典〔德〕，	宜效法周文王的德行，

日靖四方。	天天安定祖國的四方。
伊嘏文王，	偉大！周文王，
既右〔佑有〕饗之。〔1〕	已有饗祀先王。
我其夙夜，	我將日日夜夜地努力，
畏天之威，	敬畏上天的威命，
于時〔是〕保之。〔2〕	於是保衛江山地久天長！

【詩旨】

案：大約是在前 1036 年成周雒邑建成，周公率成王奉祀周文王，發誓「儀式刑文王之典（德）」，表示夙夜不懈，敬畏天地，決心保持發揚周代功業。此是在明堂祭周文王的祭歌。案：《今注》及論文《周代大武樂的考釋》以《我將》爲《大武》第一成之樂歌，一、從歷史分析，《疏》以降，至《傳疏》都以爲「宗祀文王於明堂以配上帝」；二、從內容分析，此詩只寫文王，未寫武王；三、從樂章考析，王國維《周大武樂章考》、孫作雲《周初大武樂章考實》、陰法魯《詩經中的舞蹈形象》都不以《我將》爲《大武》樂章之一。

〔魯說〕《獨斷》：「《我將》一章十句，祀文王於明堂之所歌也。」《單疏》同。

《毛序》：「《我將》，祀文王於明堂也。」《詩古微》：「《維清》與《我將》皆言文王之典，其爲六典既成，告制作於文王又甚明。」

【校勘】

〔1〕案：《單疏》頁 422、《毛》將、享，金文𩰲、𩰲，將通𩰲；《箋》《疏》云歆饗，則享通饗。案：《唐石經》小字本相臺本作「維羊維牛」，《毛》《齊》《周禮·羊人》《疏》《隋·宇文愷傳》《正義》《經義雜記》阮《校》作維牛維羊。陳喬樅《四家詩考異》：「唐以前本皆作『維牛維羊』，今本沿《唐石經》之誤。」《箋》《唐石經》維羊維牛，從音韻美而論則當從《齊》。《漢石經·校記》有，《毛》右，《箋》《王肅注》《考文》《釋文》《單疏》祐、佑，右祐佑通有。《王肅注》型、典，《齊》《韓》《左傳·昭6》《漢·刑法志》形、德，《疏》典、又作德。師受不同。

〔2〕《毛》時，《箋》是，時讀如是。

【詮釋】

〔1〕案：第一層，祭祀蒼昊，我，結構助詞；將 jiāng，讀如𩰲 shāng，煮，烹煮熟食作爲祭品。朱熹訓將爲奉享通饗 xiǎng，神靈歆饗酒食香氣。維，

語詞；羊牛，犧牲。維，惟；其，將；右，有。伊，發語詞；嘏 gǔ 嘉，偉大，讚美詞。

第二層，奉祀文王。《聯綿字典》與黃侃《國學講義錄》認爲儀式刑（型），複語，效法。案：典德雙聲通借。典 diǎn，以周文王的法則、常道、常典、美德爲法。《傳》：典，常。說：典，法。日，日日；靖，治理；四方，全國。伊，發語詞；嘏 gǔ 祜 hù，同在魚部，見、匣鄰紐，嘏通祜，受大福，此爲後代經典的常訓。《考文》注：「文王既右而饗之」。饗，歆饗，古所謂神食其氣。

第三層，發誓夙夜不懈，敬畏上天。

〔2〕我，主祭人等；其，將；夙夜，夙夜不懈。畏天之威，這是一種辯證思維，敬畏天地與人定勝天的辯證思維，不是以爲人可以爲所欲爲。敬畏天地，敬畏歷史，敬畏民眾。于，於；時，是。保，永遠保持；之，事業。《傳疏》：保，安。

韻部：享（饗）羊方王饗，陽部；右，之之，之部；夜，魚部；威，微部；之，之部。之魚、之微合韻。

【評論】

《讀詩記》28「於文王，則言儀式其典，日靖四方，天不待贊，法文王所以法天地也。卒章惟言畏天之威而不及文王者，統於尊也。」《詩志》8「語拙氣柔（案：當還有音韻和諧美長短句參差美），理專情充。如此文字，真可格天。」《詩誦》4「頌體簡嚴，而『儀式刑』三字獨文繁語複，故自不可一律。」

時　邁

時邁其邦，	武王按時到諸邦去巡守，
昊天其子之。	上天將慈愛，以他爲天子，
實右〔佑〕序有周！	實是天尊尚佑助大周，
薄言震〔振〕之，	克殷振動萬民奮，
莫不震〔振〕疊〔慴〕。	天下回應，無不震服心投。
懷柔〔濡〕百神，	和安百神祭天地，
及河喬〔嶠〕嶽〔嶽〕，	祭河祭嶽心悠悠。
允王維后！〔1〕	確實武王是君王，是英主，

明昭有周，	光明正大是大周，
式序〔緒〕在位。	諸位諸侯盡職守。
載戢干戈，	於是斂藏諸干戈，
載櫜〔韜〕弓矢。	弓矢韜中巧收留。
我求懿德，	唯求美德廣傳，
肆于時夏。	施行於這九大州，
允王保之！〔2〕	能保江山萬萬秋！

《漢石經》《我將》《時邁》。

【詩旨】

案：據《左傳·宣 12》《逸周·度邑解》《周語》《周本紀》作於前 1046 ～前 1045 年，周武王克紂後，周武王巡守黃河與四嶽時，周公作此樂歌，表達了擁戴周武王、要求諸侯們各在其位、各盡其責，唯求懿德功業遂大的政治思想。據《韓詩章句》、《竹書紀年》，繫於前 1045 年。《編年史》繫於前 1036 年。

〔魯說〕案：據《史·周本紀》周公作頌《時邁》。《獨斷》：「《時邁》，一章十五句，巡守告祭，柴（紫）望之所歌也。」

〔齊說〕《儀禮·大射儀》鄭注：「《時邁》者，太平巡狩祭山川之樂歌。」

〔韓說〕《後漢·李固傳》注引《韓傳》：「美成王能奮舒文、武之道而行之。」

《毛序》「《時邁》巡守告祭柴祭也。」

【校勘】

〔1〕《毛》右，《考文》佑。案：本字作振憴。《說文》《集韻》憴 shè。《唐石經》震疊，《漢石經·校記》《韓詩外傳》《玉篇》《後漢·李固傳》《甘泉賦》《七命》注引作振，《魯》《張景碑》《釋詁》疊作憴，《毛詩音》振即震，案：師受不同，《韓》《毛》《經》《傳》皆異，各自成說。《毛》疊（疊），《毛詩音》疊即憴。案：《毛》疊訓為憴，《韓》疊訓為應。則《毛》憴，《韓》疊，《韓》義為長。《集注》、《書抄·禮儀九》、《宋書·樂志》、謝莊歌、《詩經小學》濡，《三家》《漢·郊祀志》《淮南·泰族訓》《釋詁》樊光注《定本》《唐石經》《單疏》某氏引《詩》、小字本、相臺本、《毛》作柔，《釋文》：柔，如字，本亦作濡，《類篇》作濡，柔濡雙聲通借，通作柔。《毛》喬，《魯》《淮南·泰族》「懷柔百神，及河山嶠嶽」。《毛》嶽，一作嶽，《釋文》嶽，本亦作嶽。嶽古字，嶽異體。

〔2〕《毛》昭，《韓詩外傳》3 照，避唐高宗諱，昭照音義近。《毛》《劉熊碑》序，《孫根碑》緒，《毛詩音》：序，即緒。《毛》橐，《史記》韋昭注作韜，此章《魯》《周本紀》引與《毛》同。

【詮釋】

〔1〕案：《逸周書匯校集注》頁 466「維王克殷國，君諸侯，乃厥獻民徵主九牧之師見王於殷郊。王乃升汾之阜，以望商邑。」周武王對周公云：「今惟天使予。」「自洛汭延于伊、汭，居陽無固，其有夏之居。我南望過於三塗，我北望過於有嶽，丕願瞻過于河，宛瞻于伊、洛，無遠天室。」周武王巡守大致經今河南襄陽南汾丘、河南新鄭、淇縣、鞏縣，伊、洛、黃河、雒邑（洛陽）、河南陽翟、陸渾（三塗在今河南陸渾縣南）、今陝西華陰縣、華山；岳，太嶽在今山西霍州市東南；宛在今河南省浚縣，基本上以今河南爲主，山西、陝西一部份。

第一層寫巡守：時，按時；邁，巡察，巡守；邦，諸侯國。昊天，上天；其，乃；子 zǐ，慈，《箋》：天其子愛之。實，寔，是；右序，佑緒，連語，尊尙，佑助；有周，周。

第二層，振奮與懷柔。薄言，語詞；振慴，震服。又振，振而奮之，疊，振而應之。震讀爲振，振而奮之，振而應之，《後漢‧李固傳》注引《韓詩章句》：「薄，辭也。振，奮也。莫，無也。震，動也。疊，應也。韓義爲長。美成王能奮舒文、武之道而行之，則天下無不動而應其政教。」案：當結合上下文，「實右序有周」，武王伐紂，振奮民心。疊 diè 慴 shè 疊韻通借，震儸，震懼。《韓傳》與上下文相貫，《韓詩》爲優。懷 huái，和。一說懷，歸。《逸周‧成開》：「政治，民懷。」濡 ruǎn 柔 róu 同爲日母，濡、柔，安也。《舜典》：「柔遠能邇。」及，以及，河，黃河以及伊水洛水；嶠嶽，主要是華山、泰嶽。

第三層，禮贊周武王，嚴飭諸侯們「式序在位」各盡其責，表示美德、政教遍全國的決心。允，確實；王，武王；維，是；后，國君。明昭，正大光明，彰顯。式，使；序通緒，各諸侯各安其位，各盡其責。載，乃；戢，斂藏兵器。櫜韜 gāo，用弓衣藏好弓箭。懿，美政，美德。肆，施，廣泛佈於；時，此；夏 xià，最初爲中原古部落名，代指中夏，華夏，中國。《周‧康誥》：「用肇造我區夏。」一說《夏》，樂歌名。《單疏》，引《周禮》注呂叔玉云：「《肆夏》《繁遏》《渠》，皆周頌也。《肆夏》，《時邁》也。《繁遏》，《執競》也。《渠》，《思文》也。……但以歌之大者皆稱夏也。」允，助詞；王，國王；保之，永葆。

韻部：周後周幽部，侯，侯部。幽、侯合韻；疊（慴），盍部；嶽，屋部。盍、屋合韻。位，微部；矢，脂部。微、脂合韻。之之之，之部；德，職部；夏，魚部。之、職通韻，之、魚合韻。

【評論】

案：《既醉》「既醉以酒，既飽以德」，《抑》「無言不酬，無德不報」，德，恩情。《時邁》「我求懿德，肆于時夏」，《蕩》「爾德不明，以無陪無卿」。《左傳·僖 5》引《周書》「皇天無親，惟德是輔」，「黍稷非馨，明德惟馨」。《史·商君傳》引《周書》：「惟德者昌，惟力者王。」可見德治的極端重要性。〔魯說〕《周本紀》：「〔武王〕行狩（巡守），記政事，作《武成》。」《白虎通·巡狩》：「王者所以太平乃巡守何？王者始起，日月尚促，德化未宣，獄訟未息，近不治，遠不安，故太平乃巡守也。」《文心·頌贊》：「《時邁》一篇，周公所製，哲人之頌，規式存焉。」《批評詩經》：「首二句，甚快甚壯，儼然坐明堂，朝萬國氣象。下分兩節：一宣威，一布德，皆以『有周』起，『允王』結，整然有度。遣詞最古而腴。」

執競〔倞〕

執競〔倞傹〕武王，	自強不息、所向無敵的武王，
無競〔倞〕維烈。	強勁成就了功烈，
不〔丕〕顯成、康，	偉大的成王、康王，
上帝是皇。	將天帝讚揚。
自彼成、康，	從那成王、康王，
奄有四方，	擁有九州八方，
斤斤〔昕〕其明。〔1〕	昕昕明察，英名遠揚。
鍾〔鐘〕鼓喤喤〔韹鍠〕，	鍾鼓咚咚鍠鍠震響，
磬筦〔管磬〕將將〔鎗鏘瑲瑲〕，	磬管和鳴瑲瑲，
降福穰穰〔禳〕。	天賜宏福又多又廣。
降福簡簡，	天賜宏福盛大，
威儀反反〔昄板〕。	人人威儀和善謹慎，
既醉既飽，	人人酒食酣暢，
福祿來反〔返〕。〔2〕	福祿雙雙給予子孫。

【詩旨】

案：在奉祀開國元首周武王時，歌唱家歌唱了宮廷詩人所寫的歌頌周武王、同時稱美成康之治的兩位領袖成王、康王，歌頌了武王的所向無敵，讚美了成王康王一統天下時的昕昕明察這種封建社會使用頻率甚高的「聖明」的頌歌。這是頌美周武王、周成王、周康王的樂歌。《編年史》繫於前 1016 年 3 月。

〔魯說〕漢・楊雄《法言・孝至》：「或問泰和。曰：其在唐〔堯〕、虞〔舜〕、成周（周公・成王・康王時代）乎！觀《書》及《詩》，溫溫乎其和可知也。周康之時，頌聲作乎下，《關雎》作乎上，習治也。」《獨斷》：「《執競》一章十四句，祀武王之所歌也。」

《毛序》：「《執競》，祀（《唐石經》祀，當從《漢石經》《釋詁》《說文》作祀）武王也。」

朱熹《詩集傳》19「此祭武王、成王、康王之詩也。」

【校勘】

〔1〕《毛》競，《說文》《書抄》89 倞，《詩考》引《齊》《周禮注》呂叔玉云：《繁遏》，《執僵》也。《毛》不，案：不讀如丕。《毛》斤斤，《魯》《爾雅》昕昕，《廣雅》昕昕、炘炘，《玄應音義》3 引《爾雅》「昕昕，察。」斤通昕、炘。

〔2〕《毛》鐘喤，《唐石經》朱熹《詩集傳》鍾喤，《魯》《釋訓》《荀・富國》喤、鍠，《三家》《說文》《漢》《漢紀》《三國志》鍾鍠，《釋訓》又作韹，本字作鍠，音義同，重言擬況字。《毛》磬筦、將，《三家》《荀》《漢》《說文》《釋文》管磬鏘，《韓》《說文》又作鐣，《魯》《風俗通義・聲音》鎗，《荀・富國》管磬瑲，音義同，通作鏘。《魯》《潛夫論・巫列》《唐石經》穰，《魯》《爾雅》《初學記》15 禳，音義同，通作穰。《考文》《唐石經》反反，《魯》《《爾雅》《釋文》潛夫論・巫列》板板，《釋文》引《韓》昄昄，反反、昄昄板板通。《毛》反，《嵩山開母廟石闕銘》《說文》《集韻》作仮，仮，返。

【詮釋】

〔1〕案：本字作倞，執競，鷙倞，連語，競，競爭；強，不可爭衡。《釋文》引《韓》「執，服也。」高本漢：執是埶的省體，可畏而強健。朱熹：言武王持其自強不息之心。無，助詞；競，倞，強；維，為；烈，功烈。不，丕，丕顯，顯著的，偉大的；成，成王姬誦（前 1042～前 1021）；康，康王

姬釗（前 1020～前 996）。《史墻盤》：「臝龕康王。」皇，美，讚美。奄 yǎn，
奄覆，擁有，統治。案：斤斤 jīn jīn（古）見諄；炯炯 jiǒng jiǒng，〈古〉匣耕，
昕昕 xīn xīn（古）曉諄，上古喉音匣、見、曉鄰紐，斤通昕，明察詳審。《左
傳·襄 9》：「以金石之樂節之。」

　　韻部：王、康、皇、康方明，陽部。

　　〔2〕喤喤、鏘鏘，擬聲詞。穰穰、禳禳 rǎng rǎng，豐大。《魯》《釋訓上》
簡簡 jiǎn jiǎn，大。案：反反、板板昄昄 bǎn bǎn，謹重，正大光明貌。《魯傳》
《潛夫論·巫列》：「板板，言德義美茂。此言人德義美茂，神歆享醉飽，乃
反報之以福也。」案：來，是；反 fǎn，回報。

　　韻部：喤將穰，陽部；簡反（板昄）反，元部。

【評論】

　　《左傳·昭 26》：「昔武王克殷，成王靖四方，康王息民……」《齊說》《鹽
鐵論》9「周文、武尊賢受諫，敬戒不殆，純德上休，神祇相況。《詩》云：『降
幅穰穰，降幅簡簡』。」《詩故》10「祭成王、康王而推本於武王也。」《詩志》
8「宏衍亢厲」，「篇幅不長，極鋪張揚厲之勢。」

思文〔渠〕

思文后稷，	文德深遠的后稷，
克配彼天。	功德能比那上蒼！
立〔粒〕我烝〔蒸〕民〔𡰥〕，	穀養咱眾民功德無量，
莫非爾極？	無不是萬眾榜樣！
貽〔詒飴〕我來〔釐嘉棶〕牟〔麰麳〕，	賜給咱小麥良種、大麥良種，
帝命率〔帥〕育，	帝命令廣泛推廣良種，
無此疆爾界〔尒介〕！	農政推廣良種莫分此疆界，
陳常于時夏。	布農政推廣良種於中國萬方！

【詩旨】

　　案：前 1036 年 3 月 14 日全國太平、雒邑建成後，周王廷在郊祭天地、
祈禱豐年時把后稷配祀上帝，相當於在遠祖廟祭農業神，祧祭周的始祖，突
出其穀養而存立人民之功，並在樂歌中號召推廣良種。這是后稷配天祭祀時
的樂歌。《國語》：周公作。

〔魯說〕《獨斷》：「《思文》一章八句，祀后稷配天之所歌也。」

《毛序》「《思文》，后稷配天也。」

〔齊說〕《漢·郊祀志》：「周公相成王，王道大治，制禮作樂，郊祀后稷以配天。」

【校勘】

《詩考》引《周禮注》呂叔玉雲：《渠》《思文》也。《單疏》立、烝，《箋》《閟宮疏》粒、烝，立讀如粒。《周語》《列子》《晉紀總論》注、《御覽》838 蒸，蒸通烝。《毛》《齊》《班固傳》貽我來牟，《魯》《韓》《周本紀》《劉向傳》飴我釐麰，《齊》《說文》詒我來麰，《廣雅》《字書》《白帖》81 麰，《孟子》《典引》注引《韓》貽我嘉麰，《詩考補遺》引《三家》《說文》「詒我來牟。」案：本字應作詒我來牟，飴通詒，貽俗體。來麳古今字，牟麰古今字，麰異體。釐通來麳 lái。《毛詩音》率，音帥。本字作尒，《毛》《金石萃編》小字本相臺本界，《唐石經》初刻作界，後磨改作尒，《漢石經》作尒《考文》《魏都賦》注引薛君《韓詩章句》《釋文》《說文注箋》介，尒介界古今字。

【詮釋】

《魯傳》《韓傳》《漢書·劉向傳》《疏》：「文王既沒，周公思慕，歌詠文王之德，其《詩》曰：『於穆清廟，肅雍顯相，濟濟多士，秉文之德。』當此之時，武王、周公繼政，朝臣和於內，萬國歡於外，故盡得其歡心，以事其先祖。其《詩》曰：『有來雍雍，至止肅肅，相維辟公，天子穆穆。』言四方皆以和來也，諸侯和於下，天應報於上，故《周頌》曰：『降福穰穰』，又曰：『飴我釐麰』。釐麰，麥也。始自天降。此皆以和致和，獲天助也。」思，語詞；文，文德。克，能；配，配祀。民以食為天。《魯傳》《論衡·初稟》：「棄事堯為司馬。居稷，官，故為后稷。」案：此處倒文以協韻，民天眞部，即《益稷》：「烝民乃粒，萬邦作乂」。立通粒 lì，米食以養；烝，眾。莫非，無一不是；極，則，準則，表率。飴貽通詒 yì，遺傳，贈與。后稷精心培育的麥種優良品種，頌歌《思文》《生民》「誕降嘉種」義同，尊為天賜良種。《廣雅·釋草》來麳 lái，小麥；麰 móu，大麥。率，帥 shuai，普遍；育，推廣。無此，毋分彼此疆界，普及良種。陳常，布農政，推廣良種；于，於；時，是；夏，中國。爾，彼此。詳王引之《釋詞》、裴學海《古書虛字集釋》7。

《韓傳》：介，界。

韻部：天民，眞部；稷極，職部；牟（麰），幽部；育，沃部；介（界）

月部；夏，魚部，而八句中，二、三句叶眞部，一、四句叶職部，五、六句幽、沃相轉，五、七句幽、月相轉，七、八句魚、月相轉。

【評論】

案：《論語・學而》：「曾子曰：『愼終追遠，民德歸厚矣。』」如果說《清廟》至《執競》主要頌揚明德，「秉文之德」，汲取商代覆亡的歷史教訓，歌頌開國元勳的豐功偉業，那麼《執競》又多了一思想亮點，高舉務農立民的旗幟，宣傳敬德保民的政治思想，《泰誓》云：「天矜於民，民之所欲，天必從之」，「惟天惠民」，「天視自我民視，天聽自我民聽」，《康誥》「裕（教導）民」，「寧民」。《執競》「立我烝民，莫非爾極」。宋・李樗《集解》「民稼穡利及於民，而始有嘉種，故詩人推美之。」《詩故》10「《生民》敷陳其詳，此則約略其要，《雅》《頌》之體，則然也。」

卷二十七　周頌二

臣工之什

臣　工

嗟嗟臣工，　　　　　　　　詔命卿大夫，
敬爾在公。　　　　　　　　敬慎公職，方才榮光！
王釐〔賚〕爾成，　　　　　快去治理好農業收成，
來咨來茹。〔1〕　　　　　是諮詢，是度量！

嗟嗟保介，　　　　　　　　嗟嗟，近衛們，車御們，
維莫〔暮〕之春，　　　　　趁暮春時節快去搶忙！
亦又何求？　　　　　　　　更有何求？可別誤了農忙！
如何新畬？〔2〕　　　　　兩歲田、三歲熟田該輪作種糧。

於皇！來〔麳〕牟〔麰〕！　啊！眞美氣！大麥長勢旺，
將受厥明。　　　　　　　　大有好收成，滿廩滿倉。
明昭上帝，　　　　　　　　聖明的上帝啊，
迄用康年。〔3〕　　　　　以至於把豐收給咱享。

命我眾人：　　　　　　　　命令眾官、眾人：
「庤〔偫待〕乃〔而〕錢鎛〔耡鎒耨〕，「馬快備好你們的鍬兒鋤兒，
奄觀銍艾〔乂刈〕！」〔4〕　都來看短鐮割穗兒，顆粒歸倉！」

【詩旨】

案：前 1035 年暮春時節，周成王率百官奉祀太祖廟歌頌后稷，祈禱豐年，耕耤時的樂歌，詩是跳躍的，樂歌傳達成王的旨意，深敕官員們以農爲本，敬爾在公，往理收成，種好墾好的田，準備好，豐產尚要豐收。稷爲周圖騰於此可見。《編年史》繫於 1035 年。

〔魯說〕《獨斷》「《臣工》一章十句，諸侯助祭，遣之於廟之所歌也。」

《毛序》：「《臣工》，諸侯助祭，遣之於廟也。」

【校勘】

〔1〕《毛》釐，《毛詩音》釐即賚，釐通賚。

〔2〕《毛》莫，《釋文》莫，音暮，本或作暮。案：莫暮古今字。畬，作佘，同。

〔3〕《毛》來牟，《別雅》來麰，來麳古今字，牟古字。

〔4〕《毛》庤乃，《三家》《說文》《漢石經校記》《周禮·考工記·總目》鄭注引、《玉篇》俟而，《唐石經》庤，庤通偫，乃、而讀如爾。《毛》鎛，又作欘鎒、耨，《管子》鎒欘，又作鋤，字異義同。乃、而讀如爾。《毛》艾，讀如乂刈。

【詮釋】

〔1〕案：嗟嗟 jiējiē，督促百官的語氣詞。又訓詔命，臣工，卿大夫。敬，謹愼；在公，在公門，盡其職責。王 wǎng，往。馬瑞辰讀釐 lí 爲禧 xī，《毛詩音》讀釐爲賚 lài，《箋》讀釐爲理 lí，《全注》訓頒佈，各自成說。案：分析全文的「保民」、「惟食」思想、農本與惜時，上下句關於農業搶忙，宜從古文字學加以訓釋，如《善夫克鼎》釐，《說文》釐，釐字本爲執杖打麥（或如後來用梿枷打麥），里是音符，理。王 wǎng，往；釐，理，董理，《堯典》「允釐百工」，快去打理、治理（搶收搶割搶曬）；爾，你們；成，收成。朱熹訓爲成法。《武成》「建官惟賢，位事惟能。重民五教，惟食、喪祭惇信明義，崇德報功。垂拱而天下治。」「惟食」思想頗爲重要，民以食爲天。案：來，是，語詞；諮，諮議，議定，集思廣益；茹 rú，（古）日魚，度 duó，（古）定鐸，日、定準鄰紐，茹通度，如《六月》「玁狁匪茹」，《易林·未濟之睽》「度」，謀劃。

〔2〕《詩總聞》19「嗟嗟之意可以動人，亦又如何，皆於人有感。古人相與皆眞情，故發語吐懷有餘味也。」《魯傳》《呂覽·孟春》高誘注：保介，

副也（國王耤田時的副車人員，近衛人員、車御人員）。《箋》：保介，車右，侍衛。朱熹：農官之副。維，語詞。莫，暮，春三月。新，開墾兩年的田；畬 yú，三歲治田，輪作耕種。

〔3〕於 wū 皇，歎美詞。來麰 lái，小麥甘而微寒無毒，除熱止煩渴，利便，養肝養心；牟麰，大麥，鹹溫涼性，爲五穀之長，消渴除熱，益氣，壯血脈，養五臟、寬胸涼血消腫，可製大麥茶。此處指優良麥種。多種夏收，具四時中和之氣，五穀之貴，時稱「瑞麥」。將，大；受，收；厥，其；《釋詁》：明，成，成，農業收成。明昭，光明顯著，英明。迄，至，《疏證》迄讀氣（乞），乞求。用，因而；康年，太平豐收年。

〔4〕命，命令；我眾人，眾官、民眾。庤偫 zhì 置，儲備；案：乃 nǎi，〈古〉泥之，而 ér，〈古〉日之，疊韻通借，而、爾，你們；錢 jiǎn，似鐵鏟；鎛 bó，大鋤。奄淹 yān，久；觀，參觀；銍 zhì，短鐮；挃挃 zhizhi，短鐮割穗聲；艾讀如刈 yì，收割。

韻部：工公，東部；成，耕部，春，眞部。耕、眞合韻；明，陽部；年人，眞部；茹畬，魚部，又茹讀如度，鐸部，介，月部。鐸、月相轉。求牟，幽部。鎛，鐸部，艾讀如刈，月部。鐸、月相轉。

【評論】

《詩總聞》19「『嗟嗟』之意可以動人，亦又如何，皆於人有感。古人相遇皆眞情，故發語吐懷有餘味也。」《詩童子問》：「命他官皆無詩，而特命農官則有詩者，周人以農事開國，故成王、周公特作詩以戒敕之，以重其事也。」《通論》：「神咮全在虛字。」《會通》引舊評云：「『於皇』以下，虛擬之詞，筆情飛舞。」《會歸》頁 1846～1847，「兩節雖詳略錯綜，仍爲相對成章之格，故以『嗟嗟臣工』、『嗟嗟保介』對起。國政以簡要渾言故略，農事以委婉遞（dī）述故詳，理事之自然，詩人之肖物也。」

噫　嘻

噫〔意〕嘻〔譆〕成王，　　　噫譆！偉大的成王今來祭神，
既昭假〔格〕爾！　　　　　　惟示精誠迎神臨。
率〔帥〕時〔是〕農夫，　　　率領這些農夫們，
播〔播〕厥百穀〔穀〕。〔1〕　搶播百穀未稍停！

駿〔浚駿〕發爾私，	馬快開墾諸私田，
終三十〔卅〕里。	三十里見方搶耕耘，
亦〔奕〕服爾耕，	大力備耕忙得歡，
十千維耦。〔2〕	萬人合耦忙搶耕！

【詩旨】

案：三國・王肅《已遷主諱議》繫於周成王時。前 1035 年 2 月 17 日，或（《竹書紀年集證》28「申戒農官告於廟，」《詩・周頌・噫嘻》）周成王本著周朝農業立國的傳統精神，率諸侯、農官作祈年祭，申戒諸侯農官帥領農民、農奴搶播百穀，迅速開發私田，大力從事農耕，萬人合耦搶種。這是春夏祈穀於上帝的樂歌。姜文舉（2004）：是周成王舉行籍田典禮時歌贊成王的頌歌。《編年史》繫於前 1035 年。

〔魯說〕《獨斷》「《噫嘻》一章八句，春夏祈穀於上帝之所歌也。」

〔齊說〕《白虎通》3 引《援神契》：「仲春祈穀」。

《毛序》：「《噫嘻》，春、夏祈穀（《唐石經》穀，讀如穀）於上帝也。」

【校勘】

〔1〕《毛》噫嘻，《釋文》意，又作噫，案：意噫古今字。案：喜譆、意噫古今字，《國策・齊策》《史・趙世家》《莊・養生主》《說文》904 年抄《玉篇》引《毛》噫譆。嘻，《說文》有禧、喜、熙、歖，無嘻，嘻，俗字，嘻通禧，嘻通歖。《毛》假，《箋》讀爲格 gé。《毛》率，《秋興賦》注引，《毛》《三家》《東都賦》《靈臺詩》《曹植〈贈丁儀〉》注引《韓》帥，《說文》衛，衛率帥古通。《毛》穀，《唐石經》穀，穀讀如穀。

〔2〕《唐石經》《疏》小字本相臺本駿，《百家類纂》《百子類函》作駿，當作駿。釋文》浚，本亦作駿，《齊》《鹽鐵論・取下》浚，浚通駿。《毛》三十，《唐石經》卅。《毛》亦，《考文》經注《傳》《箋》訓大奕，明係彼國淺人所改。案：當是經文作亦，亦通奕。

【詮釋】

〔1〕噫意古通，嘻 xī 禧 xǐ 歖 xīn 同爲曉母，嘻通禧、歖，《說文》禧，禮吉；歖，神食氣。《禮記・曾子問》鄭注：「聲，噫歖，警神也。」此句倒文，成王噫嘻，意禧。案：噫譆 yīxī，疊韻詞，讚美詞，嘻讀如譆。既，已；昭，召請，《考正》：猶噫歌，祝神之聲。假 gé，假 jiǎ，至；爾，如語氣詞「耳」、

「矣」。率同帥，率領；時，此；農夫，農人，農奴。播，搶種；厥，其；百穀，糧食作物。

〔2〕浚浚駿字異音義同 jùn，速，又訓大；發 fā，開，墾；私，私田。終，竟，種足三十平方里，四言詩取約數，終三十里是個約數，實三十二里半平方里。《周禮·遂人》鄭注：「萬夫者，方三十三里少半里，九而方一同。」亦通奕 yì，大；服，備；爾耕，你等耕作。十千，一萬；維，其；耦 ǒu，耜類，耕廣五寸爲伐，二伐爲耦，萬人耦耕，這是對大規模農耕的藝術描繪。

韻部：爾，脂部；夫，魚部；穀，屋部；私，脂部；里，之部；耕，耕部；耦，侯部。爾私，脂部。私里，脂、之合韻。穀里，屋、之通韻。穀、耦，侯、屋通韻。

【評論】

《齊傳》《鹽鐵論·取下》：「群篤愛，臣盡力，上下交讓，天下平。浚發爾私，上讓下也。遂及我私，先公職也。」《傳疏》27「《噫嘻》，春夏祈穀之樂歌也。《月令》：孟春，天子乃以元日祈穀於上帝。此春祈穀也。」《注析》：「可見誇張言過其實的藝術手法，已濫觴於此詩。」法國文豪巴爾扎克《論藝術家》：「藝術作品就是用最小的面積驚人地集中了最大量的思想。」《噫嘻》此歌即是。

振鷺（《振羽》）

振〔鵁〕鷺于飛，于彼西雝〔邕雍〕。	白鷺振飛，羽舞翩翩在西邑。
我客戾止，	我的貴賓都來到，
亦有斯容。〔1〕	都有威儀都雍容。
在彼無惡，	都在該國無憎恨，
在此無斁〔射〕。	在此無厭眾心愉。
庶幾夙夜，	但願恭敬不懈怠，
以永終〔眾〕譽。〔2〕	以期永遠眾人譽！

【詩旨】

案：前 1035 年，周成王在奉祀文王、武王後，舉行饗禮，這是饗禮上所奏的樂歌，與祭與宴的除宗親、大臣、諸侯外，還有著名的嘉賓，時有三後助祭（舜的後裔封於陳，都宛丘即今河南淮陽；禹的後裔封於杞，都杞即今

河南杞縣，湯的後裔封於宋，都商丘即今河南商丘。其實應當還有黃帝之後奚仲封於薛即今山東滕縣南，顓頊之後熊繹封於丹陽即今湖北枝江，少昊之後茲輿期封於莒，都介根即今山東膠縣西南，太皞之後封於任即今濟南南，皋陶之後封於六即今安徽六安北。）周成王以卓越的政治家的襟懷，賦歌相勉，歡迎客至，勉以「無惡」、「無斁」、「以永眾譽」。這是助祭時的樂歌。

〔魯說〕《獨斷》：「《振鷺》一章八句，二王之後來助祭之所歌也。」

〔齊說〕《漢·匡衡傳》：「王者存二王後，所以尊其先王而存三統也。」

《毛序》「《振鷺》，二王之後來助祭也。」《編年史》繫於前 1035 年。

【校勘】

〔1〕《毛》振鷺，《齊》《孔子燕居》振羽，《蜀都賦》作鴷鷺。案：作鴷是俗人加『鳥』旁，似當作振羽，振鷺本作振羽，《齊》義為長，頌兼歌、樂、舞三種藝術，羽，白鷺羽，以其羽作為道具在廟堂作羽舞。《毛》雝，案：本字作邕，《正義》雝，楊雄《劇秦美新》注引、《唐石經》、《後漢注》80《御覽》389、524 雍，又作廱，《說文》《魯》《白虎通》邕。《毛詩音》「雝，即邕」。

〔2〕《毛》斁，《三家》《中庸》《後漢·曹昭傳》《崔駰傳》注引《韓》射，射通斁。《毛》終，《魯》《韓》眾。金文如《井人妄鐘》「永冬於告」，《三家》《後漢·崔駰傳》作眾。終通眾。

【詮釋】

〔1〕興兼賦或比兼賦，在廟堂羽舞中，宮廷舞蹈家們執潔白的鷺羽作羽舞；振，振振，群飛貌。此處賦體為主，寫西邕文舞中的羽舞。《五經稽疑》3「殷尚白，服色因之不改。其一曰『振鷺于飛』。其一曰『有客有客』，亦白其馬，皆為微子而言。」邕，邕池。西邕是西周的太學，在鎬京西郊。我，周成王。客，夏、湯、舜、黃帝等的後裔們，相對於周則為客，《左傳·僖24》：「宋，先代之後也。於周為客。」當時杞國、宋國、陳國、莒國、邾國、越國、徐國、邦國、宿國、郯國、舒國、蓼國、鄫國、鄅國、冀國、權國等便是。誠如明·朱睦㮮《毛詩稽疑》所云：「《振鷺》，為助祭諸侯作也。」相對於周王，諸侯們也是客。戾止，連語，至。亦，也；斯，此；容，容儀、禮儀。終，眾，雙聲通借，眾多。《新證》：永終，謰語。譽，聲美。

〔2〕彼，所在封國或諸侯國；無惡 wù，沒有怨恨。

韻部：魚部；斁（射 yì 讀如斁），鐸部。魚、鐸通韻。

【評論】

　　《詩總聞》19「不必以『客』，遂衍意爲『二王之後』。賓亦客也。」朱熹引陳氏：「在彼不以我革其命，而有惡於我，知天命無常，惟德是與，其心服也。在我不以彼墜其命，而有厭於彼，崇德象賢，統承先王，忠厚之至也。」《詩切》「將祭而擇貢士之歌。」《通論》：「全在意象之間，絕不著跡。」《原始》16「詩前四語雖似贊，後四語乃戒辭：在武庚則勉其令終，在微子則令其鑒往。」

豐　年

豐年多黍！多稌！	大豐年！好多黍！好多稻！
亦有高廩，	只有糧庫又大又高與雲齊！
萬億及秭〔秭秭〕，	萬萬億億多無比，
爲酒！爲醴！	釀成酒！釀成醴！
烝〔蒸〕畀祖妣，	奉獻先祖先妣前，
以洽〔祫〕百禮，	種種禮儀都周全，
降福孔皆〔偕〕。	降下幸福很普遍！

【詩旨】

　　案：據《周書・洛誥》前 1036 年 12 月 30 日，豐收後祭神，周成王在洛邑舉行烝祭。兼祭先王時報告豐收的樂章，洋溢著主祭人豐收的喜悅之情。這是秋冬報祭宗廟時的樂歌。《編年史》繫於前 1036 年。

　　〔魯說〕《獨斷》：「《豐年》一章七句，烝嘗秋冬之所歌也。」

　　《毛序》：「《豐年》，秋冬報也。」

【校勘】

　　《毛》案：本字作秭，《說文》《三家》秭，《唐石經》秭，異體，《韓》《魯》《說苑・貴德》秭，相臺本作秭。秭讀如秭。《魯》《釋詁》《毛》烝，《東都賦》注、《韓詩外傳》蒸，本字作烝，烝通蒸。案：本字作洽，《毛詩音》《考文》《唐石經》《正義》、《毛》、小字本相臺本洽，《賓之初筵》《載芟》《正義》洽。《釋文》祫，本或作洽。作祫，非。案：本字作洽，祫讀洽。《毛》皆，《魯》《說苑・貴德》《左傳・襄2》《御覽》35 偕，皆通偕。

【詮釋】

豐，大有年；黍 shǔ，高燥地區宜黍，《本草綱目》23 甘溫無毒，益氣補中，肺病宜食之。秬 tú，稻米中的粘性者，糯稻，代稱稻。《本草綱目》22 稻，苦溫無毒，能行營衛中血積，解毒，益氣，止泄，消渴，暖脾胃，止虛寒泄痢。亦通奕，大。廩 lǐn，方形糧倉。秭通秭 zǐ。古稱十萬爲億，十億爲兆，十兆爲京，十京爲垓，十垓爲秭。元·朱世傑《算學啓蒙》「萬萬曰億，萬萬億曰兆，萬萬兆曰京，萬萬京曰陔，萬萬陔曰秭。」《孫子算經》：萬萬垓爲秭。極言其多。《韓》：秭，陳穀。爲，釀成；酒，麴酒；醴 lǐ，去酒糟的甜酒。蒸畀，奉獻；畀 bì，給予；祖，先祖父；妣 bǐ，先祖母，男女祖先。以，用；祫 xiá 讀如洽 qià，協合。皆通偕；孔，甚；偕，普遍。

韻部：黍秭，魚部；妣（秭）醴妣醴皆偕，脂部。

【評論】

《魯傳》《類聚》45 引漢·王粲《務本論》：「古者之理國也，以本爲務。八政之於民也，以食爲首。是以黎民時雍，降福孔皆也。」《原始》17 引《匯纂》曹粹中云：「詳觀此詩言黍秭之多，倉廩之富，而得爲此酒醴以饗祖考，祫群神，祀事無缺，而百禮咸備，皆上帝之賜，故曰『賜福孔皆』也。」《注析》「此詩純用賦體，不雜比興。全詩的『詩眼』在『爲酒爲醴』一句。前此三句說明釀酒醴的原因，後此三句說明釀酒醴的目的。寥寥數語，樸實無華，卻將祭祀的原因、目的、對象和祭品等都道盡無遺。初讀似覺過短，實際上辭嚴義密，不可增減，是《周頌》中的上乘之作。」

有 瞽

有瞽〔鼓〕有瞽〔鼓〕，	盲人樂師，盲人樂師，
在周之庭。	演奏在大周王庭。
設業設虡〔簴鐻鉅〕，	樹好了樂器支架，
崇〔樅〕牙樹羽，	齒牙插有五彩鳥羽，
應、田〔軸楝〕、縣鼓，	小鼓、大鼓、懸掛的鼓，
鞉〔韶〕、磬、柷〔祝〕、圉〔敔〕。〔1〕	搖鼓、磬、節樂的柷，止樂的敔，
既備乃奏，	已經齊備就奏樂章，
簫管備舉。	排簫、管笛一齊吹奏。
喤喤厥聲，	多悅耳，樂聲喤喤！

肅雝〔雝雍〕和鳴，　　　　　　肅敬諧和，樂器和鳴，
先祖是聽。　　　　　　　　　　演奏給先祖們聆聽。
我客戻止，　　　　　　　　　　我的貴客們都涖臨，
永觀厥成。〔2〕　　　　　　　　可以深深地觀賞音樂合成。

【詩旨】

案：前 1045 年 2 月 17 日，善於吸納融攝的周朝樂團在祭祖時在太廟庭上演奏此樂章，一展音樂合成之美、盲人音樂家的藝術魅力，處於興盛期的泱泱大國之風，「有瞽有瞽，在周之庭」，「我客戻止，永觀厥成」，耐人尋味。此篇至《有客》《編年史》繫於前 1035 年。

〔魯說〕《獨斷》：「《有瞽》一章十三句，始作樂合諸樂而奏之所歌也。」

《毛序》：「《有瞽》，始作樂而合乎祖也。」

【校勘】

案：疑爲「在周之庭，有瞽有瞽」，才叶韻。後人錯簡。《毛》《魯》《九章注》《唐石經》瞽，《考文》鼓，《釋文》瞽，本或作鼓，案：鼓讀如瞽。《毛》虡，《禮儀・既夕》注作簴，又作鐻、鉅。案：本字作棘鞀，崇《集韻》樅，便於懸掛鐘鼓磬的簨上牙，《說文》《九經字樣》作鉖，《毛》田，《三家》《樂記》《釋樂》《周禮・大師》《箋》《單疏》《六經正誤》《廣雅》《宋書・樂志》《廣韻》《集韻》棘，田讀棘。《毛》鞀鼓，《釋文》字亦作鞉。鞀又作鞉、韜。《毛》柷，《書・益稷》柷、敔，《漢紀》《修堯廟碑》祝，祝通柷，鼓讀如敔。《魯》《齊》《釋樂》《周禮・小師》韜、敔。《毛》雝，《樂記》雍，《爾雅》郭注作雝，音義同。

【詮釋】

〔1〕有瞽，鼓讀如瞽，瞽 gǔ，盲人樂師。庭，太廟之庭。設，陳設，懸掛鐘磬鼓的橫木名業，懸掛鐘鼓的支架的立柱名虡。崇樅 cōng，上有衝牙，好懸掛鐘磬；樹羽，插上五色彩羽。應，鞞鼓，小鼓；田讀如鉖（棘）棘 yǐn，長 6 尺 5 寸，擊小鼓導引樂聲；縣，懸，懸掛鼓。鞀（韜鞉）táo，有柄的搖鼓；磬，其聲磬磬然，用於控樂奏；柷 zhù，又名木椌，椌，控，據《呂覽・仲夏紀》注、《王制》注：用於節制奏樂的樂器；鼓通敔 yù，形如伏虎，背上有二十七鉏鋙 juyu 刻，用木尺擊打，用於止樂的樂器。

〔2〕備，齊備；奏，演奏樂章。《通典・通考》簫，按一組長短不等的細竹管、音律編成的竹管樂器，《荀・樂論》：「金、石、絲、竹，所以道（導，

引導）德（修養道德）也。」早在前 8000 有骨笛，1987 年河南舞陽出土。管，長一尺六孔的管笛；備，全；舉 jǔ，讀如與，一起演奏。喤喤，擬聲詞，鐘鼓聲。肅雍，肅肅雍雍，莊嚴，整飭，雍容；和鳴，合乎旋律，和諧，合成，有美的愉悅。先祖是聽，演奏給先祖的神靈聆聽。我客，夏商後裔的代表人物；戾止，至。永，深；觀，聆聽，觀賞；厥，其；成，大型音樂舞蹈合奏成功。《詩記》《詩集傳》訓成為樂闋（樂曲演奏完成）。

韻部：瞽虡（鐻鉅）羽鼓圉（敔）舉（讀如與），魚部；庭聲鳴聽成，耕部。

【評論】

《虞夏書・大禹謨》宣導「允執厥中」，儒家主中和，《禮記・中庸》：「致中和」，《論語・子路》：「子曰：『君子和而不同，小人同而不和。』」《嵇中散集・聲無哀樂說》：「播之以八音，感之以太和。」《詩總聞》19「首兩句總起，下兩句（當是下五句）叶『瞽』，又下五句叶『庭』，分叶首兩句，此詩人別一規制。此當是武樂。」《詩志》8「淨鍊之極，自然濃緻，古韻琅琅可誦。」案：興盛期的周朝太廟祭祖合奏給人言簡而意豐、場面宏闊，合奏有和諧美，樂器有鐘磬鼓、有管樂器，又有聲音的描繪，如金奏則「喤喤厥聲」，又有用於節制樂器、止樂的柷敔，且有音韻美，詩人標題以「有瞽」則顯示周初重用盲人樂師以人盡其材。

潛

猗與〔歟〕漆沮，	美歟！古老的漆、沮！
潛〔涔槮槮楷糂罧〕有多魚。	罧中有好多好多的魚！
有鱣有鮪，	有大黃魚有王鮪、鱘魚，
鰷〔鯈鰍〕鱨鰋鯉，	有白鰷、黃鱨、鯰魚、赤鯉，
以享以祀〔礿〕，	用以冬春的享祀，
以介景福。	以祈求更大的福祉！

【詩旨】

案：據《齊》《樂記》「大饗之禮，尚玄酒而俎腥魚（用生魚為祭品）」與「猗歟漆沮」，大約是周部落在其大本營岐周時代以生魚在太廟薦獻祖宗時所唱的樂歌，一直沿襲到成王時代，前 1036 年舉行冬祭所奏的樂歌。因為渭水支流漆沮水流域是周國的發祥地，這是周代國王朝聖祭祖的樂歌。其實，漁獵業、農耕業、畜牧業、馴馬業、青銅業、玉器、漆器、蠶桑業是當時七大

產業，漁業則尤早，仰紹文化的魚紋陶盆，龍山文化的魚鏢、魚鉤、網墜，而此詩積柴餵食以養魚捕魚，「以享以祀，以介景福」，是敬祖歌，又是祈福歌，則表現了周部落以及中華民族傳統的祈福心理、求福之心。六句詩蘊含了深邃的主旨。《編年史》繫於前 1036 年。

〔魯說〕《獨斷》：「《潛》一章六句，季冬薦魚春獻鮪之所歌也。」

《毛序》：「《潛》，季冬薦魚，春獻鮪也。」

【校勘】

案：本字作歟，《毛》猗與，s5705 猗，與猗讀如歟。《初學記》頁 323 作歟，案：與通歟。案：正字作罧，《毛》潛，椮，別字，《說文》罧，《魯》《韓》《長笛賦》注引 904 年抄《玉篇》引《韓》《毛》作涔，潛古字，《釋器》《小爾雅》椮，《說文》《傳》《釋文》《考文》《御覽》834 引郭舍人、《定本》椮。潛楉椮椮糂涔通罧罧。《毛》鰷，《說文》《莊・秋水》《廣雅》《景福殿賦》注引作鯈，《釋魚》鮂，《玉篇》鮂或作鮋，《釋魚》《釋文》鯈本亦作鮋，《段注》鯈字亦作鰷、鮋，俗作鰷，《說文義證》字或作鰭，s5705 號作鰍，案：本字作鯈，隸變為鰍，俗作鰷，鮂鮋鰭異體。s5705《毛》鱣，《唐石經》鱣，同。《毛》祀，《唐石經》祀，當為祀。

【詮釋】

猗與，猗歟，讚美之詞。漆沮水流域是周的發祥地，文物考古發掘極多發現，多有周極悠久的農業史、青銅史、文字史史料以及對夏、商文化技術的融攝。漆，漆水河，源自今陝西麟遊縣西，東南流經武功縣注入渭河；沮 jū，沮水，在陝西彬縣、岐山一帶。罧罧 shèn，積柴于池，冬天魚依木而聚免冰，喂以米食，又利於捕。鱣 zhān，大黃魚，《本草綱目》44 甘平，利五臟，肥美，治惡血疥癬。鮪 wěi，又名鮥 luò、鱏 xùn；鱣色青黑，鼻長，其身修長，其味肥美，魚中珍品，甘平無毒，補虛下氣，殺腹內小蟲，治血淋，《月令》：「季春天子薦鮪於廟。」鰷鯈 tiáo，白鰷魚，狹長，江、淮稱鮆cān 魚，甘溫無毒，暖胃，止冷瀉。鱨 cháng，又名黃鱨，無鱗，能飛，甘平無毒，醒酒，祛風，消水腫，利小便，燒灰治瘰癧久潰不斂及諸惡瘡。鰋 yǎn，又名鯰，鮧，甘溫無毒，治百病，療水腫，利小便，消渴疾。故以鯰魚薦廟。鯉 lǐ，赤鯉魚，甘平無毒，治咳逆上氣、黃疸、止渴、治水腫腳滿、下氣胎氣不足、利小便、妊娠水腫等。以，用；享祀，進獻祭祀。以，以之；介通匄 gài，祈求；景，大；福，福祐、福祚。

韻部：沮魚，魚部；鮪鯉祀，之部；福，職部。之、職通韻。

【評論】

《續〈讀詩記〉》3「薦魚獻鮪，蓋在禴祠烝嘗之外也。是詩也，言其魚之所出與其魚之名以告於先祖云爾。」《觀堂集林·說周頌》「《頌》之所以多無韻者，其聲緩而失韻之用，故不用韻。」案：《頌》聲舒緩，至於《周頌》「故不用韻」，從實際分析，其實極少，此詩以樸淳而有音韻美的詩歌語言，饒有情味。

雝〔雍〕

有來雝雝〔雍〕，	來助祭的和和睦睦，
至止肅肅。	來到太廟虔敬嚴肅。
相維辟公，	助祭的有諸侯們，
天子穆穆〔穆穆〕。〔1〕	國王神情端莊肅穆。
於！薦廣牡，	嗚呼！薦獻高大的公牛，
相予肆祀〔祀〕。	幫助我陳列祭品獻祀。
假哉！皇考，	偉大啊！父皇，
綏予孝〔小〕子。〔2〕	安撫我這孝子！
宣哲維人，	明哲睿智的群臣，
文武維后。	文王、武王是英明的國王。
燕及皇天，	安定江山，
克昌厥後。〔3〕	能夠使子孫萬代榮昌。
綏我眉壽，	安保我長壽，
介以繁祉。	祈求福祉萬年長。
既右〔有佐〕烈考，	既尊尚功業顯著的父王，
亦右〔有佐〕文母。〔4〕	又尊尚富有文德的文母請她安享！

【詩旨】

案：前1035年2月17日，周成王在雒邑太廟禘祭始祖、天神與周文王、太姒與周武王時所演奏的樂歌（黃盛璋《保卣銘的時代與史實》、唐蘭《西周青銅器銘文分代史徵》）歌頌了「假哉皇考」、「文武維后」，抒發了「克昌厥後」的祈福之情，祈請周文王等歆享。《詩切》：成王大享於先公先王，以周公配食之歌。

〔魯說〕《獨斷》:「《雝》一章十六句，禘太祖（周文王）之所歌也。」《正義》同。

〔齊說〕《三禮義宗》引《韓詩內傳》:「禘，取毀廟之主皆升合食於太祖。」

〔韓說〕杜佑《通典》49 引《韓詩內傳》:「禘，取毀廟之主皆升合食於太祖。」

《毛序》:「《雝》，禘大（SS705 作太，大讀太）祖也。」朱熹《詩集傳》19「此武王祭文王之歌。」《傳疏》:「此時禘之樂歌也。」

【校勘】

〔1〕案:本字作雍，隸寫作雝，《單疏》雝，《三家》《論語》《周禮注》《漢・劉向傳》《韋玄成傳》《後漢・章帝紀》注、《文選注》20、25、27 S5705《唐石經》《御覽》518 作雍，音義同。《三家》《劉向傳》《周禮注》《毛》穆，《唐石經》穆，避唐諱。《毛》祀，《唐石經》祀，當爲祀。

〔2〕《毛》孝子，《讀詩記》小，當作孝。

〔4〕《毛》介以繁祉，《考文》「祉」後有「矣」。案:此詩四言詩，此處不宜多一「矣」字。《毛》右，《後漢》《和熹皇后紀》《何敞傳》《張酺傳》引作「有」。《考文》作「左」。案:此詩是禘祭這樣大型祭祖典禮上的樂歌，結穴處當是請祖上的英靈歆饗，故左、右、有，助。

【詮釋】

〔1〕第一層:有來，來，來助祭者;雍雍，柔和恭敬貌。至止，連語，至;至太廟者;肅肅，肅穆虔敬。相，來助祭者;辟公，諸侯們。天子、孝子，周成王;穆穆，端莊、恭敬。

〔2〕第二層:於 wū，嗚呼!薦，薦獻祭牲;廣牡，高大的公牛。相，相助祭;肆祀，陳列祭品。假哉，嘉哉，愛偉之謂;皇考，已故的含父考、祖考。此處皇考、烈考，周武王。綏，安撫;予，我，周成王自稱。

〔3〕第三層:宣哲，宣睿聲近通借，悊 zhé，宣哲即睿哲，明哲，睿智;維人，群臣，周公、邵公等。《大克鼎》「天子明悊（哲）」《中山王䝼方鼎》:「於虖折朿（嗚呼哲哉）」!文武，周文王、周武王;維，助詞;后，國王。燕，安，安定;皇天，天地江山。克，能;昌，興旺昌盛;厥，其;後，後代子孫，此句爲倒句，爲協韻，期以子孫萬代昌盛。

〔4〕第四層:綏，安;我，成王;眉壽，長壽，周武王沒時成王姬誦尚是童子，前 1024～前 1035 年周公攝政，前 1035 年正月元日成王親政，前 1021

年病歿。介，祈求；繁，多；祉，福祉。有，右，尊尚。烈考，功業顯著的周文王；文母，文，美大之詞，富有文德的太姒。《列女傳》:「大姒仁而明道，思媚大姜、大任，且夕勤勞以進婦道。大姒號曰文母。」

韻部：雝（雍）公，東部；肅穆，覺部；牡考壽考，幽部；祀子祉母，之部；人天，眞部；后後，侯部。

【評論】

《後漢·崔琦傳》《外戚箴》:「昔在帝舜，德隆〔女〕英、〔娥皇〕。周興三母（太王之妻太姜化導太伯、仲雍、王季；王季之妻太任，生文王姬昌；文王之妻太姒，生武王姬發、周公姬旦、召公姬奭等十男，有莘崇湯。）」《詩誦》4，「全篇隔句用韻，四句一換韻。《周頌》中最整飭之作。」《注析》「首二句『有來雝雝，至止肅肅』，是對偶。中二句『宣哲維人，文武維后』，末二句『既右烈考，亦右文母』，是排比。」《新詮》「句句協韻，至為少見。『綏我眉壽，介以繁祉』，兩句對文。」

載　見

載見辟〔載來見彼〕王，	初來朝覲大周國王，
曰〔聿〕求厥章。	祈求給予法典憲章，
龍旂陽陽，	交龍大旗分外鮮亮，
和〔鈢〕鈴央央〔鉠英〕，	和鈴鑾鈴鳴聲和諧，
鞗〔鑒 tiáo〕革有鶬〔鎗瑲〕，	馬轡銅飾映日鎗瑲，
休有烈光。	休休然滿有榮光！
率見昭〔佋〕考，	一起奉祀周武王廟，
以孝以享。	獻供品祈請歆享。
以介眉壽，	用來增加咱們長壽，
永言保之，	永遠保佑福祚綿長，
思皇多祜。	願增福祜無疆。
烈文辟公，	有功業有文德諸侯，
綏以多福，	賜予福祿多多，
俾〔卑俾〕緝熙于純〔紃〕嘏。	使光明福祜萬年長。

【詩旨】

案：前 1035 年，周成王親政，諸侯們首次朝見，到太廟祭祀開國元首周

武王，其時所奏的祈福歌。（或爲前966年，周穆王時諸侯祭武王等詩，詳《逸周書匯校集注（修訂本）》頁930與李山《詩經的文化精神》）

〔魯說〕《獨斷》「《載見》一章十四句，諸侯始見於武王廟之所歌也。」《正義》同。

《毛序》：「《載見》，諸侯始見乎武王廟也。」

【校勘】

《毛》載見，《墨·尚同中》「載來見彼王，聿求厥章。」案：墨子是先秦顯學，墨家的祖師。此詩首尾二句突破四言詩藩籬，當是頌中口語化的痕跡，而非盡一味奧古，比較可信。《毛》曰，《尚同中》聿，曰、聿，語詞。《毛》和鈴央央，徐邈央央音英英，《玉篇》《廣韻》鉠，《眾經音義》7和鳴，似當作和鈴央央，《魯》《呂覽·古樂》英英，《魯》《玉篇》《東京賦》注引《毛》作鉠鉠，是後起字。《唐石經》《傳》《箋》鞗，《唐石經》《釋文》小字本相臺本《大戴禮記》盧注引《韓》鯈，《說文》《齊》鋚勒有瑲，《正義》鎗，《釋文》鶬，本亦作鎗。音義同。案：《毛》《唐石經》俾，《釋文》卑，本亦作俾，《考文》卑，則《毛》本作卑，俾字之省借。《說文》《毛》純，《唐石經》紃，避唐敬宗諱。

【詮釋】

〔1〕第一層：載，始；見，朝見；辟王，國王，周成王。彼王同。曰昄，發語詞，諸侯們向新國王求什麼？祈求法典憲章。《集解》：「新君即位，諸侯來朝，求新法度文章。」《頌鼎》：「頌拜稽首，受命冊，佩以出，反入，覲章。」

〔2〕第二層：龍旂，繡有交龍圖案的旗；陽陽，明明。和，鉠，車軾的鈴；鈴，車衡上的鈴；央央，鉠鉠，英英 yīngyīng，和諧。鞗勒，鋚 tiáo 勒，馬轡頭，青銅裝飾品；鎗瑲鶬音義同。有鶬，鶬鶬 qiāng qiāng，即鎗鎗，鏘鏘作響，此指馬轡銅飾。休，休休然，美盛；有烈光，有榮光，有功烈，有榮耀。

〔3〕第三層：率，一齊；見，拜見；昭考，《說文》：佋，廟佋穆，父爲佋，南面；子爲穆，北面。此處佋，周武王，（周太廟，太祖居中，左昭武王，右穆文王，）諸侯們隨成王奉祀武王。孝享，獻祭，請歆享。嗅，香氣。以，用以；介，求；眉壽，長壽。

〔4〕第四層：永言保之，周初典籍金文通語，祈請武王等的英靈保佑福

祚永遠，江山鞏固。思，發語詞；皇，國王；祜 hù，大福。烈文，功業顯著又有文德；辟公，先王先公。綏，賜以；多福，更多的福祿。

〔5〕第五層，作結。俾，以使；緝熙，光明，發揚光大；純嘏 gǔ，大福。

韻部：王章陽央鶬光享，陽部；考壽保，幽部；祜嘏，魚部；之，之部；福，職部。之、職通韻。

【評論】

《詩解頤》：「諸侯之來朝，將以稟受法度也。而我乃率之以祀武王，何也？蓋先王者，法度之所從出；而宗廟者，又禮法之所由施也。」《詩誦》4：「前六句連句韻，後六句三句得韻中，以『率見昭考』二句另調作關紐，『率見』句承上，『以孝』句起下，移宮換羽，節奏朗然。」《會通》引舊評：「起層不急入助祭，舒徐有度。末以長句作收。」

有 客

有客有客，	尊貴的客人，尊貴的客人，
亦白其馬。	他騎著那匹白駿馬。
有萋〔縷〕有且，	縷縷裾裾多風采，
敦〔雕〕琢其旅〔旅〕。〔1〕	厚續其福。
有客宿宿，	挽留他們住了兩宿，
有客信信！	再挽留住了四宿。
言授之縶〔𩥿〕，	用絆馬索絆好馬足，
以縶〔𩥿〕其馬。〔2〕	拴住馬兒留住貴客！
薄言「追之！」	「追留餞行！」
左右綏之。〔3〕	卿大夫撫慰，貴客安往。
既有淫〔壬〕威，	他已有大德大法，
降福孔夷！〔4〕	自然降福很廣。

【詩旨】

案：前1035年左右，在全國太平後，周王命微子來朝助祭，封於宋，周成王祭祀周文王、周武王，行饗禮，奏此歌，表示對微子尊重並加挽留，卿大夫一再挽留，實因其大德，「既有淫威（大德），降福孔夷」，而「有客宿宿，有客信信！言授之縶，以縶其馬」，後成爲禮儀之邦的象徵，成爲醇情留客的

佳話。這是周成王爲微子助祭周祖廟餞行並抒發一再挽留之情時所奏的樂歌。《有客》《振鷺》，夏、商之後來周助祭時的樂歌。

〔魯說〕《獨斷》：「《有客》一章十三句，微子來見祖廟之所歌也。」

〔齊說〕《白虎通・三正》：「《周頌》曰：『有客有客，亦白其馬？此微子朝周也。」

《毛序》「《有客》，微子來見祖廟也。」

【校勘】

《毛》敦琢，徐邈音彫，敦古字，《唐石經》敦琢，同。《毛》縶，《毛詩音》縶，同虆。《毛》淫，《毛詩音》淫，即壬。案：淫讀如壬。

【詮釋】

〔1〕第一層周稱微子爲客，《齊說》《白虎通・王者不臣》：「王者不臣二王之後者，尊先王，通天下之三統也。《詩》云：『有客有客，亦白其馬。』謂微子朝周也。」《史記・宋微子世家》：微子，名啓，見商衰亡，數諫商紂王，不聽。微，封號，商紂的同母庶兄，紂王卿士，子，爵位，周公滅武庚後，封微子於宋（今河南商丘），爲周宋國始祖，有《微子》傳世。亦，助詞；白馬，《檀弓》「殷人尙白」。有萋，萋萋，縷縷 qīqī，有且，且且 jūjū，《荀・子道》「是裾裾也」，縷縷裾裾 jūjū，趿趿，蹌蹌，萋萋且且，敬愼貌。《通釋》：「皆以狀從者之盛。」

敦琢，雕琢；旅通侶，隨從，隨從修養也如治玉雕琢般無可挑剔。言微子及其隨從禮節甚恭。《新證》：敦琢其旅，應讀作純屬其魯，言厚續其福。

〔2〕第二層：《魯說》《釋訓》：「有客宿宿，言再宿也。有客信信，言四宿也。」《義府》信讀如申 shēn，申，重，再宿。言，焉，乃；虆 zhù，殷勤地授部屬以縶 zhì，絆馬足的繩，以示挽留客人。謂王庭殷勤款待微子及其隨從。

〔3〕第三層，餞行。薄言，語詞；追 zhuī，殷勤，送行。左右，卿大夫；綏 suī，安。

〔4〕第四層：總結：有大德受大福。既，已；《釋詁》淫 yín，大。《魯》《釋言》威 wēi，則也，《周書・酒誥》：用燕喪威儀。《廣雅・釋言》威，德也。《周書・君奭》：「有殷嗣天，滅威。」孔，很；夷 yí，大，常，廣。

韻部：客，鐸部；馬且（裾）旅，魚部。魚、鐸通韻；宿，沃部。魚、

沃通韻。信（讀如申），眞部；縶，緝部；馬，魚部。魚、緝通韻。追綏威，微部；夷，脂部。微、脂合韻。

【評論】

《古義》10「微子助祭於周，畢事而歸，王使人燕（宴）餞之而作此詩。」《詩志》8「周家忠厚，微子高潔，此詩俱見。」《原始》17「起得飄然。」

武

於皇！武王！	嗚呼！偉大！周武王！
無競〔競〕維〔惟〕烈！	功業偉烈誰能比你強？
允文文王！	確有偉大文德啊！文王！
克開厥後〔逡逡〕。	能把偉大的事業開創！
嗣武受之，	武王繼承文王大業而受之，
勝殷遏劉〔鎦〕。	戰勝商紂，又禁止殺戮，
耆〔耇〕定爾〔武〕功〔公〕！	大功成就威名揚！

【詩旨】

吳季札「見舞《大武》者，曰：美哉！周之盛也，其若此乎？」（《左傳‧襄29》）《孔子詩論》簡二「訟（頌）坪（平）惪（德）也，多言逡（後）。」案：據《左傳‧宣12》《荀‧儒效》《呂覽‧古樂》，此詩作於伐紂後，前1046年12月24日，在周武王滅商王紂後，割取敵馘，祭周文王後，周武王作《武》詩在祭祀中演奏，抒發克紂開國的勝利豪情。《逸周書彙校纂注（修訂本）》頁414～446：「越五日甲子朝，至，接于商。則咸劉商王紂，執天惡臣百人。太公望命禦方來；丁卯，望至，告以馘、俘。戊辰，王遂禋，循自祀文王。時日，王立政。……壬子，王服袞衣，矢琰，格廟。籥人造，王秉黃鉞正邦君。……籥人奏《武》。王入，進《萬》，獻《明明》三終。《魯說》《風俗通義‧聲音》：「武王作《武》。」

〔魯說〕《獨斷》：「《武》一章七句，奏《大武》，周武所定一代之樂之所歌也。」

《毛序》：「《武》，奏《大武》也。」

【校勘】

《毛》維，《左傳‧宣12》惟，維通惟。《毛》後，《孔子詩論》簡二作逡，

遂後古今字。《毛》劉，《說文》鎦，古字。《漢石經》《左傳》《毛》爾，《魯》《風俗通・皇霸》作武，師受不同。《唐石經》《毛》耆、功《漢石經》耆、公，同。公通功。

【詮釋】

楊合鳴（2004）《〈詩經〉・大武組詩考辨》考定大武舞六成組詩：一、《酌》；二、《武》；三、《三般》；四、《賚》；五、供；六、《桓》。於 wū 嗚呼；皇，大，偉大，讚美詞。《靈臺詩》「於皇樂胥」。如《魯說》《風俗通義》1「煌煌盛美，不可勝量」；突出開國英主周武王告祭文王，武王，是生時已號，吉金銘文已有證明。《禮記・樂記》引孔子云：「總幹而山立，武王之事也；發揚蹈厲，大公之志也。《武》亂皆坐，周、召之治也。且夫《武》，始而北出，再成而滅商。」烈，功業。允，確實；文，富有文德；文王，姬昌。克，能夠；開，開創；厥，其，周代基業。嗣，繼；武，周武王大業，周武王繼承周文王大業而受之，《盂鼎》「才王武（在武）王嗣玟（文）乍（作）邦」。「勝殷」，戰勝殷紂王；遏劉，遏止殺戮。《商書・盤庚》：「重我民，無殺劉！」耆讀如底 dǐ，致成；爾，其，或如《魯》《風俗通義》一作「武」，武功，爾，此，克殷的武功。

案：王、王，陽部；後，侯部；劉，幽部；烈，月部；之，之部；功，東部。不僅幽、侯通韻，幽、月相轉，而且之、幽相轉，之、侯相轉，陽聲韻東陽相轉。案：《詩經》曾被管絃，傳唱諷誦，不宜隨意說「無韻」。

【評論】

前 544 年，吳季札見舞《大武》，唱此歌，云：「美哉！周之盛也，其若此乎？」《孔子詩論》簡二「訟坪惪（頌平德）也，多言遂（後），丌（其）樂安而犀（遲：舒緩），其訶（謌，歌）紳（壎）而茡（篪）。」《齊傳》漢・董仲舒《春秋繁露・楚莊王》：「舜時，民樂其昭堯之業也，故《韶》。『韶』者，昭也。禹之時，民樂其三聖相繼，故《夏》。『夏』者，大也。湯之時，民樂其救之於患害也，故《護》。『護』者，救也。文王之時，民樂其興師征伐也，故《武》。『武』者，伐也。」《續〈讀詩記〉》3「舞《大武》而歌是詩也。其辭意與《桓》類，大要頌武功而歸功於文德也。」《詩傳注疏》下，「開之者文王之文德，定之者武王之止殺。信乎！不嗜殺人者能一天下也。」《注析》引舊評：「夾入文王，曲折有致。」

卷二十八　周頌三

閔予小子

閔予小子

閔〔潛憫〕予小子，	可憐我小子，
遭家不造，	家遭不幸甚悲傷，
嬛嬛〔嬛𠉎𠉎惸䍃〕〔余予〕在疚〔疢〕。〔1〕	孤獨我在哀傷。
於乎！皇考！	嗚呼！父王！
永世〔廿世〕克孝。	我永遠能孝祭父王。
〔念〕茲〔茲我〕皇祖，	思念我偉大的文王，
陟降庭〔廷〕止。〔2〕	英靈降臨庭堂。
維予小子，	我小子，
夙夜敬〔敬〕止。	朝朝暮暮虔誠敬仰。
於乎！皇王，	嗚呼！偉大的父王！
繼序〔緒〕思不忘！〔3〕	繼承大業永不忘！

【詩旨】

　　案：前 1035 年，周成王親政朝於在太廟用賦體誠摯地向周文王、周武王的神靈抒發綿綿不已的哀思，表達「夙夜敬之」的意向與「繼緒不忘」的壯

志，爲開啓周代成康之治奠定思想礎石。這是其時所奏的樂歌。《閔予小子》至《小毖》周成王即位前宗廟樂歌。《編年史》此以下四篇繫於前 1035 年。

〔魯說〕《獨斷》：「《閔予小子》成王除武王之喪，將始即政，朝於廟之所歌也。」《正義》同。

《毛序》：「《閔予小子》，嗣王朝於廟也。」朱熹《詩集傳》19：「成王免喪，始朝於先王之廟而作此詩。」《詩故》10「成王免喪，周公作此以啓誨於王，勉之以法祖也。非朝於廟也。」

【校勘】

〔1〕《毛》閔，古字，《魯》蔡邕《胡公夫人哀贊》湣。《漢石經》《五經文字》罠，《毛》嬛嬛在疚，嬛，俗字。《說文》煢煢在疚，《齊》《漢·匡衡傳》《後漢·章帝紀》《集注》惸惸在疚，《考文》煢，案：晉·潘岳《寡婦賦》李注引《韓》「惸惸余在疚」，《魯》《左傳·哀 16》《孔子世家》「煢煢余在疚」，《左傳》《韓》本作「煢煢余在疚」、「惸惸余在疚」五字句，與末句「繼序思不忘」句式相同，應視爲可信。煢惸嬛嬛同。煢是煢字之誤。《毛》念，《漢石經》《唐石經》念，同。《毛》茲、庭，《齊》《漢·匡衡傳》我。《毛》廷。《毛》疚，《說文》疚，音義同。嬛嬛在疚，《左傳·哀16》煢煢余在疚，「余」承上文「予小子」，又貫通下文「繼序思不忘」，當是淺人刪去余以成四字句。

〔2〕案：本字作世，《單疏》《毛》丗庭，《唐石經》避唐諱。《齊》《匡衡傳》廷。庭廷通。

〔3〕《毛》敬，《單疏》敬，避宋祖諱。

【詮釋】

〔1〕閔，憫、湣。予小子，謙稱，上古常語，我，如《湯誓》「台小子」，《太甲中》「予小子。」案：《傳》訓造爲成，誤。案：不，結構助詞；造、蹙上古齒頭音清、精鄰紐，造通蹙 cù，悲傷。煢煢，孤獨，疚疚，病。

〔2〕皇考，武王。成王表示：永世，永遠；克，能；孝，盡孝心。念，思念；茲，我；皇祖，文王。陟降，成語，自高降臨；庭廷同，太廟庭堂。止，語氣詞。

〔3〕維，語詞；第一層與本層予小子，都是成王自稱，「予小子」是商、周常用語，如《湯誥》「肆（故）台（我）小子」，《泰誓》「肆予小子發（所以我小子姬發）」。夙夜，早晚，敬，慎，敬慎，勤於國事。止，之。皇王，

偉大的周武王，予，我；繼，繼承；序讀如緒，功業，《君牙》：「惟余小子嗣守文、武、成、康遺緒。」思，語詞；不忘，永不淡忘，此句倒句，爲協韻，不忘繼緒。《魯傳》《新書・修政語》記載周成王少年時請教太師、周文王、周武王的謀士鬻子，鬻子云：「政曰：興國之道，君思善則行之，君聞善則行之，君知善則行之，位敬而常之，行信而長之，則興國之道也。政曰：爲人下者敬而肅，爲人上者恭而仁，爲人君者敬士愛民，以終其身，此道之要也。」

　　韻部：子，之部；造，幽部；疚（宊），之部；考孝，幽部；祖，魚部；庭（廷）、敬，耕部。止止（之），之部；王忘，陽部。之、幽通韻。魚、之合韻。耕、陽合韻。

【評論】

　　《六帖講意》「此詩首三言，何等悲愴怨慕。即此便見守成之難，即此便是守成之本。」《詩通》：「開口說個『閔（潣）』字，含許多悽愴。其可閔在下二句。國家新造未集，又以皇考限世，豈不可閔？此三句就有懼繼序（緒）之未能意。『永世克孝』，以續緒繼述言。不言己之念皇考，而但追想皇考之平生，正思念眞切處。」褚斌傑教授：「這首詩先訴先王去世後的哀痛，再頌先王之美德，最後化悲痛爲力量，表明自己緒志不忘的決心和責任。章法嚴謹，條理井然，一詩而三轉折，感情亦隨之起伏四蕩。這篇詩的章法格局，爲後世哀祭體作品所取法。」

訪　落

訪予落止，	我今日開始親政，向諸位諮詢參謀，
率時〔是〕昭考。〔1〕	恪遵英明的父王，
於乎！悠哉！	嗚呼！任重道遠！大業創，
朕未〔不〕有艾〔乂〕。	我未有良輔輔相。
將予就之，	請輔弼我成就大業，
繼猶判渙〔伴奐〕。	繼承宏圖須剛強！
維〔惟〕予小子，	我小子，
未〔不〕堪〔堪〕家多難。	未能承受家中多難。
紹庭上下，	講明公正直定賞罰，
陟降厥家。〔2〕	升遷，降貶，秉公決斷。

休〔庥〕矣皇考，　　　　　　偉大啊父王，
以保明其身。〔3〕　　　　　　我當勤勤勉勉！

《漢石經》《訪落》《敬之》《小毖》。

【詩旨】

案：前1035年，這是周成王祭祖後，在明堂親政大典上所奏的樂歌，表現了少年國王的憂患意識，明令群臣群策群力輔弼成王成就大業，宣示明確以公正明直賞罰以決定官員升遷或降貶的根本原則，向列祖列宗宣誓乃勉勉不已的政治決心。據《史·樂書》，周成王作此詩，這是周成王謀政於周武王廟時所奏的樂歌。

〔魯說〕《獨斷》：「《訪落》一章十二句，成王謀政於廟之所歌也。」《正義》同。

《毛序》：「《訪落》，嗣王謀於廟也。」《集解》李樗：「言始之不可不慎，此《訪落》之所以作也。」

【校勘】

〔1〕《毛》時，《毛詩音》旹，讀是。

〔2〕《毛》艾，徐邈讀刈。案：艾讀如乂 yì，〈古〉疑月。《毛》判渙，《論語·先進》哤，《玉篇》伴換《漢·敘傳》叛換，伴換，叛換。《釋文》渙音奐。判渙、伴奐，疊韻詞。《毛》維，《漢石經》惟，同。《毛》未，《漢石經》不。

〔3〕《毛》休，《考文》《集韻》庥 xiū。通作休。

【詮釋】

〔1〕訪予落止，予訪落止，《魯》《釋詁》：訪，謀；落，方略。予，我。周成王親政而向大家訪求謀略。《新證》：訪予落止，應作方予格止，蓋因格廟而思及率循昭考也。止，語氣詞。率帥，將；時，效法；《管·四時》：「時則必順天之所以來」，昭考，周武王。蘇轍《集傳》：此篇皆爲成王之言。

〔2〕於乎，感歎詞；悠哉，關係遠大。朕 zhēn，我；未有，尚沒有能；艾乂 yì，相，治理好國家的良相良輔。將 jiāng，扶將，扶助，輔弼 bì；予，我；就，成就。繼，繼承；猷，猷，宏圖大業。案：判渙、伴奐、畔援、畔哤，疊韻詞，剛強、威猛貌。又訓爲大，發揚光大。未，不；堪，承受；家，家國；多難 nàn，多患難，前1043年武王歿，前1042年，由奄君、薄姑與武

庚初謀，管叔、蔡叔之變，武庚、淮夷、徐、奄、熊、盈等國叛周。維予小子，即《大誥》「予惟遷、貶職。《竹書紀年》：「成王元年，周公誥諸侯於皇門。」《逸周書匯校集注》頁545—」。案：紹通昭，昭，明示；庭 tíng，庭，直，剛直，公正正直，以決定官員升。小子—559：「維其開告於予嘉德之說，命我辟王小至於大。……乃維其有大門宗子勢臣，內不茂（勉）揚肅德，訖亦有孚，以助厥辟，勤王國王家。……朕蓋（進）臣，夫明爾德以助予一人憂，無維乃身之暴皆郵。爾假（借）予德憲，資（用）告於元（善）。」

〔3〕休（烋）xiū，美；皇考，武王。以，乃；保，保佑；明、忞 mín、僶 mǐn 蠠 mǐn 勉同爲明母，勉勉不已。《皋陶謨》「元首明哉！」《雒誥》：「明作有功，」「明保予沖子」。其身，己身。

韻部：止，之部；考，幽部。之、幽合韻；哉，之部；艾，月部。之、月通韻。之子，之部；渙（奐）難，元部；下家，魚部。魚、元相轉。考，幽部。幽、魚相轉，身，眞部。元、眞相轉、幽、眞相轉。

【評論】

《魯傳》《樂書》：「太史公曰：余每讀《虞書》，至於君臣相敕，維是幾安，而股肱不良，萬事墮壞，未嘗不流涕也。成王作《頌》，推己懲艾（懲艾，鑒戒），悲彼家難，可不謂戰戰恐懼，善守善終哉？」《詩故》10，「非謀於廟也。成王述諮政所得而思所以率昭考也。『率時昭考』，則群臣所以進語於王者。『未堪家多難』，蓋謂遺大投難於己也。『紹庭上下，陟降厥家』，則徘個籌度，所以圖治也。」《通論》「宛轉曲折」。

敬　之

敬之！敬之！	警醒啊！警醒啊！
天維〔惟〕顯思，	上天是明察一切，把天下照亮，
命不易哉！	承受天命不容易哉！
無〔毋〕曰：「高高在上」，	莫要說「高高在上」，
陟降厥士，	來了那些臣子，
日監在茲〔兹〕。〔1〕	上天臨鑑在此，我們盟誓興邦，
「維〔惟〕予小子，	「年輕的我，
不聰敬止？	廣泛傾聽，愼之又愼，
日就〔述〕月將，	學習日有成就月有長進，

學有緝熙于光明。　　　　　　　勉學積漸向大智慧大光明。

佛〔奉弗弼〕時〔是〕仔〔孜〕肩，　諸臣輔弼我，我勇於擔當，

示〔視〕我顯德行。」〔2〕　　　　　給我示以崇高的德行。」

【詩旨】

案：周成王在前 1035 年親政後，寫給諸臣重視警慎思想、憂患意識，表明警戒自己、自強勉學、修明德行，同時真誠地期冀諸臣輔弼的詩歌，由於傳誦與被諸管絃而流傳千古。

〔魯說〕《獨斷》：「《敬之》一章十二句，群臣進戒嗣王之所歌也。」《正義》同。

《毛序》「《敬之》，群臣進戒嗣王也。」《原始》17「成王自戒也。」

林義光《通解》：「按：詩言『維予小子』，又言『示我顯德行』，則是嗣王告群臣，非群臣戒嗣王也。」

【校勘】

〔1〕《毛》維無，《魯》《新書·禮容語》《左傳》《成 4》《僖 22》《齊》《漢·郊祀志》惟、毋，維通惟，下同。無通毋。

〔2〕《毛》就，《楚竹書》述。《唐石經》熙，《漢石經》惟予，《毛》維予，維通惟。《唐石經》佛、仔，《魯》《禮容》佛、孜，《說苑·君道》《韓詩外傳》3 弗、孜，《廣雅》拂，《說文》奉，《箋》《聲類》讀如弼。案：佛弗拂與弼 bì，雙聲通借，作弼義長。孜、仔音義同。《毛》維示，《魯》《新書·禮容語》惟視。視古字。

【詮釋】

〔1〕敬，警，謹慎，警戒；之通哉。維、惟，是；顯，xiǎn，《傳》訓見，明，明察一切；思，語詞。承天命；易，容易；哉，語氣詞。無通毋，莫要；曰，說；高高在上，目空一切。陟降，往來；厥，其；士，諸臣子。上天；日，日日；監，監視；在茲，在人間。監茲，周代成語。《周·梓材》：「古王若茲監」，《君奭》：「肆其監於茲。」

〔2〕不，助詞；聰，聽，廣泛傾聽；敬，警；止，之。案：其實即使在先秦鄭重的政治家在天命論氾濫時仍清醒地主張天命、為民的統一論，《堯典》「百姓昭明，協和萬邦。黎民於變時雍。」《大禹謨》：「罔違道以干百姓之譽，罔咈（拂違）百姓以從己之欲。無怠無荒，四夷來王。」《皋陶謨》「知人則哲，能官人。安民則惠，黎民懷之。」「天聰明，自我民聰明。天明畏，自我

民明畏。」《泰誓》「天佑下民」。「天矜於民，民之所欲，天必從之」。「天視自我民視，天聽自我民聽。」述，就，聚，積以時日，學有所成，日就，日學有所成；月將，月學有所長進。緝熙，光明，言勉學。一說光，廣。《今注》：奮發前進。於通乎，美大之辭。案：佛時仔肩是倒句，仔肩是連語，孜、仔音同，仔 zī，《說文》仔，克；《魯》《釋詁》：肩，克，此處爲協韻而用倒句，仔肩佛時，克，能，佛弗拂通弼，《三家》《釋詁下》《箋》《正義》：弼 bì，俌（fu，輔）也，輔弼；時，此。《新證》：佛，弼，輔；時，善；仔，保；肩，賢。示，《毛詩音》示，即視。《箋》：「示道（導）我以顯明之德行。」四、五、六、七字句交替運用，情溢於外，含蘊淵永。

韻部：之思哉士茲子止，之部；上將明行，陽部；肩，元部。陽、元合韻。

【評論】

《魯傳》《新書·禮容》引詩，云：「故弗順（愼）弗敬，天下不定；忘敬而怠，人必乘之。嗚呼！戒之哉！」《法言·先知》：「如綱不綱，紀不紀，雖有羅網，惡得一目而正諸？或曰：齊得夷吾而霸，仲尼曰小器，請問大器？曰：大器其猶規矩準繩乎？先自治而後治人之謂大器。」《潛夫論·贊學》：「《詩》云：『高山仰止，景行行止』，

『日就月將，學有緝熙于光明』，是故凡慾顯勳績、揚光烈者，莫良於學矣。」明·謝榛《四溟詩話》：「起句當如爆竹，驟響易徹。」《詩誦》4「前戒，後答，分兩節，各六句，與《有客》篇分三節同，但不明分章法耳，此《頌》之近於《雅》者。」《原始》17：「故『維予小子』以下，亦即緊承上文，相應而下，機神一片……」

小　毖

予其懲而，	我懲戒以往的過失，
毖〔彼〕後患。	而謹防那以後的禍害與失敗。
莫予〔余與〕荓蜂〔䎁徫爭夆並蠢蚪蜂拼蠡〕，	可歎無人輔佐我，
自求辛螫〔螫赦〕。〔1〕	我是自找的螫害。
肇〔肇〕允彼桃蟲，	當初我輕信那鷦鷯，
拚〔翩翻〕飛維鳥。	竟成了翻飛的大雕。
未〔不〕堪〔堪〕家多難，	未能承受家國的患難，
予〔余我〕又集于蓼〔瘳〕。〔2〕	痛悔啊，我又會於疾瘳！

【詩旨】

案：這是中國文學史上繼商湯禳旱祈雨歌（詳《墨·兼愛下》《荀·大略》《呂覽·順民》）之後的第二首國王自責歌。前 1039 年，東征凱旋歸來的周公獻俘周廟（詳現藏 USA 三藩市亞洲藝術博物館的中國吉金《𡐀方鼎》），而周成王誤信流言，經歷管蔡、武庚之亂與淮夷、徐奄、熊盈等國之叛，成王後悔，如晉代詩經學家孫毓所詮釋——「群臣無肯牽引扶助我，我則自得辛螫之毒」，周成王決心懲前毖後，故作此自儆、求助之詩。《史·魯世家》：「初成王少時病，周公乃自揃其蚤（《蒙恬傳》作爪）沈之河以祝於神曰：『王少，未有識，奸神命者，乃旦也。』亦藏其策於府。成王病有瘳。及成王用事，人或譖周公，周公奔楚。成王發府，見周公禱書，乃泣，反周公。」

〔魯說〕《獨斷》：「《小毖》一章八句，嗣王求忠臣助己之所歌也。」《正義》同。

〔齊說〕《易林·觀之益》：「去辛就蓼，毒愈酷甚。」

《毛序》：「《小毖》，嗣王求助也。」《編年史》繫於前 1035 年初。

《後箋》：「篇中桃蟲飛鳥之喻，多難集蓼之言，是方當武庚作亂、國家不靖之時急求輔助，故其詞危迫。《大誥》曰：『殷小腆，誕敢紀其敘』，即桃蟲飛鳥之謂也；曰『予惟小子，若涉淵水，予惟往求朕攸濟』，即求助之詞也。《小毖》之作，似正直周公東征。詩曰『予其懲』者，懲戒往日之誤信流言，致疑周公。……」

【校勘】

〔1〕《注疏》作「予其懲而，毖後患」，各本同，《獨斷》一章八句，小字本相臺本「而毖後患」《今注》作「予其懲而毖後患」則成七字句。《毛詩音》「予其懲而絕句」。《唐石經》「毖」下旁添「彼」字。《正義》云：「故慎彼在後」，彼字不在經文。《五經文字》《毛》莫予荓蜂，《魯》《釋訓》甹夆，《魯》《潛夫論·慎微》「莫與併蠭」，《說文》𩖅夆，《埤蒼》荓蜂，《考文》夆作蠭，《五經文字》《書抄》32 荓夆，《單疏》蚍蜂，音義同。《王肅注》藩援，《毛詩音》荓蜂，雙聲詞，荓甹𩖅屏併古音同，古字作甹嘤（《班簋》《毛公鼎》），《王氏注》「以言才薄，莫之藩援，則自得辛毒《五經文字》《毛》小字本相臺本螫，《唐石經》初刻螫，磨改刻為螫，《韓》赦，螫赦當是螫。

〔2〕《毛》肈，《單疏》《唐石經》肈，同。《注疏》、今本作拚，《箋》《單疏》陸機《贈馮文羆遷斥丘令》、謝宣遠《於安城達靈運》注引作飜，謝宣遠《詠張子房詩》注引、劉琨《答盧諶詩》注引《韓》翻，（詳《文選》1136.1191.1000 頁），《李善注》飜，同，《五臣注》《御覽》923 翻，拚通翻。《毛》予，傅咸詩注引作我。本字作不堪，《漢石經》不堪，《唐石經》未堪，《說文》堪，同。《毛》蓼，《魯》《釋言》集，會於疾蓼，《毛詩音》蓼，即蓼。《傳疏》：蓼讀爲蓼。

【詮釋】

〔1〕案：予，我；懲 chéng 懲戒，鑒戒，以前失爲戒，懲戒於前；而，同爾、耳，句末語氣詞。毖 bì，愼戒謹，誡以後出的禍患，《單疏》：「既言將欲愼患，又說當愼其小惡之初始。」「懲前毖後，治病救人」出此。彼，其，《振鷺》「在彼無惡」。案：莫，無人；予通與；莥蜂、毚牟、併蠚、鶕逄 pīngfēng、莥牟、蚌蜂、徟逄、甹牟 pīngfēng，牽引扶助。成王 14 歲，痛悔當時無人輔弼，輕信管叔等人流言，「自求辛螫」。《箋》：懲，艾也。始者，管叔及其群弟流言於國，成王信之，而疑周公，三監叛而作亂，周公以王命舉兵誅之，歷年乃已，故今周公歸政，成王受之而求賢臣以自輔助也。曰我其創艾於往時矣，畏愼後復有禍難，群臣小人無敢我摩曳，謂爲譸詐誑歎不可信也。女如是，徒自求辛苦毒螫之害耳，將有刑誅。

〔2〕肈，始；允，信，一說允，語詞；桃蟲，鷦鷯 jiāomiǎo，小鳥。案：此處用喻，只是說明莫可輕信小人流言毒計，謹防小患釀成大患。拚通翻。堪，承受得起。予，我；集，會，會於疾蓼，蓼 lù，讀爲蓼。案：蓼 liǎo，通憀 liǎo，憀憀然，悲恨貌。

韻部：患，元部；蜂（牟逄蠚）蟲，東部。元、東合韻。鳥蓼（蓼憀），幽部；螫，鐸部；難，元部。幽、元合韻。

【評論】

宋・蘇轍《詩集傳》：「《小毖》者，謹之於小也。謹之於小，則患無由至矣。」《詩童子問》：「此篇蓋爲管、蔡之事而作。『莫予莥蜂，自求辛螫，肈允彼桃蟲，拚飛維鳥』，曰『予』、曰『自』、曰『肈』、曰『允』，自反（自我反省）之至也。如此，則能自訟（自責）其過矣。『未堪家多難，予又集於蓼。』自度之切，而憂慮之極也。悔之極，反之至，憂之深，慮之遠，求助之意，雖不言而可見矣。」鍾惺《詩經》：「創鉅痛深，傷弓之鳴。」《詩志》8「一

句一折，一聲一痛，披瀝之詞，動人惻隱。」《通論》17「憤懣，蟠鬱，發爲古奧之辭，偏取草（當爲桃）蟲等作喻，以見姿致，尤奇。」《會通》引舊評：「哀音動人」。

載 芟

載芟載柞〔斬〕，　　　　　又除草又砍雜樹，
其耕澤澤〔郝釋〕。　　　　耕來土塊散釋釋。
千耦其耘〔芸〕，　　　　　兩千人並肩除野草，
徂隰〔隰〕徂畛。〔1〕　　　新墾殖田地劃田界。

侯主侯伯，　　　　　　　　君主長子親耕作，
侯亞侯旅，　　　　　　　　大夫次卿也執耜，
侯彊〔強疆〕侯以。　　　　維疆維理忙墾殖。
有嗿〔啖〕其饁，　　　　　饁田眾食聲啖啖，
思媚其婦，　　　　　　　　送飯菜的婦人頗美麗，
有依其士。　　　　　　　　個個丈夫都壯實。
有略〔犖〕其耜，　　　　　耜鋒一一全鋒利，
俶載〔熾菑〕南畝〔畆〕。〔2〕　開始耕作向陽地！

播〔播〕厥百穀〔穀〕，　　搶播百穀搶農時，
實函〔咸〕斯活。　　　　　種子入地都萌芽，
驛驛〔繹〕其達，　　　　　繹繹苗長也茂盛，
有厭其傑。　　　　　　　　嬮嬮然苗兒高桀桀。
厭厭〔稴〕其苗，　　　　　苗兒稴稴也整齊，
緜緜〔民〕其麃〔穮〕。〔3〕　耘草細心都詳密。

載穫濟濟，　　　　　　　　收穫濟濟眞繁多，
有實其積，　　　　　　　　糧食全用倉廩積，
萬億及秭〔秭姊〕。〔4〕　　糧食多得數不盡。

爲酒爲醴，　　　　　　　　有糧釀酒釀甜酒，
烝畀祖妣，　　　　　　　　太廟奉獻祖與妣，
以洽百禮。〔5〕　　　　　　一一符合種種禮。

有飶〔飶芯〕其香，　　　　飶飶馥馥食氣香，
邦家之光；　　　　　　　　國邦家庭總榮光。

-1026-

有椒〔馥淑俶〕其馨，　　　　馨香芬馥聞遠近，
胡考之寧。〔6〕　　　　　　　尊賢敬老家家寧。

匪且有且〔此〕，　　　　　　非此有此有此禮，
匪今斯今，　　　　　　　　　非今有今有此祭，
振古如茲〔兹〕。〔7〕　　　　自古祭祀總如此。

《漢石經》《載芟》《良耜》。

【詩旨】

　　案：前 1035 年二月，周成王耤田典禮上所奏的祈年歌，繪聲繪色地描摹春耕場景，出苗喜人景象，豐收情景，祭祀，敬賢尊老，援古例以祭土地，表達了農本思想。這是行耤田禮時所奏的祈年樂歌。《編年史》繫於前 1035 年。

　　〔魯說〕《獨斷》「《載芟》一章三十一句，春耤田祈社稷之所歌也。」《疏》同。

　　〔齊說〕《南齊書·樂志》「〔漢章帝〕，玄武司馬班固奏用《周頌·載芟》以祈先農。」

　　《毛序》：「《載芟》，春籍（《唐石經》藉，籍藉通耤）田而祈社稷也。」

【校勘】

　　〔1〕《毛》柞，《魯》《釋器》《說文》《七諫注》斫，與斸同爲鐸部莊母，雙聲通借。《毛》澤澤，《正義》引《釋訓》釋釋，今本《釋訓》經作郝郝，郝郝、澤澤讀如釋釋 shì。《毛》耘，《齊》《單疏》芸，《釋文》本亦作耘，同。《毛》隰，《漢石經》𤁕，同。

　　〔2〕《唐石經》《毛》彊，《毛詩音》彊，疆。《毛》喙，喙古字。正字作𠯔，《唐石經》《毛》略，《魯》《釋詁》《字書》《釋文》𠯔，𠯔古字。《毛》俶載，《箋》熾菑，《毛》畝，《唐石經》畒，同。

　　〔3〕《毛》播穀函，《唐石經》播穀函，穀通穀。《毛》驛驛，《魯》《爾雅》《甘泉賦》李注引《韓詩章句》繹繹，驛驛通繹繹。《毛》厭厭，《韓》《玉篇》《集韻》稽稽，厭厭通稽稽。《毛》緜緜，《韓》民民，民民、緜緜雙聲通借。案：正字作穮，《毛》《唐石經》麃，《白帖》80 麃，《魯》《釋訓》《說文》《玉篇》《字林》《字書》《釋文》穮，麃是穮字形省。

　　〔4〕《三家》《說文》秭，《毛》《唐石經》秭，本字作秭。

〔6〕《毛》餤，《三家》《釋文》《白帖》61、68 苾，餤苾字異音義同。本字作馥，《毛》《考文》椒，沉重、《詩經小學》改爲俶，《三家》傳咸《答潘尼》注引《張表碑》《王君廟門斷碑》《晉左貴嬪納楊后贊》《類聚》15、31 馥，《釋文》、阮《校》：沈作淑，作椒者誤。《唐石經》小字本相臺本椒，誤。

〔7〕《毛》且，訓爲此。「且」讀如「此」。《墨·經學下》且，猶是也。王引之《經傳釋詞》且，猶此也，今也。《詩故》10「古文『祖』字通作『且』，『匪且有且』，謂非獨祖先之世爲然也。振古，蓋謂后稷之時。」

【詮釋】

〔1〕載，又。芟 shān，除草。柞 zé 斫 zuó 雙聲通借，砍伐木。澤澤郝郝讀如釋釋 shìshì，擬聲詞，土塊散開聲。耘，耕耘。徂 cú，往；隰 xí，新開墾田；畛 zhěn，井田間分界的道。

〔2〕侯，維，語詞，下同；主，周王；伯，諸侯，或酋長。亞，亞卿；旅，大夫。朱熹：彊，民之有餘力而來助者。案：侯，乃；彊彊畺共畺，讀如疆；以 yǐ，讀如理。一說無固定職業者。有噴，噴噴、啖啖 dǎn dǎn，眾人吃飯茱聲；饁 yè，送飯食到田頭。思，語詞；媚，美，此句倒句，其婦思媚，爲協韻而倒文；思，語詞；媚，美。有依，依依，殷殷，殷實壯健，《箋》依，愛；士，子弟們。「思媚其婦，有依其士」，對偶句。有略，略略、畧畧 jüèjüè，鋒利；耜，耜刀。俶，始；載，事，事耕於南畝，南畝，向陽地。熾菑，返草還田作綠肥。

〔3〕播，播種；百，種種農作物。實，種子；函，入土；斯，乃；活，出芽。驛驛、繹繹，旺盛貌；達 dá，苗出土。有厭其傑，倒句爲協韻，有傑厭厭，苗嬰嬰 yānyān，好。厭厭稯稯 yānyān，苗兒齊整而美貌，苗氣旺盛，傑然挺立。民 mín 縣 mián 雙聲通借，眾多貌；麃通穮 biāo，鋤草，案：縣縣，多；穮、標雙聲疊韻通借。，其標，其穗。

〔4〕穫 huó，收穫；濟濟 jǐ jǐ，眾多貌。有實，實實，糧食多；積，稯，倉。秭 zǐ，億億。

〔5〕烝 zhēng 畀 bì，奉獻給；祖妣，先祖先妣。以，用以；洽，符合。

〔6〕餤苾苾 bì，香氣。光，榮光。案：正字作苾（餤）馥，苾 bì 馥 fù 聲近通借，椒通馥，有餤，餤餤苾苾苾苾 bìbì，馨香馥馥。案：胡考，連語，《逸周·諡法》彌年壽考曰胡。考通耈，長壽，《左傳·僖22》「雖及胡耈」。旨在提倡孝親養老的傳統道德。

〔7〕匪，非；《經傳釋詞》：且，此也，今也。案：且 qie 此 ci 雙聲通借，匪且有且，這是複語寫法，匪通非，且通此，且通今，即非此有此，非今時斯今時，即非今時有今時，非今時斯今時，複語。黃焯《平議》「此二句如作一句言，則直云『匪今有且』耳。其先言『且』而後言『今』者，則倒文以便韻。」振古，連語，振，遠。然後詩人援古例以祭，引出結句：「振古如茲」。自古如此。

韻部：柞（斯）澤（釋郝），鐸部；耘（芸）畛，文部；伯，鐸部；旅，魚部。鐸、魚通韻。以，之部；饁，盍部；穀，屋部。盍、屋合韻。婦士耜畝，之部；活達傑，月部；苗麃（穮），宵部；濟積姊（秭）醴妣禮，脂部；香光，陽部；寧，耕部。今，侵部。陽、耕合韻。且（此）支部；茲，之部。支、之合韻。

【評論】

明·鍾惺評點《詩經》：「前半模寫田家景象，茅茨雞犬，歷歷在目，有讓畔爭席之意。後忽說向宗廟朝廷上去，作大氣象，大文字，筆端變化如此，《豳風》亦然，而體裁不同。」《批評詩經》「此描寫苗處尤工絕。『函』，『傑』是險字，『厭厭』，『緜緜』得態。語不多而意狀飛動，所以妙。」《詩經蠡測》：「此詩鋪敍農事極有次序。『載芟載柞』至『徂隰徂畛』，言其初至田畔，除去草木。『侯主侯伯』至『俶載南畝』，言其人心齊，器用利，故田畝墾治。『播厥百穀』至『萬億及秭』，言耕耘及所得，是以有收成之利。『爲酒爲醴』至『胡考之寧』，言唯其收成之多，是以祭祀燕享之禮無不足。末三句又總言稼穡豐收，古今內外如一而無間。自始已終，其序有條而不紊。」《詩說》下，「寫耕田一節最熱鬧，家長督眾子弟助工人傭，工人喻聲稼器以及士女依媚情形，無般不備，好一幅耕饁圖，當世惜無工畫者。」《詩誦》4「若以此六句爲韻，則是通篇連句韻，惟『匪且有且』及末句無韻。……《載芟》、《良耜》二詩，節節轉韻，每一韻爲一層事，長短不齊，隨意爲伸縮，即此可悟古詩換韻之法。」清·方志誠《說詩章義》：「此篇平鋪直敍如畫一幅村莊田野圖。」下啓晉·潘岳《籍田賦》，劉宋·顏延之《侍東耕詩》、梁武帝《籍田詩》。

良耜〔耜枱〕

畟畟〔耰測〕良耜〔耜枱〕，　　　深耕的鋒利的耜鏵入地嚓嚓嚓，
俶載南畝〔畒〕。　　　　　　　開始耕作向陽的南畝。
播〔𤲶〕厥百穀〔穀〕，　　　　搶播種種穀物，
實函〔𤴿〕斯活。　　　　　　　種子入地成活。
或來瞻女，　　　　　　　　　　瞧！有人給您送飯來了，
載〔戴〕筐〔筐〕及筥〔簇〕，　擔著筐，擔著筥，
其饟〔餉〕伊黍〔秬〕。　　　　餉田的是黃燦燦小米飯。
其笠〔苙〕伊糾，　　　　　　　糾糾繚繚斗笠遮日蔽雨，
其鎛斯趙〔搰趫〕，　　　　　　用鋤頭與用句刀，
以薅〔茠蓐㭬〕荼〔荼〕蓼。　　耘除水陸野草荼、蓼。
荼〔荼〕蓼朽止，　　　　　　　荼蓼爛了變肥料啊！
黍稷茂止。　　　　　　　　　　黍稷茂盛多美妙啊！
穫之挃挃〔銍秷〕，　　　　　　收割聲哐哐哐，
積〔稸〕之栗栗〔秩〕。　　　　眾多眾多的堆積，
其崇如墉，　　　　　　　　　　禾垛高高如城墉，
其比如櫛。　　　　　　　　　　禾垛密排如梳篦一樣，
以開百室，　　　　　　　　　　糧多了，分儲百室，
百室盈止，　　　　　　　　　　戶戶倉廩滿滿當當啊！
婦子寧止。　　　　　　　　　　妻子兒女人人安祥啊！
殺時犉〔犟〕牡，　　　　　　　宰殺了這黑唇的黃公牛，
有捄〔觩觓〕其角，　　　　　　牛角彎彎長長浪紋細，
以似以續，　　　　　　　　　　祭祀，祈求豐年繼續，
續古之人！　　　　　　　　　　繼續發揚古賢的業績！

【詩旨】

案：前 1035 年 9 月，周成王秋報社稷神時所奏的樂歌，抒寫了豐收的喜悅，描寫了「惟食」而安、再禱豐年的心情。《編年史》繫於前 1035 年。

〔魯說〕《獨斷》：「《良耜》一章二十三句，秋報社稷之所歌也。」《正義》同。

《毛序》：「《良耜》，秋報社稷也。」《詩切》「蠟而飲酒，勞農之歌也。」聶石樵師主編《新注》認為《載芟》《良耜》為同一時期作品，由「胡考之甯」生發為《史記》穆王即位年已過五十（前 976～前 923 在位），故推斷為周共王（前 922～前 900）時作品。

【校勘】

〔1〕《魯》《釋訓》《唐石經》耜，《漢石經》耛，又作枱栖耛同，《說文》梠，《毛》畟，《箋》測，《太玄音》四稷，稷是別體。擬音詞。《毛》播，《唐石經》播，同。《單疏》《唐石經》穀，穀讀如穀。《毛》函，《唐石經》函。《唐石經》載、筐筥，《漢石經》簾，宋版載作戴，《單疏》筐，避宋祖諱。《毛》《唐石經》饟黍，饟古字。《三家》《漢石經》《說文》《郊特牲》鄭注引餉，同。《毛》秬笠，《漢石經》秝、苙（讀如笠）。《單疏》趙，《考工記》鄭注、《集韻》引《三家》作挶，或作趣，通作趙。《定本》《集注》《單疏》薅、荼，《魯》《五經文字》《釋訓》郭注作茠栗，薅茠同，林蓐異體。《毛》荼，《魯》《釋草》郭注作蒤，同，蒤，荼。《毛》積之栗栗，《三家》《聲類》《詩考》引《說文》稷之秩秩，積稷古今字，秩栗一聲之轉。《毛》《三家》《說文》挃挃，《釋名》銍銍，《農政全書》《廣韻》稦稦，擬聲詞。《單疏》崞，《釋文》崞，本亦作崞。《說文》崞，崞古字。案：本字作舠。《毛》捄，《單疏》作捄，又作觩，《說文》舠。

【詮釋】

〔1〕畟畟、稷稷 cè cè，擬聲詞，犁刀翻土聲。一說利耜深耕快進貌。良，鋒利；耜，耜鏵。後三句，詳前詮釋。或，有人；《箋》：瞻視，《疏》來饁 yè。案：照顧下句餉，瞻 zhān 饘 shàn 雙聲疊韻通借，送飯食；女，汝。圓筐，載，載以筐筥，筥 jǔ，圓筐，用方筐圓筥。饟古字 xiǎng，今北方仍用餉，中午送飯食到田；伊，此；黍，小米飯。「其笠伊糾」，倒句以協韻，糾糾繚繚，結繫好用竹篾編的斗笠以遮日蔽雨。鎛 bó，鋤；斯，與；趙（兩刃勾刀），讀如挶 zhào，除草，扒地，刺草。薅（茠），耘除野草。荼蓼 túliǎo，水草漚為肥料，朽，爛；止，語氣詞，周人已熟知用綠肥作肥料。《箋》：「閔其勤苦。」茂，茂長。穫，收穫，割穗，銍銍、挃挃 zhì，割穗聲。積，積；栗栗 lì lì，眾多貌。崇，高；如，好比；墉，城垣。比，排比；如，如同；櫛，梳篦之密。開，開解，分儲；百室，百家。盈，滿。婦子，妻子兒女；寧，安詳。殺，宰殺；時，茲；犉牡，黑唇黃公牛。有捄，捄捄、觩觩、舠舠，兕牛角長而彎。以，以之；似，嗣；續，繼續。續，繼承；古，古賢之禮。

韻部：耜畝，之部；穀，屋部；活，月部。屋、月合韻。女（汝）筥黍，魚部；糾蓼，幽部；趙（刀），宵部。幽、宵通韻。挃（銍）栗（秩）櫛室，

質部；止止，之部；牡，幽部。之、幽合韻。盈。寧，耕部；角續，屋部；人，眞部。耕、眞合韻。

【評論】

《書抄》27 引《韓傳》：「王者藏於天下，諸侯藏於百姓。」宋·李樗《集解》：「夫詩之可以興者，所以感發人之善志故也。先言勤勞，後言逸樂，使夫勤者有以自忘其勤勞，怠者亦知以自奮，則天下之人趨事赴功，而其心未嘗怠於三農之事也。」宋·嚴溪論其卒章云：「《載芟》之辭詳而婉，《良耜》之辭簡而直。」明·孫月峰《批評詩經》「上篇言苗濃，此篇言獲濃。俱言饁言耘，而上闡其意，此貌其狀。」《學詩詳說》：「詩每舉一端，此篇爲多，如於食舉黍，於首舉笠，於器舉鎛，於家人舉婦子，於牲舉犉，或舉大包小，或舉小以見大，詩之體然也。」陸化熙《詩誦》：「通詩疊疊說下，自有次第，重報賽上，宜以末二句爲主。此與《載芟》皆止頌農功之有成，而神既在言外。」《原始》17：「如畫」。案：儘管是一首耤田頌歌，既有「畟畟良耜」，深耕如聞其聲的描繪，播種成苗有「實函斯活」的種子萌芽的細節描摹；饁田；有「其鎛斯趙，以薅荼蓼」的除草場面，又有「穫之挃挃，積之秩秩。其崇如墉，其比如櫛」的豐收景象，又有「以似以續，續古之人」的政治哲理，寫牛耕寫除草，寫播種，寫豐收，寫祭祀，寫勉勵，言簡括而形象靈活，跳脫而含蘊良深，文理自然而多情趣，堪稱神逸之什。下啓唐·白居易《觀刈麥》、李紳《憫農》與宋人農事詩。

絲 衣

絲〔素〕衣其紑〔綹〕，	穿著祭服絲衣鮮鮮潔潔，
載〔戴會〕弁俅俅〔緀頯〕，	戴著冠弁恭恭慎慎，
自堂徂基，	由廟堂到門畿，
自羊徂〔來〕牛，	從羊牲及牛牲，
鼐〔𪔂〕鼎及鼒〔鎡哉〕。	大鼎小鼎禮器紛呈。
兕觥〔芡觵〕其觓〔觓〕，	兕角酒杯長彎彎，
旨〔酉〕酒思柔。	美酒綿軟而柔和。
不吳〔虞娛吳〕不敖〔傲驁傲〕，	既不誼詐，更不傲慢，
胡考之休。	大賢高壽的福分可長久！

【詩旨】

案：前 1035 年正月初一，周成王在南郊舉行祭天這樣的國家大典的第二天，尋繹前日之祭，舉行賓禮以款待天田星之尸，祭后稷，此詩是賓禮上歌舞時所演唱的樂歌，記述祭品，抒寫了旨酒尚柔、敬賢敬老之情。《編年史》繫於此年。

〔魯說〕《獨斷》：「《絲衣》一章九句（《漢石經》章九句），繹賓尸之所歌也。」《魯說》《史·封禪書》「其後二歲，或曰：周興而邑邰，立后稷之祠，至今血食天下。』於是，〔漢〕高祖制詔御史：其令郡國縣立靈星祠。」《正義》引張晏曰：「龍星左角曰天田（天田星，靈星，農星，古以爲主稼穡之神），則農祥也，見而祭之。」《周語》《論衡·明雩》等都有論述。

《毛序》「《絲衣》，繹賓尸也。高子曰：靈星之尸也。」《詩集傳》：「祭而飲酒之詩。」《今注》：「周王舉行養老之禮所唱的樂歌。」

【校勘】

《毛》絲衣其紑，《三家》《說文》素衣其紑，《通典》40 引劉向《五經通義》絲衣其綵，案：絲素雙聲通借，劉向習《魯》《韓》，當是《魯》《韓》作綵，通作紑。《毛》載，《五經通義》會。案：本作戴弁綅綅或弁服綅綅，《三家》《箋》《釋言》注《玉篇》戴，《事類賦》弁服，載當讀如戴，會、戴義同，弁服、戴弁義近。《釋文》引《說文》弁服綅綅，《韓》《玉篇》《廣韻》頪，案：俅頪通綅，今本《說文》《爾雅》俅。《釋文》俅，本亦作綅。《毛》徂牛，《魯》《說苑·尊賢》《齊》《禮器》同；《玉篇》引《韓》《韓詩外傳》3 來牛，師受不同。案：本字作鼐，《單疏》《齊》《漢·郊祀志》鼐，《史記·武帝哉音義》鼐鼎及哉，《考文》鼏，本字作鼐，《釋文》：《說文》鎡，俗字，哉、鎡讀如鼐。《毛》兕觥其觓。《釋文》兕觵，《說文》觓，正字作兕觵其觓。《毛》旨，《唐石經》旨，同。《定本》《單疏》《唐石經》《釋文》吳、敖，《魯》《史·孝武帝紀》《封禪書》《衡方碑》虞驁，《箋》《正義》娛，《漢·郊祀志》《釋文》引承天：《正義》娛，宋本《禮部韻略》：「按：《說文》大言也，徐鍇曰：引《詩》不吳不揚，今寫《詩》者改吳作吴，音戶化切。謬甚。」《釋文》本又作傲，敖古字，驁通傲。

【詮釋】

絲衣，祭服；其，極；其紑，紑紑 fóufóu，潔鮮貌。《韓詩》：紑，盛貌。載、會讀如戴；弁，冠；俅俅綅綅 qiúqiú，恭順貌。《通釋》：俅俅，華美貌。

自，從；徂，至；堂，廟堂；基讀如畿，廟門邊。徂，及；羊、牛，供品。《魯傳》《釋器》郭璞注：鼐 nài，大鼎；鼒哉通鼒 zī，上有圓蓋有小口的小鼎。觩觩，觩牛角罰爵，觓，觓觓 qiúqiú，彎曲貌。案：旨，美；思，助詞；柔，柔和，這大約是周代酒文化中宣導綿柔型酒。吳吳，喧嘩；驁敖通傲，傲慢。胡考，連語，高壽；《魯》《釋言》休，慶也。

　　韻部：紓，之部；俅（緑頹）柔休，幽部；牛，之部；基、鼒（鼒哉），之部。之、幽通韻；敖，宵部。幽、宵通韻。

【評論】

　　宋・輔廣：「玩此一詩，真可畫也。」《詩誦》4「通篇尤（幽）韻，中間『基』、『鼒』忽隔句用韻，別成一格，不必依《集傳》偏就一韻，用叶反致紛歧也。」《注析》：「詩中讚美祭祀有禮、飲食有節。前五句寫祭祀儀式，後四句寫祭祀後燕飲賓客的情形。泛泛敘來，未見有精彩處。『觩觩其觓，旨酒思柔』二句描寫酒醴的美好，略有一點意味。然而緊接著『不吳不敖，胡考之休』二句作結，說教之態儼然，又把意境全破壞了。」

酌〔汋勺〕

於！鑠！王師，	嗚呼！壯美至盛！武王的義師，
「遵養〔羪〕時晦」。	韜光養晦，積蓄力量，戰勝紂王。
時純〔紃〕熙〔熈〕矣，	是天下清明。
是用大介。	推廣善行，因用大助，全國吉祥。
我龍〔寵鼟龔〕受之，	咱們周家受到恩寵，承受天命，
蹻蹻〔喬〕王之造，	威風四溢，成就輝煌！
載用有嗣，	乃有一代代傳承，
實維爾公〔功〕，	惟有您的豐功，
允師！	所師法，所尊尚！
	取信於廣大民眾。

【詩旨】

　　案：前 1034 年（《竹書紀年》成王九年，有事於太廟，初用《勺》），《齊傳》《禮樂志》《風俗通義・聲音》周公作《汋》，作為廟堂文學中的著名樂歌，《荀・禮論》：「故鍾、鼓、管、磬、琴、瑟、竽、笙，《韶》《夏》《護》《武》《汋（汋勺通酌）》《桓》《箾》《象》，是君子之所以為愧詭其所喜樂之文也。」

表達了「遵養時晦」、「允師」與應酌先王之道的思想。

〔魯說〕《獨斷》:「《酌》一章九句,告成《大武》,言能酌先祖之道以養天下之所敬也。」《白虎通·禮樂》《風俗通義》6 說是周公所作樂歌。《正義》同。

〔齊說〕《春秋繁露·質文》:「周公輔成王受命,作宮邑於洛陽,成文、武之制,作《勺樂》以奉天。」《漢·禮樂志》:「周公作《勺》。《勺》,言能先祖之道也。」

《毛序》:「《酌》,告成大武也。言能酌先祖之道,以養天下也。」

案:關於此詩句數,《注疏》本說是九句而實八句、《詩集傳》《集疏》本作八句。《魯詩》作九句,故依《魯詩》作九句,《詩經注析》同,「允師」獨作一句,師嗣之協韻,韻律感尤強。

【校勘】

《毛》酌,《齊》《繁露·質文》《荀·禮論》《左傳·宣12》汋,《董仲舒傳》《儀禮》《禮記》《漢》勺,酌古字。《毛》養,《說文》《集韻》羕,羏,取,或養通襄。《毛》純,《唐石經》紂,避唐諱。《毛》龍,訓和,則龍應讀如韠龔;蹻蹻,《邵鍾》喬喬,蹻通喬;《箋》龍讀如寵,龍通寵。《毛》公,《毛詩音》公即功。

【詮釋】

於 wū 鑠 shuò,美盛。王師,義師,武王所統帥的討紂大軍。案:「遵養時晦」,是商湯、周文王、周武王成功的歷史經驗。成湯的左相仲虺《商·仲虺之誥》:「佑賢輔德,顯忠遂良,兼弱攻昧,取亂侮亡,推亡固存,邦其乃昌。」《逸周·允文解》「聽言靡悔,遵養時晦」。遵 zūn,英主俊才,《方言》2 遵,俊也,代表進步勢力;羏養 yǎng,攻取,時,待時機;晦,昏朽晦昧的勢力,代指商紂王。前 1108 年,周人伐餘無之戎,克之。商王任命周王季爲殷牧師。前 1105 年,周人伐始呼之戎,克之。前 1101 年,周人伐翳徒之戎,捷其三大夫。然而商王文丁卻殺周王季歷。太顛、呂望等歸周文王。紂王囚文王於羑里。前 1056 年文王斷虞、芮之訟。前 1055 年,文王伐犬戎。後伐密須、伐黎、伐邘、伐崇侯虎。前 1048 年武王觀兵盟津,前 1046 年 1 月 20 日克商。時,而,乃;純熙,大光明。《箋》:熙,興。是用,因此;大介,大助。朱熹:介,甲。我龍受之,我之受寵,爲協韻而倒用;受,承受;龍,毛訓爲和,龍通韠龔 gōng,龔行天下之罰;《箋》讀爲寵,龍古字。蹻蹻 qiáoqiáo,

喬喬，高高，威武貌；王，武王；造，成就，開國成就。載，乃；用，因而；嗣，繼承。實，是；維，唯；爾，文王武王等；公，功，歷史功勳。《詩緝》引李氏：至公。《通釋》：先公。允，信，取信於；師，民眾。《通釋》師，典型，模範。朱熹：「公，事；見，信……其所以嗣者，亦惟武王之事是師爾。」《新證》：允，駿，長；公，功，應讀作實維爾功，駿師，言實維爾事大法也。

韻部：師，脂部；晦熙矣，之部；介，月部；受造，幽部；嗣，之部；師，脂部。脂、之通韻，幽、之合韻。

【評論】

案：詩人於簡古的頌體詩言中，善於在音韻美中寓深秀於其中，將《逸周·允文解》周文王的戰略名言巧妙地含蘊其中，而垂戒千古，爲後代韜光養晦、韜光用晦所本，有利於克服急躁冒進。《傳疏》28「篇名《酌》者，言酌時之宜，所謂湯伐桀，武王伐紂時也。曰酌先祖之道者，先祖謂文王。文王之道，三分有二而不取。武王酌其時，八百〔諸侯〕會同，而取之。孟子曰：取之萬民不悅，則勿取，文王是也。取之而萬民悅則取之。武王是也。」

桓〔桓〕

綏萬邦〔國〕，	周代替商，安定萬邦，
婁〔婁屢〕豐年。	連年豐收，天下吉祥。
天命匪解〔懈〕。	承天命，豈敢怠遑，
桓桓〔桓〕武王，	英武的周武王，
保有厥士〔土〕。	依靠濟濟英賢輔弼明王。
于以四方，	爲有全國安定的四方，
克定厥家。	能安定偉大的國邦。
於！昭于天，	嗚呼！光明照耀於天上，
皇以間之。	煌煌大周代替了殷商。

【詩旨】

案：前 1037 年，此詩是武樂，作爲襘祭、禑祭時所奏的雄壯的樂歌，稱許開國元首周武王的桓桓英武，克商後屢獲豐年，保有濟濟多士，因而克定邦國的歷史經驗。

〔魯說〕《獨斷》：「《桓》一章九句，師祭講武類禑之所歌也。」《正義》同。

〔齊說〕漢・匡衡《疏》：「陛下聖得純備，莫不修正，則天下無爲而治。《詩》云：『于以四方，克定厥家』。《傳》曰：『正家而天下定矣』。」

《毛序》：「《桓》（《集注》：《桓》，般樂也。），講武類禡也。桓，武志也。」《唐石經》同。《詩故》10「非類禡也。蓋述武王既克商而有天下也。」《原解》34「周公爲《武》舞，因爲歌，歌非一章，頌非一事，《武》頌功，《酌》頌成，《桓》頌志，《賚》頌賞，《般》頌巡行，皆武樂也。」

【校勘】

《毛》桓，《單疏》桓，避漢文帝、漢章帝、唐睿宗、唐穆宗、宋眞宗、宋欽宗諱。《毛》邦，《齊》《靈臺詩》注引《毛》國，避漢諱。《唐石經》《毛》婁，《箋》《疏》《釋文》《字類》相臺本作婁，古字，《左傳》《宣12》《襄24》作屢。《毛》解，《釋文》解音懈。《箋》《疏》《唐石經》《詩集傳》士，《九經古義》《通釋》馮登府《十三經詁答問》都以爲士當作土，士土古通。案：當從士，士、之叶韻，《毛詩音》士，讀事。聯繫《文王》「濟濟多士」，《棫樸》「髦士攸宜」，有土而無濟濟英士則空有其土。不宜破字解經。《漢石經》「於昭于。」

【詮釋】

綏萬邦，安定全國。婁 lǚ 通屢，數。《左傳・僖19》：「昔周饑，克殷而年豐。」匪，不；解讀如懈。桓桓，英武貌。保，依，安；厥，其；士，賢士相助。保土，保持全國疆土。案：于，爲；以，有；四方，全國。克，能；定，安定；厥，其；家，國家。《畢命》：「惟周公左右先王，綏定厥家。」《周易・家人》：「正家而天下定矣。」這是修身、齊家、治國平天下的思想。昭，光明照耀。皇，君；以，以之，以周，《新證》據吉金，以，我。間，代替；之，商。

韻部：邦，東部；年，眞部；解（懈），支部；王方，陽部；士（事），之部；家，魚部；天，眞部；之，之部。之、支合韻。

【評論】

《齊傳》《匡衡傳》引二句後引《傳》：「正家而天下定矣。」《原解》34「按《春秋傳》，此《武樂》第六章，頌武王伐商講武，類於上帝，禡於先戎也。……周公爲武舞，因爲歌，歌非一章，頌非一事，《武》頌功，《酌》頌成，《桓》頌志，《賚》頌賞，《般》頌巡行，皆武樂也。」《批評詩經》：「陛

起甚奇。『天命』以下，似是說『綏』、『豐』所由，此蓋類所謂倒插者然。」
《詩本誼》：「頌克殷年豐，諸侯臣敬，虎賁脫劍，周召分伯，武亂皆坐，《大武》樂章之六成也。」《天作》《我將》《執競》《思文》《臣工》《噫嘻》《豐年》《載芟》《良耜》《潛》太平盛世的樂歌，故雍容而綿遠。

賚〔莍〕

文王既勤止，	文王已勤勉於國事，
我應受之。	我應當加以承繼。
敷〔鋪〕時繹〔斁〕思，	全國當繼續其偉業，
我徂維〔惟〕求定。	我往惟求安民國大定，
時周之命，	繼承大周的歷史使命，
於！繹思！	嗚呼！惟有繼續努力！

【詩旨】

案：前 1046～前 1047 年，周武革命，在繼承周文王的維新思想後，周克紂後，遠未克定全國，《逸周‧世俘解》記載：「武王遂征四方，凡憝（dui 怨）國九十有九國……凡服國六百五十有二。」當是周武王往征，大封功臣時的樂歌，以求全國安定，在祭祀中用樂歌表達出來。據《左傳‧宣公 12》，此爲《大武》樂歌的第三章。

〔魯說〕《獨斷》：「《賚》，一章六句，大封於廟，賜有德之所歌也。」《正義》同。

《毛序》「《賚》，大封於廟也。賚，予也，言所以錫予善人也。」《中論‧爵祿》《獨斷》《毛序》《疏》、戴溪、朱熹、林岊都相承說賚是「大封」，是賞賜，唯《詩總聞》19 提出否定，「尋詩皆無賚字，亦無賚意。」

【校勘】

《魯》《中論‧爵祿》同《毛》，《毛》賚，滬博楚竹書《性情論》簡 15、郭店楚簡《性自命出》簡 25 作莍。來讀如賚。來賚雙聲通借。《毛》敷、繹，《左傳‧宣 12》鋪、時繹、思，惟」，徐邈：鋪音敷。《考文》斁，古斁、懌都作繹，斁通繹。

【詮釋】

賚 lài，賜予，大封功臣。勤止，勤之，勤勉於國事。膺應，當；受，承

受；之，使命。敷 fū 普 pǔ 雙聲疊韻通借。時，此；斁通繹，繹繹 yìyì，繼承不絕。思，助詞。下同。我，周武王，徂 cú，往，往征。維，爲；求定，求全國安定統一。時 shí 承 chén　同爲禪母，時通承，繼承；周之命，周代商的歷史使命。於 wū，嗚呼，讚歎詞；繹，繹繹 yìyì，繼續不絕貌。《詩補傳》繹，尋繹（尋繹引申之於無窮）之。

韻部：止之思，之部；求，幽部。幽、之合韻；之思，之部。

【評論】

明・季本《詩說解頤》：「『時周之命』如此，則武王本可以力爭天下，而欲後人求之於文王之德也，故再言『於繹思』以歎美之。」孫月峰《批評詩經》：「古淡無比，以『於！繹思』三字以歎勉，含味最長。」《通論》：又以詩中皆曰：『時周之命』，是武王語氣也。」

般〔般〕

於皇！時〔明〕周，	於（wū）皇！煌煌光明的大周，
陟其高山，	登上高高的山氣勢浩蕩，
嶞〔隋墮橢〕山喬〔高〕嶽，	逶迤的山，高高大大的山，
允猶翕河。	登高山俯瞰大河環顧八方，
敷〔溥〕天之下，	普天之下一派興旺，
裒〔捊〕時之對，	聚集此時各方的配合，
時周之命！	繼承周的使命，吉祥！
〔於繹思！〕	

【詩旨】

案：前1046～前1047年間，周武王克商後行狩，放馬華山，盤桓留連名山大川而放歌，重申「裒時之對，明周之命」的政治戰略。《逸周・度邑解》5「王乃登汾之阜，以望商邑。」「我南望過於三塗，我北望過於有嶽，丕願瞻過於河，宛瞻於伊、洛，無遠天室。」又見《史・周紀》。這是巡守時的樂歌。

〔齊說〕《易林・萃之比》：「德施流行，利之四鄉。而師灑道。風伯逐殃。巡狩封禪，以告成功。」

〔魯說〕《獨斷》：「《般》一章七句，巡狩祀四嶽河海之所歌也。」《正義》同。

　　《毛序》「《般（《毛詩音》般音盤。案：般又作盤、槃、昪、弁，喜樂）》，巡守而祀四嶽河海也。」《疏》繫之於周武王，《講義》、《編年史》繫之於周成王前 1036 年。

【校勘】

　　《毛》般，《漢石經》般，同。案：《說文》《唐石經》時、隋，《說文》隋，隋或體，唐寫本《爾雅》作隋，雪牕本作墮，《定聲》隋，當是陸之或體，本字作陸，《疏證》橢，長，《御覽》537 作隋，隋橢，長。墮通隋，《魯》《白虎通・封禪》《釋山》郭注引、《詩考》、元刻本《詩經》明，「時」當是「明」字之訛，《時邁》：「明昭有周」。《三家詩》《集注》本「命」下有「於繹思」。《唐石經》無。《單疏》「此篇末俗本有『於繹思』三字，誤也。」《經義雜記》同。案：如「於繹思」緊接於「命」下，而成七字句，從而使下（魚部）、與思（之部）構成魚、之合韻，對（微部）與思構成微、之合韻，以增強音韻美，當然這是我們在假設《三家詩》《集注》本實有其據的前提下的一種推想。更何況，梁武帝即是經學家，著《毛詩大義》等，《昭明文選》頗有益於《詩經》的校勘與詮釋，崔氏集眾解，採四家而成《集注》，《三家》《集注》有，如無可靠科學依據難以否定，《正義》以為有則「俗本」，《釋文》則因《毛詩》無則斷然肯定地說衍，《經義雜記》《校》《通釋》同。愚以為存疑。《毛.》喬，唐本《玉篇》引作高，二字通。《毛》敷，《考文》溥，案：敷讀溥、普。《毛》裒，裒別字。《漢石經》作「對，時周。」「對，時周」，則上文「明周」當作「時周」，《唐石經》小字本相臺本作「時周之命。」《三家》《集註》於繹思，《正義》《釋文》《唐石經》《毛》無「於繹思」，以為俗本，衍文。

【詮釋】

　　《定本》般，樂。時，善，善明，明周，明明昭昭的周。陟 zhì，登上。隋墮陸 duò 同橢，隋隋，狹而長貌，逶逶迤迤的山勢；喬嶽 yuè，高大。允，確實（一說允，語詞）；猶 yóu，可，《廣雅》猶，順；翕 xī，合；河，黃河、洛河等，《逸周・度邑解》記載有黃河、洛水、伊水、潁水，三塗山在河南陸渾縣南，華嶽在陝西華陰縣南。敷讀如溥普。裒，捊 póu，聚集；時，是，此，此時；對 duì，答，回應，配合。時通承，奉持周的使命。《通論》：「於繹思，又重申已與諸侯始終無倦勤之意。」

　　韻部：周，幽部；山，元部。幽、元相轉。嶽，屋部；河，歌部。歌、屋相轉。歌、元相轉。下，魚部，元、魚相轉。對，微部。歌、微相轉，魚、

微相轉。命，耕部；〔思，之部〕，微、之相轉，之、魚相轉。

【評論】

　　《詩故》10「『墮山喬嶽，允猶翕河』，謂遣以革命之故告山川也。『敷天之下，時周之命』，戒其順時恭命於周也。」《詩志》7「短調大氣魄，有山立雷鬱之概。」

卷二十九　魯　頌

魯　頌

　　魯，周成王封周公之子伯禽於魯，地望在山東曲阜一帶，今山東兗州東南，東至於海，南至江蘇沛縣、西南至安徽泗水縣（〔齊說〕東至東海，南至淮、泗）。《魯頌》魯諸侯僖公之頌。魯僖公，姬公申（659～前627年），魯國中興之君，據《春秋三傳》，魯僖公長於外交，也善戰，前659年敗邾，前656年敗蔡，前638年伐邾護送句須國君回國，前634年取穀，前627年取邾，大約在魯僖公時詩人所作（《左傳·文2》）。至於《毛序》《經典釋文·毛詩音義》所說史克作頌四篇，存疑，因爲《魯傳》《漢·揚雄傳》《法言》《齊傳》漢·班固《兩都賦序》，王延壽《魯靈光殿賦序》《韓詩外傳》曹植《承露盤銘序》晉·葛洪《抱朴子·鈞世》三家都說奚斯頌魯。當時詩人頌當時國王，《魯頌》實有開創性。《魯頌》是魯僖公時的詩人歌頌魯國的中興之君魯僖公的美德與大功，如《詩所》8所說是魯人的廟樂。其頌反映了魯文化不僅系統縝密地保留了周文化，而且反映了作爲詩歌藝術實際上是周詩的深邃、宕蕩臻於極至，近乎誇飾。明代詩評家鍾惺《批點詩經》：「《魯頌》《駉》、《有駜》二篇不能盡脫風體。《思樂（《泮水》）》《閟宮》舂容大章，漸開後世文筆之端。」

《虞東學詩》12「立國有道，富庶爲先，故《駉》先之。國富而後禮行，而君臣有道以燕樂，故《有駜》次之。君臣有道則可以揆文奮武而服遠，故《泮水》次之。郊天祭祖尤功德之極盛，故以《閟宮》終焉。」

駉

駉〔駉駉駫驍〕駉牡〔牧〕馬，　　牧馬兒高大膘壯，
在坰〔坰駉冂〕之野，　　　　　馬群兒在那郊外牧場，
薄言駉〔駉駉駫驍〕者，　　　　那馬兒威風八方，
有驕有皇〔騜〕，　　　　　　　有驕馬，有黃白馬，
有驪有黃，　　　　　　　　　　有鐵驪，有黃騮，
以車彭彭〔騯〕！　　　　　　　駕馭大車有力有容眞雄壯！
思無疆！　　　　　　　　　　　眞繁多，眞無疆，
思馬斯臧！〔1〕　　　　　　　　這些馬兒都馴良！

駉駉〔駉駉駫驍〕牡〔牧〕馬，　牧馬兒高大膘壯，
在坰〔坰駉冂〕之野，　　　　　馬群兒在郊外牧場，
薄言駉者，　　　　　　　　　　那馬兒威風八方，
有騅有駓〔駏〕，　　　　　　　有騅馬疾，有桃花馬快，
有騂〔駽〕有騏〔騏騹〕，　　　有赤色馬奮起，有騏馬英邁！
以車伾伾〔駓〕，　　　　　　　駕御起戰車伾伾如飛！
思無期！　　　　　　　　　　　眞繁多，數不盡，
思馬斯才〔材〕！〔2〕　　　　　這些馬兒都有才！

駉駉〔駉駉駫驍〕牡〔牧〕馬，　牧馬兒高大膘壯，
在坰〔坰駉冂〕之野，　　　　　馬群兒在郊外牧場，
薄言駉者，　　　　　　　　　　那馬兒威風八方。
有驒有駱，　　　　　　　　　　有連錢驄，有駱馬，
有駵〔駵驑騮〕有雒〔駱駱駁〕，有騮騮，有雒馬，
以車繹繹〔驛〕，　　　　　　　駕車善馳不止，
思無斁〔斁斁〕，　　　　　　　眞繁多，眞難數，
思馬斯作。〔3〕　　　　　　　　這些馬兒都奮起！

駉駉〔駉駫驍〕牡〔牧〕馬，　　牧馬兒高大膘壯，
在坰〔駉坰冂〕之野。　　　　　馬群兒在那郊外牧場，
薄言駉者，　　　　　　　　　　那馬兒威風八方。

有駜有騢〔駟霞〕，　　　　　有赭白馬，有騢馬，
有驔〔騽〕有魚〔驔驈〕，　　有驔馬，有魚馬，
以車祛祛〔袪袪〕，　　　　　駕起大車強健開張，
思無邪〔耶徐〕，　　　　　　良馬不懈怠，不徐緩，
思馬〔焉〕斯徂〔且駔〕！〔4〕　這些駿馬所向無當！

【詩旨】

案：大約在前644～前628年，詩人目睹魯國在魯僖公申時國力強盛所賦頌歌，歌頌僖公修馬政，通過讚頌良馬之德、力、神、志，對僖公注重牧馬（良馬、軍馬、獵馬、重挽馬）從而強軍、國家富庶的生動刻畫，抒發了詩人強軍強國的政治思想。《毛序》說是魯國史官史克作，《稽古編》已駁。漢・班固《兩都賦序》「奚斯頌魯」，揚雄《法言》「昔正考父嘗睎尹吉甫矣，公子奚斯嘗睎正考父矣」，《後漢・曹褒傳》「昔奚斯頌魯」，曹植《承露盤銘序》「奚斯頌魯」。今從《三家詩》魯公子魚奚斯頌魯說。

《毛序》：「《駉》，頌僖公也。僖公能遵伯禽之法，儉以足用，寬以愛民（《唐石經》，作㠯），務農重穀（《唐石經》穀，通穀），牧於坰野，魯人尊之。於是季孫行父請命於周，而史克作是頌。」《魯頌譜》《集注》《定本》《單疏》同。國力強大，魯人尊之，人之常情，「請命」、「史克作頌」於史無徵。以下四首《編年史》繫於前628年，云：魯史所作。

【校勘】

〔1〕案：本字作牧，《定本》《單疏》駉、牡，《詩考》引《說文》駉。《三家》《釋文》引《說文》駚、驍，《初學記》29作駉，《法藏》27 P193駉、《唐石經》《白文》牧，又作坰，案：駉駚洈坰，同。駉駚洈坰迥冋同為見母，故通用。詳《玉篇》《說文義證》。案：本字作冂，《說文》冂，牧，案：《定本》《顏氏家訓》所引江南本、《初學記》29、《白帖》929作牡，本字作牧，理由有九，一、《魯》揚雄《太僕箴》作牧；二、《唐石經》初刻作牡，改刻作牧；三、《傳》《箋》《疏》《單疏》牧；四、《說文》：駉，牧馬苑；五、《顏氏家訓・書證》所引河北本或作牧，《釋文》本或作牧；六、《爾雅・釋地》「郊外謂之牧」，詩文上下句則相通；七、《類聚》93 李陵《答蘇武詩》注引、《御覽》55作牧；《詩考》牧；八、P193作牧；九、《詩經小學》考訂正字作牧。至於作駉、駉，P193、《顏氏家訓》所見六朝本作駉。駉駚是駉字之訛。揚雄《太僕箴》《毛》坰，《說文》駉、冂，古字，《法藏》坰，訛

字。案：《毛》皇，古字，《三家》《釋畜》《詩考》引《說文》《玉篇》騜，皇讀如騜。《毛》彭，《說文》騯，彭騯音義同。

〔2〕《毛》駓，《字林》駓，同駓，《說文》伾，《唐石經》《廣雅》《字林》《考文》《釋文》駓，字又作駓。本字作伾，駓，異體。駓通伾。《毛》騢，《說文》無騢，《說文》騢，《新附》騢，騢古字。《漢石經》《毛》騏，《唐抄文選集注匯存》、《法藏》27／193騏，騏字之訛，《釋文》蒼祺。案：蒼祺，騏祺通綦。《單疏》《唐石經》伾，《字林》駓，音義同。《毛》才，《釋文》材，本作才。

〔3〕《唐石經》駵，江陵168號漢墓木牘作駵，《說文》驪，《考文》騮，俗字，《說文》《漢地理志》《初學記》29駵，古字。《集注》、《定本》、徐邈本作駱，《唐石經》雒，《毛詩音》雒，或作駱，《釋文》雒，本或作駱，俗本作駁。雒駱，同，駱異體，駁俗體。徐灝《通介堂經說》15考證認為經文本作駁。案：一本作「善走也」，本字作驒驒，《集注》《別雅》《單疏》驒驒，《釋文》繹繹，《唐石經》，小字本，相臺本，《毛》繹繹，阮《校》：繹者正字，驒者俗字。《毛》斁，《法藏》斁斁，案：斁斁異體。斁讀如度 dù。

〔4〕《毛》騢，《法藏》駻，《御覽》893作霞。案：駻是騢字之訛，霞是騢字傳寫之訛。《毛》《魯》《釋畜》魚，《釋文》魚，本又作瞵，《字書》《字彙》《類篇》《廣韻》瞵，《字林》《類篇》《正字通》騼，瞵騼孳乳字。《廣雅》《唐石經》祛祛，p3737祛祛，俗字。晉‧殷仲文《南州桓公九井作》李注引《韓詩章句》「祛，去也。」《釋文》《六經正誤》《詩集傳》小字本、閩本、明監本作祛祛，宋本作祛祛，案當從《說文》《廣雅》《唐石經》、相臺本《白文》祛祛，音義同。《毛》邪，《法藏》27／193作耶，案：《毛詩音》邪音徐，當依《毛詩音》讀邪如徐。《箋》《單疏》《唐石經》思馬斯徂，明監本誤作焉，《晏子春秋‧外篇》《說文》《玉篇》駔。《韓非‧外儲說》作且，作駔於義尤長，且呼應前三章。

【詮釋】

〔1〕一章寫良馬德善。《單疏》：「〔魯僖公〕能性自節儉以足其用，情又寬恕以愛其民，務勤農業，貴重田穀，牧其馬於坰遠之野，使不害民田，其為美政如此。」魯僖公名申，諡僖公。案：駉騤驍同為見母，駉 jiōng，馬肥壯雄健貌。駉、駿聲近通借，駿馬，良馬。《廣韻》駉，駿馳。總之是肥健有力，駿馬良馬，受過良好馴練的馬。冂坰駉 jiōng，牧馬苑。薄言，發語詞。

牧，放牧，馴馬。驈 yù，股或股間白色的黑馬。皇騜 huáng 黃白色相間的馬。驪 lí，深黑色馬。《齊》《檀弓》「戎車宜驪。」黃，黃色帶赤的馬。以，用；彭彭、旁旁、駓駓 pengpeng，強有力貌。《單疏》：有力有容。腹幹肥張。案：思即斯，《泮水》思樂，《禮器疏》斯樂，斯，這。下同；無疆，無止，形容僖公修馬政，養良馬甚多，而良馬是當時軍力、運輸等的重要工具。斯，其；臧，善，良，馴良。

韻部：馬野者，魚部；皇（騜）黃彭疆臧，陽部。

〔2〕二章寫戎馬材力。騅 zhuī，毛色蒼白相間的馬。駓 pī，毛色黃白相間的馬，又名桃花馬。騂（騂）xīng，赤色馬。騏 qí，祺騏通綦，青黑色。案：以 yǐ 御 yù 聲近通借，下同。駓駓伾伾 pī pī，霹靂 pīlì，迅速、有力貌。《疏證》：群行貌。期 jī，《疏證》：期之言極也。無疆、無期，無限極。此寫軍馬。才，才力，軍馬具有綜合素質與雄健有力。

韻部：馬野者，魚部；駓騏伾（駓）期才，之部。

〔3〕三章寫馬的精神，田獵之馬。驒 tuó，毛色呈鱗狀斑紋的青馬。駱 luò，黑鬣尾的白馬。《魯傳》《呂覽·孟夏》註：驒身黑尾曰驒。騮騮騮 liú，紫騮，紅身黑鬣尾的良馬。雒 luò 駱，字異義同之例。驛驛、繹繹、逸逸 yìyì，善跑。《單疏》驛驛，善走。《箋》斁，厭。《新證》：斁 yì，度，數。蘇轍：作 zuò，奮起。

韻部：馬野者，魚部；駱雒繹〔驛〕斁作，鐸部。

〔4〕四章寫馬的志向不凡，重輓馬，純正，駉駉、駫駫 jiongjiong，肥健貌。駰 yīn，淺黑帶白色的馬，騢 xiá，赤白相間的雜毛馬。驔 diàn，黃色脊毛的黑馬。案：《毛》訓「二目白曰魚」誤。據《字彙》引陸佃、《爾雅義疏》二目白馬，馬最下者。與前三章不相協。魚（䰲騥）yú，環眼馬，兩腿毛色白的馬。案：祛祛、袪袪、趣趣、趨趨 qūqū，快步而行或強健開張，極為有力的重輓馬貌。《單疏》：強健。《韓詩》：疾驅貌。朱熹：蓋詩之言，美惡不同，或勸或懲，皆有以使人得其情性之正。案：心歸純正，無邪，誠如《毛詩音》邪音徐。《詩故》10 邪本讀作徐，言無怠緩之志也。《新證》：邪讀作圉，圉，邊，無邊，指牧馬之繁殖眾多。誠如于氏所云：《論語·為政》：「《詩三百》，一言以蔽之，曰：思無邪。」以『思』為思念之思，邪為邪正之邪，凡東周典籍之引詩，多係斷章取義，不獨此詩為然。」《會歸》「以心之無傾斜言之，言其思馬政之正則，故能使馬堪任往來。」且徂讀如駔 zǎng，《晏子春

秋・外篇》繁駔，《韓非・外儲說》煩且，駿馬。《箋》：徂，往。《單疏》同作駔與前三章臧、才作相呼應而作總結。從馬的馴良、成材、奮起，都是駿馬四個方面，而有聲有色寫得活龍活現，結構整飭，善用重言，先描繪，後議論。

韻部：馬野者騢魚（瞵騄）袪（袪）邪（讀如徐）徂（且駔），魚部。

【評論】

許顗《彥周詩話》：「客言，『李、杜詩中說馬如《相馬經》，有能過之者乎？』僕曰：『《毛詩》過之。』」《讀詩記》31，「僖公修牧馬之政，以誠心行之，故言『思無疆』、『思無期』、『思無斁』、『思無邪』。馬之所以臧、才作駔者，其效也。與《衛風》『秉心塞淵，來牝三千』之意同。」案：詩人以藻麗的語彙，優美的韻律，排筆與整飭的體式，極寫修馬政後的牧馬以強軍、修政以強國的豪情，乃詠物詩的傑構。《重訂詩經疑問》12「此篇詩只重在『思無疆』『無期』『無斁』『無邪』數字上，次要看『斯臧』、『斯才』、『斯作』、『斯徂』數字，又次看『彭彭』、『伾伾』、『繹繹』、『袪袪』數字，其騅皇、驪黃、雒駓、騂騏等不過舉其種種有此類，皆可以應上襄之選耳，非各注定不可移易者。」「『彭彭』言其盛，埋照一『臧』字。『伾伾』言其任，埋照一『才』字。『繹繹』言其行，埋照一『作』字。『袪袪』言其行之狀，埋照一『徂』字。」《詩志》8「不脫變風體，得『思無疆』、『思無期』等語，稍有遠神。」《原始》18，「喻育賢也。」詩經學家趙永輝《先秦詩文史》頁167：「四章分詠良馬、戎馬、田馬、駑馬，八個『有』字，好像有當十、當百的力量，先把繚亂紛紜的一片顏色引來，詩的境象於是變得潤遠。每章不過更換幾個字，看去拙得很，其實頗有斟酌。換字處，很細又很切，貼合馬，更貼合馬政和國政，疊還往復，總是遞進。收束處歸結到思，亦即思之人，來把稱頌之意完足。」下啟漢武帝《天歌》、三國・應德璉《慜驥賦》、晉・劉恢《千里馬詩》、梁簡文帝《西齊行馬詩》等詠馬詩文。

有 駜

有駜有駜，駜彼乘黃。	駜駜肥強！駜駜肥強！四匹黃驃都肥強！
夙夜在公，	為國家肅敬其職，肅敏其事，
在公明明〔章章〕。	為公勉勉不已正興邦。
振振鷺，鷺于下。	羽舞時如成群白鷺飛翔，白鷺翩翩飛翔。

鼓咽咽〔鼕鼕〕，

醉言舞。

于〔於〕！胥樂兮！〔1〕

鼓聲鼕鼕，

飲酒歡暢，跳舞徜徉，

嗚呼！大家其樂洋洋啊！

有駜有駜，駜彼乘牡。

夙夜在公，

在公飲酒。

振振鷺，

鷺于飛。

鼓咽咽〔鼕鼕〕，

醉言歸。

于〔於〕！胥樂兮！〔2〕

駜駜肥強！駜駜肥強！四匹公馬都肥強！

夙夜勤勞公事，事業興旺，

眾心在公飲酒也歡暢。

羽舞時如成群白鷺飛翔。

白鷺在翩翩飛翔！

鼓聲鼕鼕，

扶醉而歸，心花怒放。

嗚呼！大家都其樂洋洋啊！

有駜有駜，駜彼乘駽〔騆〕。

夙夜在公，

在公載燕。

自今以始，

歲〔歲〕其有〔年秊〕，

君子有穀〔穀〕，

詒〔貽厥〕孫子。

于〔於〕！胥樂兮！〔3〕

駜駜肥強！駜駜肥強！四匹鐵驄都肥強！

夙夜勤勞公事，事業定興邦！

眾心在公飲宴則歡暢！

從今以往，

歲歲將豐穰，

君子們善良，

遺傳給後代，吉祥！

嗚呼！大家都其樂洋洋啊！

【詩旨】

案：前 647 年冬，魯僖公多次在與齊桓公等會盟後，在外交、軍事上獲勝。魯僖公宴飲文臣武將時，詩人在這首頌禱詩中宣傳了「夙夜在公，在公明明（勉勉）」與「君子有穀（善、賢）」的重要政治思想，頌禱歲有其豐年。這是一首魯國禮樂文化的樂歌。

《毛序》：「《有駜》，頌僖公君臣之有道也。」《詩集傳》：「此燕飲而頌禱之辭也。」

【校勘】

〔1〕《毛》乘，P3737 乘，同。《毛》明明，《漢石經》章章，同部，義同。案：本字作鼕、鼕，《單疏》《唐石經》咽咽，《東京賦》李注引《毛》曰：「鼓鼕鼕」。《說文》鼘鼘。《釋文》咽，本亦作鼕。避唐諱作咽，咽通鼕。于當讀如於 wū，《箋》于，於。

〔2〕案：本字作騯，《唐石經》騯，同。《毛》小字本、相臺本歲其有，《唐石經》歲其有，《釋文》：「歲其有，本或作歲其有矣，又作歲其有年矣，皆衍字也。案：當從《四家詩》作「歲其有年」，此有十條理由：（1）《三家詩》「歲其有年」；（2）《正字》又作「歲其有年者矣。」由《毛傳》「歲其有豐年矣」，當是以豐年訓年，年，《尹宙碑》作秊，同；（3）《正義》同；（4）《毛詩集注》則以《毛詩》為主、兼取《三家詩》作「歲其有年」，詳《單疏》；（5）《法藏》27／194《詁訓傳》「歲其有秊」，秊年古今字；（6）632 年所頒唐·顏師古等釐正本《定本》則據晉、劉宋以來古本，《疏》：《集注》《定本》作「歲其有年」；（7）《唐石經》頁 425「有」下旁添「年」字；（8）《豐年》《正義》：「《魯頌》曰：『歲其有年』。（9）《惠雲漢碑》《西嶽華山廟碑》「歲其有年」。則必為「歲其有年」。（10）《考文》作「歲其有豐年矣。」阮《校》：當以《定本》、《集注》為長。《毛》詒孫子，《魯》《列女傳·魯季姜》「貽厥孫子」。《毛》本《箋》作詒，《單疏》本作貽。P3737、《唐石經》「詒厥孫子」貽通詒，似當從《魯詩》，都是四字句，有整飭美。《魯》《列女傳》《韓》《毛》《詩集傳》穀，《唐石經》穀，穀通穀。

【詮釋】

〔1〕案：有駜，駜駜蹡蹡 bìbì，強有力貌。《單疏》：肥強。乘，四馬；黃 huáng，黃色帶赤的馬，黃驃馬。夙夜，起早帶晚；在公，勤勉於公事。明明，勉勉。振振，群飛貌。寫公廟羽舞。舞於下，羽舞在堂下。案：鼓，鼓聲用於節制樂舞，咽咽 yuān yuān，通鼘鼘 yuān，鼓聲深宏有力。言，而。于通於 wū，感歎詞，下同。一說于，助詞，一說于，吁。胥，相，都，《魯傳》《新書·禮》胥，相也；樂，快樂；兮，啊。

韻部：黃明，陽部；鷺下舞，魚部；樂與二、三章樂遙韻。

〔2〕牡，公馬。於，助詞；飛，如飛。歸，扶醉而歸，飲酒極興。

韻部：牡酒，幽部；飛，微部。

〔3〕騂騂 xuān，青黑色馬，又名鐵驄，鐵青馬。載，則；燕，宴飲。以始，開始。歲，歲歲；其，將；有年，年，五穀豐登，豐收年。穀通穀 gǔ，善。詒貽音義同，贈遺；厥，其；孫子，後代。

韻部：騂燕，元部；始有子，之部；又：始，之部；年，眞部；穀，屋部；子，之部。

【評論】

明・沈守正《說通》:「首二章燕飲,三章頌禱。曰『歲』,非一歲也;『有穀』,亦本禮教信義而推廣之。《魯頌》誇大,非止頌其所有已也,君臣忘形以相娛,侈詞以致禱,自謂千載之一時矣。」《原解》:「此篇大類《風》體,跌宕姚佚,無復《清廟》『肅雍』之意,春秋以來新聲也。」《詩志》:「風神動盪,節奏嶔峭。漢、晉樂府中多有似此句法者。」《詩誦》:「音節清峭,與《頌》體異,並與《風》、《雅》體異,已開後人樂府體一派。」《會通》引舊評:「音節絕佳。」案:詩人善於選擇一個角度,用暗寫法,由馬的雄強寫「夙夜在公,在公明明」,即由馬政寫到眾臣團結在勉勉不已的魯僖公周圍,由淵淵鼓聲和諧到大家醉而舞,醉而歸,寫到大型音樂會、宴會和樂的氣氛,「君子」自然是指魯僖公「有穀(有善心有善政)」,此風又「詒于孫子」,所以結句「于(wū)!胥(都)樂!」水到渠成。詩句長短錯落有致,善用動詞,篇末明旨。

泮　水

思〔斯〕樂泮〔頖〕水,	在那歡樂的泮宮泮水,
薄采其芹〔荇〕。	忘不了一齊採芹。
魯侯戾止,	魯僖公蒞臨,
言觀其旂。	諦觀那交龍旗旂。
其旂茷茷〔伐斾〕,	那旗旂旆旆然飄揚,
鸞〔鑾〕聲噦噦〔噦鑯鈛鈛噦〕,	車鑾聲噦噦地響過不停,
無〔无〕小無〔无〕大,	官無論大小,人無論青壯,
從公于邁。〔1〕	緊隨魯僖公征行。
思樂泮水,	在那歡樂的泮宮泮水邊,
薄采其藻。	忘不了一齊採藻。
魯侯戾止,	魯僖公蒞臨,
其馬蹻蹻〔維驍驕喬〕,	那馬兒高大驃悍,
其馬蹻蹻〔喬〕,	那馬兒高大驃悍,
其音昭昭。	魯僖公德音昭昭。
載色載笑,	又溫和,又微笑,
匪怒〔恕〕伊〔匪〕教。〔2〕	不發怒,惟教導。
思樂泮水,	在那歡樂的泮宮泮水邊,
薄采其茆〔菲〕,	忘不了一齊採蓴菜,

魯侯戾止，　　　　　　　　魯僖公蒞臨，
在泮飲酒。　　　　　　　　君臣在泮宮飲酒。
既飲旨〔言〕酒，　　　　　既暢飲美酒，
永錫難老。　　　　　　　　又永賜諸老。
順彼長道，　　　　　　　　從著那遠道，
屈〔詘謟淈〕此群醜。〔3〕　治服了，把群眾團結、凝聚好。

穆穆〔穆〕魯侯，　　　　　勉勉不已的魯僖公，
敬明其德。　　　　　　　　保民敬德多榮耀，
敬慎〔爾〕威儀，　　　　　威儀也謹慎，
維民〔旻〕之則。　　　　　民眾紛紛仿傚。
允文允武，　　　　　　　　能文能武，
昭〔照〕假〔嘏假〕烈祖。　明告功烈煌煌的先祖於宗廟。
靡有不孝〔孝效〕，　　　　無不效法周公魯公，
自求伊祜〔祜〕。〔4〕　　　自求那純福可不少。

明明〔穆穆〕魯侯，　　　　勉勉不已的魯僖公，
克明其德。　　　　　　　　能修其德感化眾人，
既作泮〔頖〕宮，　　　　　已經修繕泮宮，
淮夷攸服。　　　　　　　　淮夷歸心。
矯矯〔蟜蹻驕〕虎〔虜武〕臣，凱旋歸來的威武將軍，
在泮〔頖〕獻馘〔職〕。　　在泮宮獻職報功，
淑問如皋陶，　　　　　　　善於審問（俘虜）如皋陶，
在泮獻囚。〔5〕　　　　　　在泮宮獻俘時一一審明。

濟濟多士，　　　　　　　　魯國英才濟濟，
克廣德心。　　　　　　　　都能把善心推廣。
桓桓〔栢〕于征，　　　　　雄氣堂堂出征，
狄〔鬄鬄剔逖〕彼東南。　　治理好淮夷一方。
烝烝皇皇〔旺〕，　　　　　進進往往，
不吳〔吳吳虞娛〕不揚〔瘍傷陽驚〕，不過誤，不損傷，
不告于訩〔訟〕，　　　　　不喧呼，不訩訩，
在泮獻功。〔6〕　　　　　　一個個在泮宮獻功忙。

角弓其觩〔觓觓亂〕，　　　硬弓如今鬆弛了，
束矢〔東夷〕其搜〔捘〕，　五十支矢曾嗖嗖發響，

戎車孔博〔傳〕，　　　　　戰車很堅利，很寬敞，
徒御無斁〔繹射懌〕。　　　步兵騎兵御車手無厭無逞。
既克淮夷，　　　　　　　　征服了淮夷，簽了盟約，
孔淑不逆。　　　　　　　　大善事，從此淮夷不違抗。
式固爾猶〔猷〕，　　　　　僖公謀略眞周詳，
淮夷卒獲。〔7〕　　　　　　淮夷終於來歸降。

翩彼飛鴞，集于泮林。　　　貓頭鷹翩翩飛來，聚集泮宮之林。
食我桑黮〔黮椹甚〕，懷我好音。　吃着咱們的桑甚，報以悅耳的語音。
憬〔懬獷〕彼淮夷，　　　　那淮夷憬然而悟，
來獻其琛、　　　　　　　　獻來自然的琛寶、
元龜、象齒、　　　　　　　大龜、象牙、
大賂〔路〕、南金。〔8〕　　大量贈送財物布帛、銅金。

【詩旨】

　　《孔子詩論》簡 24「后稷之見貴也，則呂（以）文武之悳（德）也。」
案：前 644 年～前 638 年，魯僖公十六年與齊桓公等盟於淮，十七年滅項（今
河南項城），22 年春取須朐（今山東東平東南），魯國的勢力範圍北至今山東
東平東南，西至河南項城，南至淮河下游北岸。詩人先敘寫魯僖公重視育才，
明德效祖，後寫淮夷所服、治平東南。這是頌美魯僖公的詩。是祭祀、慶宴
時所奏的大型頌歌。

　　〔齊說〕《易林》《萃之中孚》：「元龜、象齒、大賂爲寶。稽疑當否，衰
微復起。」

　　《毛序》「《泮水》，頌僖公能修泮宮也。」案：僖公盟於淮，《泮水》詩
補史。

【校勘】

　　〔1〕《漢石經》《毛》思，《齊》《禮器》《正義》引斯，思、斯語詞。古
字作頪，《毛》泮，《三家》《老子》乙前二四上、《周禮》注《禮記・王制》《單
疏》《廣韻》頖。《單疏》《五經通義》《魯》《韓》《毛》芹，《魯》《白虎通・
辟雍》菦，似當作芹，以協韻。案：本字作斾，《唐石經》筏筏，《釋文》《考
文》《群經音辨》3 伐伐，本又作筏，《毛詩音》筏筏，音斾。筏通斾。《毛》
鸞、噦，《唐石經》噦，《三家》《說文》鑾、鐬、鉞。案：鸞通鑾，噦同嘒，
鐬俗字，鑾鑾、鉞鉞、嘒嘒，擬聲詞。

〔2〕《毛》蹻蹻，《釋文》同，《說文》維驕，古本《說文》驍驍，《法藏》27／194喬喬，重言行況字。《箋》《唐石經》《韓詩外傳》8伊教，《魯》《說苑》《列女傳·鄒孟母》《毛》笑，《唐石經》笑，古字，匪教，《法藏》怒作怒，案：《箋》訓伊爲是，則匪讀如伊，「怒」是「怒」字之訛。

〔3〕《漢石經》《韓詩外傳》3《唐石經》《單疏》茆，《說文》《毛詩音》言采其茆，隸變爲茆。《毛》旨，《唐石經》言，同。904年抄《玉篇》引《毛》作詘，《說文》詘，又作詘，《唐石經》屈，《魯》《爾雅》樊光注作淈，《毛詩音》：屈，古詘字。《韓》《毛》屈。屈詘淈字異音義同，讀如詘。

〔4〕《毛》愼，《魯》《中論·法象》爾，師受不同，《毛》假，P3737作照嘏，則假讀如嘏，作照，避晉諱。《出師頌》注引作格，《唐抄文選集注匯存》3.55作昭格列祖，假讀如嘏、格。案：本字作斈，《毛》《疏》孝，《箋》訓傚，當爲斈，效，《說文》《述聞》7斈，斈，效。《唐石經》祐，《六經正誤》祐，誤。

〔5〕《毛》明明，《白虎通·辟雝》穆穆，案：明穆勉同爲明母，明明、穆穆，勉勉。《毛》泮宮，《單疏》《禮器》鄭注《王制》注引作頖宮。案：本字作矯，《唐石經》矯矯，《毛》蹻，P3737《釋文》蟜蟜，本又作矯。東方朔《畫贊》、潘安仁《楊荊州誄》李注引《毛》：「矯矯武臣」，避唐祖諱，《法藏》䎰，䎰是矯字之誤。曹憲、李善是隋唐文選學大家，李注所引《毛》應以爲據。《唐石經》《毛》馘，《左傳》《說文》聝，音義同。

〔6〕《唐石經》《毛》桓，《單疏》桓，避唐穆宗、宋眞宗、宋欽宗諱。《毛》狄，《三家》鬄，《韓》髢，《箋》剔，正字作鬄，髢是鬄字之省，《唐抄文選集注匯存》3.35王肅、孫毓作逖，狄通鬄。《毛》皇皇，《箋》眭眭，作。《唐石經》小字本相臺本作吳、揚，《箋》吳揚，《齊》《漢·郊祀志上》《玉篇》《廣韻》吳，《說文》吳，王肅、《疏》作誤，傷，《唐石經》吳，《魯》《史·武帝紀》褚《補》虞，陽，《釋文》、宋本吳瘍，《單疏》：「揚與誤爲類故爲傷」，《正義》傷，《衡方碑》虞陽，虞娛通誤。陽瘍通傷。

〔7〕《唐石經》馘、御、斁，《釋文》P194徒繹、字亂，馘、亂本作馘，亂字非。《毛》束矢，《法藏》東夷，當爲束矢。《毛》搜，《說文》挍，古字。《漢石經》《毛》博，《箋》傅，傅通博。《唐石經》小字本相臺本作斁，《釋文》繹，本又作射，又作斁，或作懌，皆音亦，厭也。繹，繹斁古通，繹射讀斁。《毛》猶，由《箋》推知當作猷，猶通猷。

〔8〕案：正字作甚，《毛》黮，《五經文字》《唐石經》葚、黮，避唐敬宗諱。《說文》《字林》甚，《白帖》40.82、《類聚》87 作椹，黮椹通甚。《毛》懷，《惜誦》注引作詒，案：懷，《箋》懷讀如歸，貽讀如詒。《說文》《玉篇》《類篇》唐寫本《切韻》《廣韻》《集韻》《毛》憬，《郭景碑》景，《釋文》《說文》憿、憬，《三家》、揚雄《揚州牧箴》《漢書音義》《齊安陸王碑文》注引獷，正字作憿憬。獷、憬字異音義同。《毛》來獻其琛，元龜象齒，大賂南金，毛訓賂爲遺，則句式爲來獻：……、大賂、……，並列句式，似當爲來獻：其琛、元龜、象齒、大賂、南金，成動賓句式，詳詮釋。案：正字作賂，《三家》《易林》《說文》《後漢・劉陶傳》《箋》《單疏》《唐抄文選集注匯存》1.159、1.266《唐石經》《吳都賦》注引作賂，殿本作路，通作賂。

【詮釋】

〔1〕前四章寫魯僖公文治之功，修建頖宮，興學育人，重教養老，明德厚民，允文允武，祭祖效祖。《單疏》頖宮，周學也。頖泮 pàn，西周時諸侯的學宮，西南爲水，東北爲牆。思斯，語詞；樂，君臣泮水之樂。薄，語詞；採芹，採水芹以爲菜，後以採芹、入泮代指上學。魯僖公文武兼資，作泮宮，以興學。《詩切》認爲「伯禽作宮也。」一二句寫魯僖公執政 32 年注重培養人才。戾止，連語，戾讀如蒞，至。言，語詞；觀泮宮旂旗。伐伐筏筏通旆旆 pèi pèi，飄揚貌。噦噦、鑾鑾、鉞鉞 huì huì，鈴聲。無，無論；小大，官職、輩份小大。從，緊從；公，僖公；於，助詞；邁，行，或征討。

韻部：芹旂，侵部；筏（讀如旆）噦（鉞鑾）大邁，月部。

〔2〕藻，水藻，二用：菜、祭品。蹻蹻、驕驕、喬喬，強盛貌。音，德音善政；昭昭，政教宣示明白深入人心。載，又；色，溫和；笑，微笑親切。匪，彼；怒，怨；伊惟；教，教化。雖怒，惟教化。

韻部：藻昭笑教，宵部；蹻蹻，藥部。宵、藥通韻。

〔3〕茆 mǎo，蒓 chún 菜（Brasenia Schreberl），水葵，睡蓮科，多年生水生宿根草根，鬚根系，分枝嫩梢，卷葉營養價值高，古爲蔬菜珍品。旨，美。永錫難老，永賜給那些窮而無告之人、不易衰老之人、年高德劭之人。順，從；彼，那；長道，遠道。詘屈古今字，qū，治服。屈，收，治；醜，眾，群醜，連語，群眾，王肅：「順彼仁義之長道，以斂此群眾。」治理好團結好群眾。

韻部：茆酒老道醜，幽部。

〔4〕穆穆、明明、勉勉同爲明母，勉勉不已。《單疏》：穆穆然美者，是魯侯僖公能敬明其德，又敬愼其舉動，威儀內外皆善維爲下民之所法則也。敬能，明德爲要。敬，謹，對於威儀較謹愼。則，法則。《穀梁傳・成8》《疏》引魯僖公《禱請山川辭》「方今大旱，野無生物，寡人當死，百姓何依？不敢煩民請命，願撫萬民，以身塞無狀。」允，能。案：昭，明；假，通嘏，告，明告，虔誠地昭告先祖；烈祖，周公姬旦、伯禽。此處寫祭列宗列祖。靡，無；孝讀如孝，效法烈祖。祜 hù，福。《詩疑》2「詞氣雍肅，句法莊重。」

韻部：德則，職部；武祖祜，魚部。

〔5〕案：《穀梁傳・僖17》：「九月，公至自會（前643年，魯僖公克淮，從淮地回國，告祭祖廟）。」後四章寫征服淮夷，治平東南，以詩說明文治武功的辯證關係。明明，勉勉。克，能；明，修明。既，已；作，造；泮宮，頖宮，培養人才的場所。攸，所；服，歸順。矯矯，勇武貌。淮夷，在淮河下游一帶。《左傳・僖16》前644年，魯僖公與齊桓宋襄等盟於淮，援鄫征淮。僖公等盟於淮，雖有「兵車之會」，政治影響，以德服眾尚是重要手段，加之有「矯矯虎臣」，有善於審問的如同皋陶那樣的法官，故「淮夷攸服」。囚，俘虜。前四章作了鋪墊。獻馘 guò，截耳計功，審囚獻囚，都是奏凱餘事。

韻部：德服馘（職），職部；陶囚，幽部。

〔6〕濟濟，威儀。克，能；廣，推而廣之；德心，善心。桓桓，威武貌。狄逖剔鬄鬀 tì，消除了東南淮夷的威脅，治理好東南。《通釋》烝烝，美，皇皇，美，皆極狀多士之美盛。烝烝，進進；皇皇，旺旺，往往。不誤，不過誤，瘍揚讀如傷，不傷，不亂傷。

韻部：心南，侵部；皇揚（瘍陽傷），陽部；訩（訟）功，東部。

〔7〕角弓，用獸角爲飾的硬弓；觓通觓觓觓 qiúqiú，鬆弛。束矢，五十支矢爲一束，搜眾，五十支矢。其搜，搜搜嗖嗖 sōusōu，象聲詞，疾速聲。戎車，戰車；孔，很；博，眾多。徒，步兵；御，騎兵、御車的；懌射，繹通斁 yì，厭倦。孔淑，大善事；不逆，不違逆。即「淮夷攸服。」式，用；固，堅持；爾，魯僖公；猶通猷，謀略。案：卒，終於；獲 huò，得，得其心，《大戴禮記・五帝德》「執中而得天下」，淮夷終於得以歸服。

韻部：觓（觓）搜，幽部；博（傳）斁（繹）逆獲，鐸部。

〔8〕翩，翩翩，疾飛貌；鴞 xiao，長尾林鴞。泮林泮宮附近的林。黮椹通葚 shèn，桑果。懷通歸，報以。誑 kuàng，廣大。景通憬 jǐng，覺悟。案：來獻：琛 chēn，自然珍寶；元龜，大龜；象齒，大象牙；大，廣；賂 lù，贈送財物。其時荊揚二州多出二金。《四家》《易林》《箋》《單疏》《唐石經》賂，《傳》訓遺，贈送財物。《通釋》訓爲輅（hé 大車），于鬯《香草校書》訓爲讀如簶（lù 箭竹），俞氏《平議》訓爲璐（lù，美玉），而《後漢·劉陶傳》賂讀爲路（輅），似誤。案：詮釋不宜破字解經，仍從《四家》《箋》作賂解，賂 lù，《說文》：賂，遺也，《玉篇》布帛曰賂，江淮流域，南方的大量的布帛、銅、金，《箋》：「荊揚之州，貢金三品。」《齊傳》《易林·比之噬嗑》：「蒼梧鬱林，道易利通。元龜、象齒、寶貝、南金，爲吾歸功。」元，大。南，荊州、揚州等南方地區。《箋》荊、揚之州貢金三品。

韻部：林黮（甚椹）音琛金，侵部。

【評論】

一二章善於刻畫僖公及扈從，「從公于邁」，案：前四章寫作育人材，興學重教，敬老聚眾，明德效祖，六七章渲染軍威，後四章寫「桓桓于征，剔彼東南」，「克廣德心」「淮夷卒獲」「憬彼淮夷」，卒章用誇飾，以寫其威，富於情致，《春秋三傳》唯《穀梁傳·僖16》：最爲詳細：「冬，十有二月，公會齊侯、宋公、陳侯、衛侯、鄭伯、許男、邢侯、曹伯於淮。兵車之會也。」大約詩人用記敘與誇飾相結合的技法，詩補史。如果從史實而論，《左傳》：前 659 年擊敗邾，前 645 年魯僖公等諸侯軍抗楚救徐。前 643 年魯滅項國。前 638 年魯師取須句並護送須句國君回國，前 634 年僖公指揮楚軍敗齊，取穀地。前 627 年魯攻邾並佔領訾婁。僖公與諸侯多次會盟，長於外交，頗有作爲。元·劉瑾《詩傳通釋》：「詩言不無過實，要當爲頌禱之辭也。」《批評詩經》：「大體宏贍，然造語卻入細，敘事甚精覈有致。前三章近《風》，後五章近《雅》。」《詩誦》4「首章『筏』叶蒲寐反，『大』叶特計反，『邁』叶力制反，與『饎』音叶爲連句韻。二章『昭』讀如字，『教』讀平聲，爲隔句韻。三章『老』，『道』並如字讀，爲中二句自爲韻而首尾合韻，如此讀，則全篇八章用韻，無一同者，殊見變化，可備一格。……四章以『允文允武』鎖上啓下，關鍵分明。五章六章兩提『德』字，武功必本於文德，與三章『德』字緊相鉤貫。末章『食彼桑黮』二句是文德武功合效處，處處點泮水，眉目清朗，結法更寓意深長，不忘責難。」

閟　宮

閟〔秘祕閉毖〕宮有侐〔閟恤洫〕，　　祧宮神宮清謐謐，
實實枚枚。　　　　　　　　　　　　嚴實細密很神祕。
赫赫〔焃焃〕姜嫄，　　　　　　　　顯耀始祖念姜嫄，
其德不回。　　　　　　　　　　　　懿德端正從不邪。
上帝是依，　　　　　　　　　　　　依怙那上帝，
無災〔灾菑〕無害，　　　　　　　　十月懷胎無災禍，
彌〔彌〕月不遲〔遟〕，　　　　　　足月生育並不遲，
是生后稷。　　　　　　　　　　　　茲生麟兒名后稷。
降之百福；　　　　　　　　　　　　上帝賜給百種福：
黍稷重〔種穜〕穋〔稑〕，　　　　　黍稷錯開先後熟，
稙穉〔植稚〕菽〔尗〕麥，　　　　　早種遲種豆與麥，
奄〔掩〕有下國，　　　　　　　　　良種普及到各地，
俾〔卑〕民〔民〕稼穡，　　　　　　使農民更好稼穡。
有稷有黍，　　　　　　　　　　　　有稷子、有黍子、
有稻有秬，　　　　　　　　　　　　有稻子、有黑黍。
奄〔掩〕有下土，　　　　　　　　　良種覆蓋了各地，
纘〔纉〕禹之緒。〔1〕　　　　　　　繼承大禹的偉業。

后稷之孫，　　　　　　　　　　　　稷的後裔都很強，
實維大王，　　　　　　　　　　　　古公亶父稱太王。
居岐之陽，　　　　　　　　　　　　遷徙定都岐山之陽，
實始翦〔戩勤〕商。　　　　　　　　奉勤商王，後謀劃伐商。
至于文、武，　　　　　　　　　　　文王、武王討伐商紂王，
纘〔纉〕大王之緒。　　　　　　　　傳承功業繼太王。
致天之屆，于牧之野。　　　　　　　奉行天罰，牧野會戰殷商亡。
「無貳無虞〔誤〕，　　　　　　　　「莫存二心莫欺莫誤，
上帝臨女！　　　　　　　　　　　　上帝監臨保吉祥！
敦商之旅，　　　　　　　　　　　　敦伐商紂義師興，
克咸厥功。」〔2〕　　　　　　　　　能協同完成其功功業輝煌！」

不虧〔騫寨〕不崩，　　　　　　　　巍巍高山不毀崩，
不震不騰〔滕〕，　　　　　　　　　滔滔大河不振滕，
三壽作朋，　　　　　　　　　　　　三老是友，
如岡〔崗〕如陵〔陵〕。　　　　　　高壽如崗又如陵。

公車千乘，
朱英綠縢，
二矛重弓。
公徒三萬，
貝冑朱綅〔旌〕。
烝徒增增，
戎、狄〔翟〕是膺〔應〕，
荊、舒〔荼〕是懲〔徵〕，
則莫我敢承。
王曰〔謂〕：「叔父！
建爾元子，
俾〔俾卑〕侯于魯，
大啓爾宇，
爲周室輔！」〔3〕

乃命魯公：
「俾〔卑〕侯于東，
錫之山川，
土田〔地〕附庸！」
周公之孫，
莊公之子。
龍旗承祀〔祀〕，
六轡耳耳〔爾絆〕。
春秋匪解，
享祀不忒。
皇皇后帝，
皇祖后稷，
享以騂犧，
是饗是宜〔宜俎〕，
降福既多。
周公皇祖，
亦其福女！〔4〕

秋而載嘗〔嘗常尙〕，夏而楅〔福〕衡，
白牡騂剛〔犅〕。

當年周公千乘車，
紅纓、馬轡綠絲繩，
一人雙矛兩張弓，
英武戰士三萬人，
貝飾頭盔，大紅旗旆。
眾徒層層不可當，
西征西戎北征狄，
南征亦將荊舒懲。
誰敢與咱來對陣？
成王對周公講「叔父，
封您長子王東魯，
令他當魯侯，
您的疆域大開拓
作爲王室好良輔！」

成王冊命伯禽爲魯公：
「使他爲侯守於東。
賜與山，賜與川，
賜與七百里之封！」
周公第 14 代孫，
莊公之子魯僖公，
承祀時交龍旗旆迎風展，
六馬御車好威風。
年年祭祀不懈怠，
祭品不變總是豐，
偉大天帝來歆享，
始祖后稷同享用，
紅色的犧牲奉進上，
饗祭神祭社很隆重，
賜福多多在望中。
周公大祖都顯靈，
都將賜福魯僖公。

秋季大祭尙新物，夏養祭牛用楅橫，
白、紅公牛都肥壯。

犧〔獻〕尊〔樽〕將將〔鏘〕，　　　盛潔祭禮品犧尊鏘鏘列在堂，
毛炰〔炮〕胾羹，　　　　　　　　炰烤乳豬，煮肉片湯，
籩〔邊〕豆大房。　　　　　　　　竹豆房俎獻上場。
〔鐘鼓喤喤〕，　　　　　　　　　萬舞盛大真堂皇，
萬舞洋洋〔奕奕〕，　　　　　　　〔鐘鼓合奏喤喤喤〕，
孝孫有慶。　　　　　　　　　　　主祭身上多吉祥。
俾〔卑〕爾熾而昌，　　　　　　　使您幸福又昌盛，
俾爾壽而臧。　　　　　　　　　　使您長壽又健康，
保彼東方，　　　　　　　　　　　保有王室之東方，
魯邦是常〔嘗常〕。　　　　　　　諸邦將您來尊尚。
俾爾昌而熾，　　　　　　　　　　讓您昌隆又興盛，
俾爾壽而富。　　　　　　　　　　讓您長壽又富裕，
黃髮台〔鮐〕背，　　　　　　　　白髮變黃、背有鮐文真高壽，
壽胥與試。　　　　　　　　　　　壽高敢與人比試。
俾爾昌而大，　　　　　　　　　　讓您昌盛又善良，
俾爾耆而艾〔刈艾〕。　　　　　　讓您高壽又平安，
萬有千歲，　　　　　　　　　　　萬歲又千歲，
眉壽無有害。〔5〕　　　　　　　長壽沒病疫災害，福壽延延。

泰〔大太〕山巖巖〔嚴〕，　　　　泰山高崇雄渾，
魯邦所〔是〕詹〔瞻〕。　　　　　這是魯國北至的地方。
奄〔弇幠〕有龜蒙，　　　　　　　擁有龜山蒙山，
遂荒〔巟奄幠〕大東，　　　　　　擁有遠至海東地方。
至于海邦。　　　　　　　　　　　至於海上的島邦，
淮夷來同，　　　　　　　　　　　淮夷也參與會盟，
莫不率從，　　　　　　　　　　　無不相率歸從，
魯侯之功！〔6〕　　　　　　　　都是僖公的豐功。
保有鳧〔鄒〕、繹〔嶧〕，　　　　還擁有鳧山嶧山，
遂荒〔奄幠〕徐〔郐〕宅。　　　　郐地也是魯國管轄的地方，
至于海邦。　　　　　　　　　　　至於海上的島邦。
淮夷蠻貊〔貃貉〕，　　　　　　　即使曾如蠻貊的淮夷，
及彼南夷，　　　　　　　　　　　以及那南方之夷，
莫不率從，　　　　　　　　　　　無不相率歸服，
莫敢不諾，　　　　　　　　　　　莫敢不應承，
魯侯是若。〔7〕　　　　　　　　對魯邦一一順服。

天錫公純〔純〕嘏，　　　　　　天賜給您宏福，
眉壽保魯。　　　　　　　　　　長壽保有魯邦，
居常〔嘗棠〕與許，　　　　　　佔有常邑、許邑，
〔復〕周公之宇。　　　　　　　恢復周公的國疆。
魯侯燕〔宴〕喜，　　　　　　　僖公舉行宴會，
令妻壽母。　　　　　　　　　　有賢良的妻子，高壽的母親，
宜〔宜〕大夫庶士，　　　　　　相宜的有士大夫、眾士，
邦國是有。　　　　　　　　　　慶賀魯邦興隆，皆大歡喜。
既多受祉，　　　　　　　　　　已受上蒼的福祉，
黃髮兒〔齯〕齒。〔8〕　　　　老人們返老還童生齯齒。
徂來〔岨崍徠〕之松，　　　　　岨崍山的松樹，
新甫之柏，　　　　　　　　　　小泰山的柏樹，
是斷是度〔剫〕，　　　　　　　鋸斷了，剖開了，
是尋是尺。　　　　　　　　　　按照長度論用場。
松桷有舃，　　　　　　　　　　松木橡子大又牢，
路寢孔碩，　　　　　　　　　　殿堂巍巍屋宇高，
新〔寢〕廟〔庿〕奕奕〔繹〕。　寢廟雄偉又美妙。
奚斯所作，　　　　　　　　　　奚斯作頌歌閟宮，
孔曼且碩，　　　　　　　　　　篇幅又長又美多詞藻，
萬民〔昬〕是若。〔9〕　　　　萬民讚賞此詩好。

【詩旨】

案：前 626 年詩人賦此頌，(《左傳·文 2》引《魯頌》曰：「春秋匪解，享祀不忒。皇皇后帝，皇祖后稷。」由此可見此詩不遲於前 627 年）詩人擅長賦陳歷史，描寫史實，追述姜原、后稷、太王先周史、文武伐商史，周公伯禽以至僖公十七代魯公尤其是僖公的豐功，突出了「大啟爾宇」、復周公宇的武功，並用誇飾手法加以頌禱。

《毛序》：「頌僖公能復周公之宇也。」《名物抄》8「僖公修廟而祝頌之辭。」《原始》「美僖公能新廟祀也。」

〔魯說〕西漢·楊雄《法言·學行》：「昔顏〔淵〕嘗睎（xī，仰慕）〔孔〕夫子矣，正考甫嘗睎尹吉甫，公子奚斯常睎正考甫。」

《魯靈光殿賦》李善注引《韓詩章句》：「是詩公子奚斯所作也。」

【校勘】

〔1〕《毛》《說文》《文選校記》閟宮有侐，《別賦》注引作恤，《魏都賦》注引作洫，《毛》訓閉，《箋》訓神，則《毛》爲閟，《箋》爲祕，《古經解鉤沈》7引《毛》閉，《初學記》頁523引作閉、侐，《魯靈殿光賦》注引作祕、侐，《說文》閟侐，《玉篇》《韓》《初學記》13、《白帖》67閟，案：恤侐洫閟、閉通祕，閟異體。《毛》赫，《漢石經》 赤赤，同。《毛》遲，災，《唐石經》遲，P3757作災宮彌遲。《釋文》菑，菑同災。《毛》穋，《釋文》：《魯》《呂覽‧任地》高注引作稑，同，《釋文》重，本又作種，《法藏》27/P195P3757黍稑稷穋，穋本又作稑。穜種同，穋稑同，p3757作黍種稷穋，當依《說文》《天官‧內宰》鄭注引作穜 tóng，穜種古今字，如《王風‧黍離》「彼黍離離，彼稷之苗。」《毛》稙穉菽麥，《說文》稙稚未麥，《韓》植，稙植同，穉稚同，稚俗字，未菽古字。《毛》俾民奄續災，《釋文》卑，本又作俾，P195卑𠂤掩續災，掩奄同，灾災同。《唐石經》𠂤，案：卑通俾，𠂤避唐諱。奄古字。《唐石經》續，同續。

〔2〕《三家》《說文》戩，《晉‧習鑿齒傳》勤，案：據《周本紀》《逸周書》至周文王中期仍勤商王。《毛》《箋》《釋文》《單疏》翦，齊（斬斷），《三家》《郃陽令曹全碑》「翦伐殷商」，翦戩，開始翦伐；《魯》《釋詁》：翦，勤也。《三家》《說文》戩 jiǎn，滅也，《五經稽疑》3《升菴經說》6《日知錄》3《四書釋地》《九經古義》6認爲作翦訓斷，誤。《毛》虞，訓誤，《毛詩音》虞，讀如誤。

本文綜合了《孟‧滕文公上》《名物抄》8《毛詩稽古編》24、俞曲園《茶香室經說》4于鬯《香草校書》10與日本江戶時代的學者仁井田好古的考證，特將《十三經注疏》本第四章末四句、第五章前九句移於「克咸厥功」與「王曰叔父」之間。錯簡，恢復原簡，成第三章。

〔3〕《毛》虩，P195作騅，案：騅虩同爲溪母，騅通虩，《毛》朋，《王孫鐘》《說文》倗，朋通倗。《毛》岡陵，P195崗陵，同。《說文》《毛》綏，《漢石經》殘畫似㫃。綏㫃聲同通借。《毛》狄、膺、舒、懲，P195翟，翟狄古通，《魯》應，又作膺，《史》《建元以來侯者年表》《匈奴列傳》狄、應、荼、徵，《魯》《齊》《漢‧淮南衡山濟北王傳贊》《孟‧滕文公上》狄、膺、舒、懲，應通膺，荼讀舒，徵是懲字形省。《魯》《白虎通‧王者臣》《毛》《公羊解詁‧桓4》曰，《齊》《禮記‧明堂位》鄭注引謂，義同。《毛》俾，《唐石經》俾，《明堂位》注引做卑，卑，俾同俾。

〔4〕《毛》俾，《齊》《明堂位》注引作卑，卑通俾。《毛》土田，《齊》《大司徒》注引作土地。《毛》祀，《唐石經》祀，當作祀。《毛》耳耳，《毛詩音》耳耳猶爾爾，《三家》《玉篇》《集韻》絼絼，耳耳爾爾通絼絼。《毛》宜，《唐石經》宜，古作宜，《說文》宜，同。《新證》是饗是宜，應讀作是饗是俎。

〔5〕《單疏》尚，《毛》嘗、福、邊、邦，《唐石經》、小字本、相臺本常，嘗、常共尚，《單疏》引《定本》《集注》云：作嘗字之誤也。P3757 常福邊邦。《毛》騂剛，《說文》騂，《公羊傳‧文 13》犅，案：《考文》作騂剛，古字，通作騂剛。《漢石經》《唐石經》尊將，《毛》犧，《齊》《周禮‧司尊彝》二鄭注引作獻，《白帖》69 樽鐪，古今字。《毛》騰，《說文》滕騰通滕。案：本作「萬舞奕奕，鐘鼓喤喤。」《六臣注文選‧東京賦》李注引《毛》：「萬舞奕奕，鐘鼓喤喤。」《毛》洋，《魯》《東京賦》「萬舞奕奕，鐘鼓喤喤」。《詩集傳》頁 322「邐大房，此下當脫一句，如鐘鼓喤喤之類。」《毛》俾，《校官碑》卑，卑是俾字形省。本字作常，《毛》《箋》嘗，《唐石經》《單疏》P195 常，案：其實由《箋》訓爲守則經文嘗通常、或本作常，閩本、明監本作嘗，嘗通常。乂作艾，俗字。嘗常通尚。《唐石經》台，《魯》《南都賦》《釋詁上》鮐，古字。

〔6〕《毛》泰、詹，大，《白帖》5 太，《五經通義》岱，《說苑‧雜言》太、瞻，《釋文》大，音太，本又作泰。《毛詩音》：泰，俗字。嚴當作嚴。《魯》《釋詁》詹，至也。《單疏》《唐石經》詹，《魯》《說苑‧雜言》《韓詩外傳》3、《風俗通義‧山澤》《初學記‧地部》5、《考文》《白帖》5、6、《五經異文》瞻。案：《傳》詹，至，結合此章文例必爲「詹」，瞻通詹。《單疏》奄，《魯》《釋言》弇，弇揜奄掩音義同。《漢石經》巟，古字。《韓》《毛》荒，《魯》《釋詁》郭注《文字典說》《五經異文》《韓》《初學記》8 作幠，巟荒幠義同。

〔7〕《漢石經》鳧P3737 作鳧，《唐石經》鳧，荒作巟，從作从，《嶧山刻石》作繹。《毛》繹，《魯》《釋山》《史》《齊》《漢‧地理志》《左傳》《禹貢》《泗水注》、《初學記》8 嶧，繹、嶧古通。《毛》荒，《說文》《漢石經》巟，巟荒古今字，《魯》《釋詁》郭注幠，義同。案：本字作鄁，《說文》鄁，《毛》徐，《疏》《正義》徐，《毛詩音》徐音鄁，則徐讀如鄁。《毛》貊，《釋文》貊，字又作貉，P195 貊，案：貊是貊字之訛，貊貉同。

〔8〕《毛》純,《唐石經》紃。《毛》常,箋》常,或作嘗,《春秋》嘗,《魯語》棠,《管子・小匡》常,通作常。《毛》復,27/195 脫「復」,案:當有復字,《序》有「復」。案:本字作宴,《唐石經》《毛》燕,《漢石經》宴。燕通宴。《單疏》《唐石經》《毛》兒,古字,《漢石經》《釋詁》《說文》觬。

〔9〕《毛》徂來,《汶水注》岨徠,《考文》岨,徂岨同,來古字,《正義》《唐石經》小字本、徂徠,《類篇》岨崍。《毛》度,《說文》剫,度是剫字形省。案:本作寢廟,《毛》路廟,《三家》《詩考》引《魯》《獨斷》《呂覽・季春》《淮南・時則》高注引《續漢志・祭祀》晉・王珣《孝文帝哀策文》《宋書・王誕傳》《周禮注》《隸僕》郭注寢廟繹繹。《御覽》頁 2407 作廟,P195 庿,古字,路當作寢。蔡邕《太傅祠堂碑銘》「新廟奕奕。」關於句讀,《法言》《傳》《箋》《顏比家訓》唐・顏斯古《匡謬正俗》《單疏》頁 470、《正義》頁 340、宋・范處義《詩補傳》27「新廟奕奕,奚斯所作」。《魯靈光殿賦》張載注:「昔魯僖公使大夫公子奚斯,上新姜嫄之廟,下治文公之宮,故曰遂因魯僖基兆而營焉。」《三家詩》《兩都賦》漢碑《文度尚碑》《沛相楊統碑》《費鳳碑》《費汎碑》《楊震碑》《劉寬碑》《曹全碑》《熊君碑》《張遷表》漢・王延壽《魯靈光殿賦》《後漢・曹襃傳》注引《韓詩傳》班固《兩都賦序》三國・曹植《承露盤銘序》、段玉裁《經韻樓集》主奚斯作頌。《毛》民,《唐石經》𡧍,避唐諱。

【詮釋】

〔1〕首章追敘姜原是周人的女性始祖,古酋長國女領袖及其子后稷,周人長於農業。閟閉通祕,祕,神,閟宮,姜原廟,禖宮,求子廟。《讀詩記》《詩緝》:魯廟,非姜原廟。侐鬩洫通侐,有侐,侐侐 xùxù,清靜。《說文》侐,淨,魯北城門池也。菑同災。實實,廣大;枚枚,細密;赫赫,顯著。回讀如違,乖違,邪僻。依,依憑,依靠。朱熹:依,眷顧。彌,足月。降,賜。重種穜,播種早而成熟遲的穀物。穋稑 lù,後種先熟的穀物。稙,植,早種的穀物;稺穉(稚),遲種的穀物;菽,大豆;麥,大麥,小麥。奄,覆,普及推廣良種;下國,附屬小國,王畿以外各地。卑通俾,使。秬 jù,黑黍。下土,各地。纘 zuǎn,繼承;緒,事業。

韻部:枚回(讀如違),微部;遲,脂部。微、脂合韻。稷福麥國穑,職部;穋(稑),覺部。職、覺合韻。黍秬土緒,魚部。

〔2〕「實始翦商」,案:《釋詁下》「翦,勤也。」翦通勤,周勤商。至於周實施翦除商則是在周文王時,對密須、邘、崇、黎的征服。前 1108 年,

周人伐余無之戎，克之，周王季歷命爲殷牧師，前 1105 年、前 1101 年周人克始呼之戎、翳徒之戎，商王文丁卻殺季歷。後紂王囚周文王於羑 yǒu 里，釋放後，諸侯迎文王於程，周文王翦商大業，諸侯歸附。西伯率諸侯入貢，《逸周·程典解》：「文王合六州之侯，奉勤于王。」案：剪翦，戩，先奉勤，後翦伐。《正義》：翦，斬斷。周文王於前 1056 年開始謀劃翦滅商。前 1056 年伐犬戎，後伐密須、黎、邘、崇。文，文王；武，武王。前 1048 年觀兵盟津，前 1046 年克紂。纘 zuǎn，繼續；緒，事業。致，奉行；屆 jiè 殛 jí 雙聲通借，誅。《泰誓》：「以爾有眾，底（致）天之罰。」於，於，牧野，在今河南淇縣。牧野一戰，革命成功。「無貳無虞，上帝臨女」，毋有二心！虞，度。上帝監臨佐護你等。敦，金文作臺，《割鐘》《寡子卣》《不期段》都有伐，敦，即敦，伐。《箋》《詩集傳》敦，治（治服）。克，能；咸，和，協同。

韻部：王陽商，陽部；緒野虞女，魚部；功，東部。旅父魯宇輔，魚部。魚、東通韻。

〔3〕三章寫周公。《魯語上》引周成王《齊魯之命》：「女股肱周室，以夾輔先王。賜女土地，質之以犧牲。世世代代，無相害也。」三章寫周公偉績，案：虧崩，連語，毀壞。不振滕，不震動，不震騰，不驚動，不動搖，以喻穩固。三萬，舉成數。三壽，古稱上壽 120 歲以上，中壽 100 歲，下壽 80 歲。《箋》：三壽，三卿。

公車，必爲周公當年平定三監之亂與東方四十國之叛。千乘，大國之制。朱縷，矛上有紅縷；綠縢 teng，戰馬有綠絲韁繩。二矛重弓，每人有二矛、二把弓。徒 tú，士兵。案：據《齊傳》《白虎通疏證》魯國，按制：25000 人，三萬，約數。貝胄，頭盔飾以貝殼。朱綬，用紅線縫甲胄。又綬通旂，朱紅旂旐，軍中指揮旗。烝，眾。增增 céng，眾。《疏證》：增曾層並通。應膺 yīng，當，擊，打擊；荼舒古今字，荆、舒、楚、在今江漢；舒，安徽廬江、舒城、巢湖一帶；徵通懲（懲 chéng），懲治，懲罰。《箋》：承 chéng，天下無敢禦（阻當）。朱熹：承，禦。《定聲》：乘，欺凌。王，成王；曰，謂，對周公說。建，封；爾，您的；元子，長子，伯禽。俾，使；侯于魯，爲魯國的侯。啓 qǐ，開拓；宇通域，疆域。爲，作爲；周室，王室；輔，輔弼，屏藩。

韻部：王陽商，陽部；武緒野虞女旅，魚部；崩騰朋陵乘縢弓增膺懲承，蒸部；父魯宇輔，魚部。

〔4〕據《魯世家》載《費誓》，四、五、六章寫伯禽赫赫戰功。前 1041

年淮夷，徐戎助叛亂，伯禽作《費誓》。乃，於是；命，冊命；魯公，伯禽爲魯國開國諸侯。錫，賜。《魯世家》僖公是周公第 14 代孫，莊公少子。附庸，附屬於諸侯大國的小國。《單疏》：魯爲侯爵，以周公之勳受上公之地，可爲五百里耳，於法無附庸，《明堂位》封周公於曲阜，地方七百里。是於五百里之上又復加之附庸。龍旗，交龍旗；承祀，奉祀。六轡，六根轡繩，指其御車六匹馬，耳耳、爾爾、緷緷 ěrěr，眾盛貌，六轡盛貌。春秋，全年，年年；匪解，不懈怠。忒 tè，變。享，孝，享獻；騂犧，魯國郊祭用紅色牛作祭牲。饗，祭神；宜，祭社。降，賜福。福，周公烈祖保佑賜福。

韻部：公東庸，東部；子祀耳（爾讀如緷），之部；解（讀如懈），支部；帝，錫部。支、錫通韻。忒稷，職部；犧宜多，歌部；祖女（汝），魚部。

〔5〕五章寫祭祀大典宴會盛況，載，則；嘗、常讀如尙，尊尙。《單疏》頁 467 引《集注》、《定本》：言秋物新成尙之也，言貴尙新物，作嘗，字之誤也。楅衡 bì hang 用橫木繫住牛角防觸人，養成作犧牲。白牡，白色公牛；騂剛，騂牱，紅色公牛作祭牲。宋‧王觀國《學林》獻尊、犧尊，犧讀莎 suō，疏刻。犧尊，象牛形的酒樽，背上開孔以注酒，青銅製品，盛潔的祭禮品；將將，鏘鏘 qiāng qiāng。毛炰炮 páo，把帶毛的肉用泥裹住在火上烤；胾 zì 羹，肉湯。籩 biān 豆，竹製禮器，容四升；大房，玉飾俎器，盛放祭牲，因用玉飾故稱美稱大。《萬舞》，武舞；洋洋，場面宏偉。孝孫，主祭人魯僖公；有慶 qiāng，福慶多多。以下祝嘏語。常尙，尊尙。俾，使；爾，你等；熾，盛；而，而且；昌，興旺。壽，長壽；富，富裕。黃髮，白髮變黃髮；台通鮐，壽高背如鮐（yí，河豚）魚背上的斑紋，都是壽高之征。胥，皆；試，比，《魯說》《新序‧雜事五》：「壽胥與試，美用老人之言以安固之。」大，dà，善良。耆 qí，老；艾乂 yì，安。有通又。眉壽，長壽；無有害，有，助詞，無有病疫災害。魯僖公在位 33 年，壽長。

韻部：嘗（尙）衡（讀如行）剛（牱）將（鏘）房洋慶昌臧（如字訓善，或讀如康）方常（讀如尙），陽部；熾富背試，職部；大艾（讀如乂）歲害，月部。

〔6〕太山，泰山，五嶽之尊，在今山東泰安市內；巖巖，高崇雄渾貌。瞻讀如詹，至。此章寫魯僖公時魯國的疆域，北至今山東泰安。奄掩弇，擁有；龜，龜山，在今山東新泰縣西南四十里；蒙，蒙山，在今山東蒙陰縣境。遂，於是；《毛》荒，《爾雅郭璞注》引《三家》作幠 hū，〈古〉曉魚，荒幠

hū 雙聲通借，幠 hū，擁有，管轄近海大東地區；至於海邦，至於海國。莫不，無不；率，從，相率服從。魯侯之功，這是魯僖公的功勞。《左傳》：僖公善戰，善外交，前 659 年盟於犖，前 653 年盟於寧母，翌年盟於洮，前 639 年會於薄，前 634 年盟於向，前 632 年盟於溫，翌年盟於翟泉；軍事上前 659 年初次擊敗邾；前 644 年與齊桓公等商量援鄫以免淮夷所侵；前 643 年滅項；前 638 年伐邾，護送須句君回國；前 634 年指揮楚軍攻齊占穀；前 627 年攻邾，占取訾婁。

韻部：嚴詹（瞻讀如詹），談部；蒙東邦同從功，東部。

〔7〕七章寫魯僖公揚威海邦，鳧 fú，鳧山，在今山東鄒縣西南 38 里；繹，嶧 yì，嶧山在鄒縣東南 22 里。奄荒幠，達到，擁有，案：徐讀如邾 tú，《說文》：魯東有邾城（在今山東棗莊市西南），宅 zhái，居地。海邦，黃海島國。淮夷蠻貊，儘管當初淮夷如蠻貊之行，以及南夷，無不順從。《單疏》頁 469 引《集注》《定本》：諾，順；若，順。案：若、諾，字異義同之例，若讀如諾，若 ruò，諾 nuò，同部通借，諾有應答、順從義項，《魯傳》《呂覽‧知士》高注：諾，順也。《康誥》：「若德裕乃身」。

韻部：繹（嶧）宅貊（貉）諾若，鐸部；邦從，東部；

〔8〕八章寫魯僖公國勢強盛，壽母之心，錫，賜；純嘏 gǔ 大福。眉壽保魯，僖公在位 33 年。居，又擁有；常嘗同，在今山東滕縣南，曾被齊奪去，後被魯僖公奪回。與，和；許，初封在今河南許昌東，後遷封今山東省臨沂市西北，魯莊公、僖公父子先後收回常邑、許邑，恢復周公伯禽時的疆域。魯僖公舉行大型宴會，令，善；壽，高壽；燕讀如宴，與宴的有賢良的妻子、高壽的母親。宜，相宜。以下祝頌語。士大夫、眾士。有，保有。祉，福。兒齯 ní 齒，老人齒落更生的細牙，壽徵之一。黃髮、台背、齯齒，指高壽的人。

韻部：嘏魯許宇，魚部；喜母士有祉齒，之部。

〔9〕末章繪寫寢廟美輪美奐，作頌緣由。徂來山，岨峽山，在今山東泰安市東南。新甫山，又名梁父山、小泰山，在泰安西北。斷，鋸斷；度讀劇 duó，剖開，裁割，加工木材。尋，八尺。桷 juè，方形椽子；有舄，舄舄 xìxì，大而實。路，大，路寢，正宮。孔，甚；碩，大。寢廟，宮寢，廟；奕奕（《三家》繹繹 yìyì，相連貌），宏偉美觀貌。作，作詩，或建廟。曼，長；且，而且；《考文》：孔碩，甚姣美也。若 ruò，善也，美也。是讚美這首《魯頌》，是

《詩經》最長的一首詩作。奚斯，字子魚，魯國大夫。《韓詩外傳》《法言·學行》《兩都賦序》《魯靈光殿賦》《後漢·曹褒傳》《文度尚碑》《太尉劉寬碑》《綏民校尉熊君碑》《曹全碑》《費汛碑》《楊震碑》《沛相楊統碑》《張遷表》與段玉裁、孔廣森、馬瑞辰、陳奐持奚斯頌魯說。《毛》《單疏》《魯靈光殿並序》張載注、《詩序辨說》下、《名物抄》《會歸》則主奚斯作廟。《經韻樓集·奚斯所作解》從古籍、古碑、文例三方面論定奚斯作頌。若，順，順萬民之望。

　　韻部：柏度（劇）尺鳥碩奕作碩若，鐸部。

【評論】

　　裴溥：「《魯頌·閟宮》開漢賦之先河。」《批評詩經》：「詩長篇，鮮有逾此者，其格宏壯，其詞瑰偉，其色蒼古，其思沉密。首尾作室，中間祖德、侯封、祭祀、武功，次第鋪敘，而讚頌福祉，作三項分插，整然有法。細玩宛似後世一篇紀功碑，與四詩格調又稍別。」陳啓源認爲魯僖公「不失爲賢君。」「此大國之賦，見於經者也。」《毛詩稽古編》24「詩篇之長，未有如《閟宮》之百二十句者，詩章之長亦未有如《閟宮》第三章之三十八句者，然細按其分章之法，甚有倫次。」（《四庫》經部 85/681、683、686）齊台南《左傳考證》：「魯人甚重僖公，《魯頌》之文，舖張揚厲，贊不容曰。」《原始》18：「蓋《頌》中變格，早開西漢揚〔雄〕、馬〔司馬相如〕先聲，固知其非全無關係也。」「不惟體類大雅，且開漢賦之先，是詩變爲騷，騷變爲賦之漸也。」趙永輝《先秦詩文史》頁 166：《魯頌》專用於頌禱，是開後世文人獻頌詩之先。案：《魯頌》可補《魯世家》之闕，《魯世家》僅一言帶過，既無宣揚，亦無論贊。《魯頌》也是周詩。宋·蘇軾《蘇軾文集·問小雅周之衰》：「詩之中，唯周最備，而周之興廢，於詩最詳。」悠悠六千年，決決神州古國，作爲總樞編輯一部眾體皆備，淵永與峻切、豔麗與質樸兼有的詩選，絕無僅有，發人深省。《周詩》展示廣闊的生活畫卷，有史詩也有情詩，擁有眾多栩栩欲生的感人意象，有英主公劉、亶父，有明王文王、武王、成王，有中興之主周宣王、魯僖公、戴文公，同是寫中興之主，由於在位時間長短各異，國家大小不同，歷史功勳不等，《江漢》《常武》尤顯雄渾，《泮水》《閟宮》比寫戴文公的《定之方中》顯得場面開闊，技法多樣，當然也與民間詩人、宮廷詩人的文學素養不同有關。至於詩歌的形式是四言詩的成熟期，五言詩的胚胎期，雜言詩的雛型期，至於音律美、韻律美，風、雅、頌、賦、比、興的嫻熟運用，都對中國詩文極爲深遠的影響。

卷三十　商　頌

商　頌

　　鄭玄《商頌譜》：「此三主（王）有受命、中興之功，時有作詩頌之者。」「又問曰：『周太師何由得《商頌》？』曰：『周用六代之樂，故有之。』」「《商頌》五篇自是商世之書，由宋而後得存。」商頌五首當是商的祭歌，內中無一字寫宋襄公，是如《史記》《殷本紀》《周本紀》《漢·古今人表》所記載的是商周相互融攝的歷史過程中，周本是商的西部諸侯國後升至牧師、西伯，吉金、甲骨文中多有記載周奏商樂。商太師、疵少師強持商的祭樂器逃奔周，箕子微子投周，周有《商頌》是十分自然的。

　　商頌以歌頌始祖契、開國明王成湯、商中宗太戊、商代中興英主高宗武丁爲主，漢·鄭玄《商頌譜》「此三王有受命（成湯前 1600〜約前 1588）、中興（中宗太戊約前 1493〜約前 1474、高宗武丁，前 1250〜前 1192）之功，時有詩頌之者。」氣勢磅礴，古奧勃鬱，斌斌蔚蔚，而以文質勝。鍾惺批點《詩經》：「《商頌》文皆簡奧嚴峻，雍雍歌舞中，讀之有殺氣。」《詩說》「《商頌》古奧。」《詩誦》14「《商頌》古樸而有嚴厲之神。」《通論》18「《商頌》五篇文字風華高貴，寓質樸於敷腴，運清緩於古峭，文質相宜，孰爲商尚質耶？」

那〔郍那〕

猗與〔歔〕！那〔郍那〕與〔歔〕！	美啊！多啊！英才濟濟。
置〔植〕我鞉〔韶韶〕鼓。	植好韶鼓將樂奏，
奏鼓簡簡，	鼓兒敲來坎坎坎地響，
衎我烈祖。〔1〕	和樂啊！咱們功烈赫赫的祖先。
湯孫奏假〔嘏格〕，	太甲奏陞堂之樂和諧、典雅、宏亮，
綏我思成。	賜予功業咱們緬懷成湯。
鞉〔韶〕鼓淵淵〔鼟㽈湴〕，	韶鼓敲來又沉又遠，
嘒嘒〔喟〕管〔聲〕聲。〔2〕	管笛吹奏嗚嗚清亮真和諧。
既〔既〕和且〔既〕平，	合奏和諧又勻稱，
依我磬聲。	伴隨清清玉磬聲怡眾懷。
於！赫！湯孫！	嗚呼！顯赫！興盛！成湯，
穆穆〔穆〕厥聲。〔3〕	和美的樂聲傳揚四外。
庸〔鏞〕鼓有斁〔繹驛斁〕，	鐘鼓繹驛真美盛，
萬舞有奕〔奕奕〕。	萬舞奕奕愉眾懷。
我有嘉客，	我有貴賓來助祭，
亦不夷懌〔恞怡繹〕。〔4〕	也大怡悅悠悠哉！
自古在昔，	先祖創業多艱苦，
先民〔昬〕有作。	先民成就眾所仰。
溫恭朝夕，	朝朝夕夕溫且恭，
執事有恪〔愙〕。〔5〕	執事要恪勵恭謹。
顧予烝嘗〔嘗〕，	念咱們的冬祭秋祭，
湯孫之將。〔6〕	嗣王扶助大業承。

【詩旨】

　　據《魯語下》《晉語四》，《商頌》是《商頌》，《那》大約是商代商中宗復興或商高宗中興後，商代重新繁榮強大，國人喜悅，詩人作此祭成湯時的樂歌。

　　《三家》〔魯說〕《宋世家》「宋襄公之時，修仁行義，欲為盟主，其大夫正考父美之，故追道契、湯、高宗殷所以興，作《商頌》。」〔齊說〕《樂記》鄭注：「《商〔頌〕》，宋詩也。」〔韓說〕《後漢・曹襃傳》李注引《韓詩章句》「正考父，孔子之先也，作《商頌》十二篇。」

《毛序》「《那》，祀成湯也。微子（商王帝乙長子，紂王庶兄，名啓，微子與商樂官太師、少師奔周，帶去閭文化含頌，詳《史·宋微子世家》《周本紀》《古今人表》）至於戴公，其間禮樂廢壞，有正考父者，得《商頌》十二篇於周之大（《法藏》27/P195 作太，大讀如太）師，以《那》爲首。」今從《毛序》《國語》。《正義》：「祀成湯之樂歌也。」

【校勘】

〔1〕《漢石經》郉，《毛》那與，《唐石經》《單疏》《國語》那，《毛》與，古字，漢武帝《賢良詔》李注引《文心·時序》引作歟。《單疏》猗與，《毛詩音》：那，音轉如儺，猗音阿。與，古歟字。《毛》置、靴，《三家》、《明堂位》注引、《箋》植鞉，《說文》植或作櫃。《毛》假，《魯》《大招》注引《左傳·昭20》《詩考》引《釋詁》郭注引假一作徦，《毛詩音》假音胡，《箋》作格，案：作徦，或假讀如徦、格。

〔2〕《毛》靴，《釋文》靴，《說文》作鞀、靴、鞉，鞀鼓鼘鼘，《毛》淵淵，P195 先作淵，後塗改作術，《唐石經》渊，避唐諱。《三家》《詛楚文》《說文》《廣雅》《東京賦》注引作鼝鼝，古字。《魯》《風俗通義》6《唐石經》嘒嘒管，《漢石經》管作磬，《考文》喈喈，作喈喈是異本，嘒嘒、喈喈，擬聲詞，通作嘒嘒。《毛》既和且平，P195 作虬，俗字，《考文》、P3737 既和既平。

〔3〕《毛》和，《商書·盤庚》：率籲眾慼，《速盤》顧言于政，《說文》籲 he，古字。《毛》穆，《唐石經》穆，避唐穆宗諱。《毛》既，P195 作眈，俗字。《唐石經》庸鼛，《釋文》依字作鏞，依《說文》鏞，《單疏》鏞鼛，P195 獃，異體。《魯》《東京賦》注引、《甘泉賦》注引《韓詩章句》繹繹。《說文》鏞、繹，鼛繹懌古通，《廣雅》驛驛，繹鼛驛，《釋文》繹字又作懌。《毛》有奕，《東京賦》注作奕奕。《墨·非樂》引作「萬舞奕奕，章聞於大（天）」，與《毛詩》師受各異。

〔4〕《毛》恪，《說文》愙，恪俗字。《毛》民，《唐石經》叺。夷，《玉篇》恞，古今字。《魯》《釋詁》疏引《唐石經》《毛》《正義》懌。其實《釋詁上》、《方言》《玉篇》《說文新附》才有「懌」字，而《侯馬盟書》《說文》已有繹字，此處繹懌 yi 同音通假。《釋文》繹，又作懌。

〔5〕《漢石經》《毛》嘗，《唐石經》嘗，同。

【詮釋】

〔1〕案：據《詩辨說》《那》《烈祖》二詩，以韻考之，此詩可分六章，

前五章章五句，末章章二句是頌歌中的亂辭，迴環往復的唱，韻自諧暢。猗ē，阿，美；與通歟，讚歎詞；那儺 nuó，多。置植，樹立；鞀鞀鞉鼓，小鼓，有長柄，搖鼓以奏樂。簡簡，坎坎，和諧的鼓聲。《單疏》和大。這是奏堂下之樂。衎 kàn；迁 gān，疊韻通借通迁，迁進。烈祖，功烈顯著偉大的祖宗，《伊訓》「伊尹乃明言烈祖之成德」。湯孫，成湯，天乙。朱熹：湯孫，主祭人，嗣王也，下同；奏，進；假通嘏，祭祀時祝嘏，祝禱，上請祖宗英靈至賜與幸福。《單疏》湯子小奏假，謂太甲（約前 1580～約前 1548）奏陛堂之樂。綏我思成，謂神明來格，安我所思得成也。綏 suì，遺 wèi，疊韻通借，綏通遺；我，我等；思，緬懷；成，成湯。晁福林《〈商頌〉難句試釋》：《殷本紀》成湯，《叔尸鎛》成唐，卜辭稱大乙、唐、成，《粹：173》：「羌用自成、大丁、大甲、大庚」，《掇：412》：「癸亥卜宗成又羌三十，歲十牢」，「成」就是「湯」。朱熹《詩集傳》：成，定命。

　　韻部：猗那，歌部；鼓祖，魚部。

　　〔2〕假 gé，奏假，奏樂祈神至。詳《箋》《通釋》。淵淵鼕鼕鼘鼘 yuān yuān，鼓聲和。嘒嘒 huì huì，嗃嗃、喟喟 kuì kuì，通作嘒嘒，清烈、清亮的管笛聲。湯孫，主祭人，商王。依，隨。

　　韻部：淵（鼘鼕），眞部；聲，耕部。眞、耕合韻。

　　〔3〕和，和諧；且，又；平，平正。依，隨；磬 qìng，石製或玉製樂器，東方之樂。磬磬 qìng 然，堅緻之聲。《單疏》玉磬，其聲清越。饒宗頤先生：楚簡《五行》「金聲，善也；玉音，聖也。善，人道也；德，天道也，唯有德者然後能金聲而玉振之。」故依磬聲以致和平。（《饒宗頤新出土文獻論證》，上海古籍出版社，2005，152-159）奕奕、繹繹 yìyì，盛多。

　　於 wū，嗚呼；赫，赫赫，顯著，光明。湯孫，主祭人。穆穆，和美。

　　韻部：平，聲，耕部；孫，諄部。耕、諄合韻。

　　〔4〕亦不，不，結構助詞，又不丕 pī，大。庸鏞 yōng，大鐘；鼓，大鼓、小鼓；斁通繹，繹繹然，《單疏》斁斁然有次序，亦言其音聲盛也。《周禮正義》2 萬舞商《大濩》。有奕，奕奕 yì yì，盛大貌，神采煥發貌。朱熹：奕奕然有次序。嘉客，夏的賢士名流。如《史記》所載大費的玄孫費昌。夷繹、恞懌，怡悅。或訓爲不亦夷懌？

　　韻部：斁（繹驛懌）客奕，鐸部。

　　〔5〕自古，從古以來，先民，初民；有作，有作爲，有成就。指商代有歷史功勳的大功臣伊尹等。溫恭朝夕，倒句，爲協韻，朝朝夕夕溫良恭謹。

執事，做事辦公；有恪，恪勳，有窓 kè，敬。

韻部：昔作夕恪（窓），鐸部。

〔6〕顧，念。予，我等；烝，冬祭；嘗，秋祭，年年祭祀。湯孫，主祭人；《箋》將（將）jiāng，扶助。倒句以協韻。《傳疏》將，大。末二句亂辭，《烈祖》同。

韻部：嘗將（鬻），陽部。

【評論】

《周·無逸》周公曰：「〔昔在殷王，中宗〕，嚴恭寅畏，天命自度，治民祗懼，不敢荒寧。肆中宗之享國七十有五年。」案：商代延祚 550 多年，有大乙成湯、中宗大戊、高宗武丁等明王賢君，在完成中國統一大業、發展科學技術與文化藝術方面尤其是商代曆法、青銅 舉世無雙，農業畜牧業發展。「溫恭朝夕，執事有恪」，是成功的歷史經驗。怎一個「和」字了得！《群書治要》引晉·傅玄《正心》：「昔者有虞氏（舜帝）彈五弦之琴，而天下樂其和者，自得也。」此詩一個「依」字，一個「恪」字，非深知音樂奧秘、行政根本之人寫不出，故渾圓而肆直。商王《商銘》云：「嗛嗛（qiàn qiàn，小小）之德，不足就也；不可以矜，而祗（只）取其憂也。嗛嗛之食，不足狃（niǔ，慣習）也。不能為膏，而祗離（通罹）咎也。」（《第二批國家珍貴古代名家圖錄》九冊 109 頁）此銘善用喻，寫謙謹敬業。《烈祖》「既戒既平」「時靡有爭」，《玄鳥》「邦畿千里，惟民所止」，《長發》「率禮不越」，「布政憂憂」，《殷武》「稼穡匪解」，「下民有嚴（莊），不僭不濫，不敢怠遑」，誠一脈相承。《批評詩經》：「《商頌》尚質，然構文卻不甚。如此篇何等工妙！其工處正如大輅。」馮景《解春集·與閻徵君論疏證疏十》：「〔二章〕六句三韻，迭用『聲』字，奇絕千古。」宋·劉克《詩論》「簡直。」黃佐《詩經通解》：「此詩迎牲以鞉鼓，當祭以鞉鼓，以管，以磬，祭成乃以庸鼓，萬舞豈為一成？然味其句，乃若見而有餘音者，此《商頌》所以簡切，而曾子歌之也。」《原始》18 引朱善：「『湯孫奏假，綏我思成』，始焉，人固因樂以致其感格之效也。『於赫湯孫，穆穆厥聲』終焉，樂復因入而成其和聲之美也。趙永輝《先秦詩文史》頁 168「《那》所以選擇了最是典麗溫雅的祀事之序幕。鼓聲淵淵，管聲嘒嘒，堂下堂上，八音克諧，詩用『依我磬聲』的一個『依』字，寫出音樂全部的和平與諧美，開篇『猗與那與』之歎，於是也被相生相映得格外妥貼。」

烈祖〔《列祖》〕

嗟嗟烈〔列〕祖，　　　　　　讚歎先祖多榮耀，
有秩〔袟〕斯祜〔祐〕。　　　　大福秩秩眞無比。
申〔陳〕錫無疆，　　　　　　　重賜福祿無邊境，
及爾〔尔〕斯所。〔1〕　　　　　恩澤遍及九州萬方，

既載清酤，　　　　　　　　　　奉上清酒敬列祖，
賚〔賫〕我思成。　　　　　　　賜我大業惟緬懷成湯。
亦有和〔盉鉌〕羹〔𪔛鬵鬵〕，　獻上五味香羹，五味和，
既〔既〕戒〔𦡆屈式〕既〔既〕平；口味備好而且平和；
〔2〕

鬷〔𡐦總奏〕假〔嘏假〕無言，　奏樂請神，眾人都靜默，
時靡有爭。　　　　　　　　　　大家祭祖總無爭。
綏我眉壽，　　　　　　　　　　賜予我等都長壽，
黃耇無疆。〔3〕　　　　　　　　人人長壽自無盡境。

約軝〔軧軝〕錯衡，　　　　　　紅革裹軝有文采的衡，
八鸞〔鑾〕鶬鶬，　　　　　　　八隻鑾鈴響鏘鏘，君臣齊集一堂。
以〔來〕假以〔來〕享，　　　　眾人來至同進獻，
我受命溥將。〔4〕　　　　　　　我承天命受命又廣又長。

自天降康，　　　　　　　　　　自有安樂由天賜，
豐〔豊〕年穰穰。　　　　　　　豐年穰穰穀滿倉。
來假來饗〔享〕，　　　　　　　列祖來至親歆饗，
降福無疆〔彊〕。〔5〕　　　　　賜予福祿自無疆。

顧予烝、嘗〔嚐〕，　　　　　　顧念我等四季祭，
湯孫之將。〔6〕　　　　　　　　尊崇中宗福壽長。

【詩旨】

案：〔晏子春秋·外篇〕「是以政平而不干（冒犯），民無爭心，故《詩》曰：『亦有和羹，既戒且平；奏鬷無言，時靡有爭。』先王之濟五味也，以平其心，成其政也。」此詩當是在商代中興之主中宗太戊（前1493年～前1474年）沒後三年，即前1471年祫祭列祖成湯與商中宗太戊，詩人爲祫祭而作的樂歌，宣傳了中和、守成興邦的卓越思想。《詩總聞》比勘後，以爲與前篇爲同一人同時所作。

《毛序》「《烈祖》（《詩考》作列祖），祀中宗（太戊）也。」

【校勘】

〔1〕《毛》秩秩祜，《唐抄文選》1.252 袟祐，《說文》戭 zhì，音義同。

〔2〕《唐石經》《毛》賚、既，P195 作賚耴，耴，俗字。《毛》和羹，《初學記》頁 640 引漢・劉楨《毛詩義問》銂羹。《說文》「亦有和鬻」，鬻鬵，古字，《集韻》鬻，《詩考》引《說文通釋》盉羹 hé gēng，通作和羹。《毛》戒，P195 作式，《定本》作誡，《魯》《釋詁》誡 jiè，讀爲屆，通作戒。式當爲戒字之訛。

〔3〕《唐石經》《毛》鬷假，《毛詩音》《晏子春秋・外篇》奏鬷，鬷讀總，《魯》《左傳・昭 20》鬷嘏，《三家》《齊》《中庸》《申鑒・雜言》奏假，案：鬷奏同爲精母，嘏假假共段，P195 作娑，通鬷，娑鬷古字，本作奏假。

〔4〕案：本字作軜，《說文》《單疏》《唐石經》宋本、相臺本《白文》作軜，《毛》《釋文》軝，誤，《法藏》27/195 作軜，軜同軜。《毛》鸞，《三家》鑾，鸞通鑾。毛晉汲古閣本以作來。

〔5〕阮《校》作享。《毛》《詩本音》《考文》p3737《唐石經》南宋《石經》宋本、相臺本《九經》岳本作饗，閩本、明監本、汲古閣本作享，或體，p3737 豐作豐，疆作彊，俗字。《漢石經》《毛》嘗，《唐石經》嘗，同。

【詮釋】

〔1〕嗟嗟 jiejie，讚歎詞。烈祖，商中宗。商中宗陵在今河南省內黃縣亳城東南。有秩，秩秩、戭戭 zhìzhì，大，嚴粲：秩秩，無窮；斯，語詞；祜 hù，大福。陳讀如申，重重；錫，賜；無疆，無界。及，遍及；斯所，此處。

韻部：祖祜所酤，魚部。（祐，之部，之、魚合韻。）

〔2〕既載，已設；清酤 gū，清純的酒。賚 lài；思，所思；成，成湯，見《那》注。「賚我思成」，成就是湯。盉 hé，和羹 gēng，調和五味的肉湯。銂鼎，三足，有蓋盛羹的小鼎。誡 jiè 屆、戒，備。案：致中和的思想，是先秦以前非常重要的政治思想、傳統道德、藝術思想。五味調和的和羹，寓意是《殷本紀》商湯首輔是伊尹阿衡，「爲有莘氏媵臣，負鼎俎，以滋味說湯，致於王道，」「湯舉任以國政。」《堯典》「百姓昭明，協和萬邦。」《舜典》「柔遠能邇，惇德允元。」「八音克諧，無相奪倫，神人以和。」《大禹謨》「正德利用厚生惟和」，「允執厥中。」《五子之歌》「民惟邦本，本固邦寧。」《中庸》：「中也者，天下之大本也；和也者，天下之達道也。」上古倡中和之美，此

處由味之中和言政之中和,《荀‧勸學》「樂之中和」由音樂中和言政治中和,《皇皇者華》由博訪周詢言政之中和,《中庸》「致中和,天地位焉,萬物育焉。」主和諧境界。《左傳‧昭 20》晏子云:「先王之濟五味,和五聲也,以平其心,成其政也。……君子聽之,以平其心,心平德和。」《單疏》:五味調和,以喻諸侯有和順之德。既平,而且平和。

韻部:成平爭,耕部。

〔3〕案:虡奏 zòu 雙聲通借,奏樂,作樂,陞堂作樂,《單疏》虡摠(總)古今字。嘏、假通假,至,奏樂請神與列祖英靈至;無言,肅穆無言。時靡有爭,其時絕無爭執。綏,賜;眉壽,長壽。黃耇,黃髮老人;無疆,壽無邊。商中宗名相伊陟,宣導「其修德」,「妖不勝德」。

韻部:言,元部;爭,耕部;疆,陽部。耕、元合韻,耕、陽合韻。

〔4〕約軧,用紅漆皮革裹好長轂(gǔ 車輻所湊);錯衡,車軛有交錯的花紋。鸞通鑾,鶬鶬、瑲瑲、鏘鏘,擬聲詞,《正義》「謂此助祭諸侯有文德,有聲聞,故作者因事見義,舉其鸞聲以顯之。」以讀如來。假 gé,至,至享,建立功業的先祖來歆饗。我,主祭人;受命,承天命;溥 pū,廣大;將 jiāng,長久。《箋》:將,猶助。

韻部:衡(讀杭)鶬(瑲鏘)享將,陽部。

〔5〕《魯》《釋詁》康,樂。穰穰 ráng ráng,豐饒,商代農業比較發達,有黍禾來(小麥)稻稷菽高粱絲。假,至,烈祖英靈至;饗,歆饗 xīn xiǎng,嗅聞祭品的香氣。降,賜。

韻部:康穰饗(享)疆,陽部。

〔6〕宋‧趙悳《詩辨說》:亂辭。顧,顧念;予,我等;烝嘗,冬祭、秋祭。湯孫,太戊。案:將,尊崇。

韻部:嘗將(鬺),陽部。

【評論】

《烈祖》所主張的中和以成政的重要思想曾深深影響周代政治家,周共王時《史墻盤》追述周文王「和于政」(李學勤院士,1978:150)《禮記‧中庸》「致中和,天地位焉,萬物育焉。」漢‧荀悅《申鑒‧雜言上》:「君子食和羹以平其氣,聽和聲以平其志,納和言以平其政,履和行以平其德。」《詩補傳》「此詩述主祀之君,奉祀之物,執事之人,助祭之諸侯,甚有次第。」《詩總聞》20「前詩,聲也,所言皆音樂。此詩,臭也,所言皆飲食也。商

尚聲，亦尚臭，二詩當是各一節。《那》，奏聲之詩，此薦臭之詩也。商尚聲，故以樂居先。」輔廣：「大抵《商頌》簡古難看，辭斷而意續，熟讀自見。」《詩志》8「格意幽清，間有和大之筆，亦不失爲簡質。古之稱商道者曰『尚質』，曰『信鬼』，曰『駿厲嚴肅』。讀其詩，可想見其餘韻。」《注析》：「音調頗和諧。尤其是最末十一句，句句入韻，讀來鏗鏘有節，給人一氣呵成之感。」《會歸》：「是則簡古中秩然有序之格也。」

玄〔元〕鳥

天命玄鳥，	上天派遣一隻鳦子，
降而生商，	來到人間生下契，
宅殷土〔社〕芒芒〔茫〕。	契開闢了商廣大的疆域。
古帝命武湯〔唐〕，	昔帝委命英武的成湯，
正域〔或戜〕彼四方。〔1〕	征伐而擁有四方。
方命厥後，	天帝命令湯的後人，
奄有九有〔或域圍州〕。	作九州的君王。
商之先後，	商的先王，
受命不殆〔怠〕，	承命從不怠遑，
在武丁〔王〕孫子〔武王〕。〔2〕	直到武丁，成湯第九代孫，
武丁孫子，〔孫子武王〕	成湯第九代孫，武丁，
武王〔丁〕靡不勝。	大業，商高宗無所不能勝任，
龍旂十乘，	龍旗鑾車有十輛，
大糦〔饎〕是承。	重大祭祀他奉承。
邦〔封京〕畿〔圻〕千里，	京畿方圓千餘里，
維〔惟〕民〔尸〕所止。	民眾紛紛來居止。
肇〔肇兆〕域彼〔佊〕四海。〔3〕	開闢疆界以四海爲兆域，
四海來假〔徦〕。	四海都來朝商王。
來假祁祁〔祈〕，	朝拜的人眞眾多，
景員〔云〕維河〔何〕，	景山四周河水作屏障，
殷〔刖〕受命咸宜，	商朝承受天命最適當！
百祿是何〔荷〕！〔4〕	君王承受種種福祿祺祥！

【詩旨】

案：據《箋》《疏》《考文》，《玄鳥》作於前 1189 年，由殷受命咸宜推知，詩當作於商代第十代王盤庚由奄遷殷以後，大約在商高宗武丁〔前 1250～前 1192〕沒後三年，殷商祫祭、合祭始祖契、太祖成湯與商高宗，即前 1189 年祫祭時的樂歌，詩人對開國君王成湯與中興之主武丁抒發景仰之情，詩人以神話傳說寫天命玄鳥降而生商，以描繪成湯的開創之功與武丁的天下無敵，商都的題湊萬方，對土社自然神祇的崇拜，反映了國人祈望國家繁榮富強的良好願望。這是殷商祫祀太祖與商高宗的樂歌。據《名物抄》分四章。

〔魯說〕《中論・法象》：「成湯不敢怠遑而奄有九域。」

《毛序》：「《玄鳥》，祀（《箋》《考文》祫）高宗也。」《正義》：「祀高宗之樂歌。」

【校勘】

〔1〕《毛》《唐石經》玄鳥，阮《校》改玄爲元，避康熙諱。《毛》宅殷土芒芒、域，《魯》《孝經緯》《史・三代世表》褚少孫引作「殷社芒芒」脫「宅」土社古通。《魏・崔宏傳》茫，芒茫古通。《毛》湯。或，《魏石經》或，古域字。

〔2〕《毛》九有，《商書・咸有一德》九有，均爲商代語匯。《三家》《中論・法象》《聲類》《策魏公九錫文》注引《韓詩章句》域，古字作或，《詩緯》圍，有、圍、域訓州。《疏證》域有一聲之轉。《唐石經》殆，《箋》、《正義》怠，殆通怠。《考文》殆，本亦作怠。

〔3〕《毛》丁、王，《述聞》頁 174：「兩言『武丁』，皆『武王』之訛。而『武王靡不勝』，則『武丁』之訛。」案：作「王」與商芒唐方叶韻，《殷本紀》「湯曰我甚武，號曰『武王』。」「在武丁孫子，武丁孫子，武王靡不勝」，「在武丁孫子」此句屬第二章，「武丁孫子」則疊上句屬第三章，武丁孫子，倒句，爲協韻，實爲孫子武丁，因此「丁」字非「王」字。「武王靡不勝」，《毛傳》訓勝爲任，可知此句仍爲「武王靡不勝」，即武王（武湯）的功業事業武丁無不勝任，明顯從前省。案：本字作饎，糦或饎。《毛》糦，《三家》《說文》《玉篇》饎，同，《毛》邦，《齊》《鹽鐵論・備胡》《西京賦》注引作封，避漢諱。《毛》畿，《書大傳》圻，音義同。《毛》維，《三家》《大學》《書大傳》惟。《箋》兆彼，本字作兆，P196 肇俵，《單疏》《唐石經》肇，同，肇肇通兆；俵是彼字之誤。《毛詩》不誤。《毛》在武丁孫子，P196 旁寫孫子，武王。

〔4〕《唐石經》《毛》假，《說文》假，假讀如假《毛》邦畿，《釋文》

又作京畿，《魯》《西京賦》注引邦作封，《書大傳》畿作圻，邦封古通，畿圻古通，作封，避漢諱。

〔5〕《單疏》祁，《詩集傳》祈，祈當作祁。《毛》員，《考文》云。員，《箋》員云古今字，一說員通隕，《毛》音圓，《箋》音云。隕員，云讀如圓周、幅隕之圓。《毛詩音》景同京。《箋》何《毛》，王肅作河《釋文》本作河。《唐石經》《毛》殷，《單疏》殷，避宋帝父諱而缺筆。案：本字作何，《說文》《單疏》《毛》何，《左傳・隱3》、《考文》、P196、P3737荷。《釋文》何，本亦作荷。何荷古今字。

【詮釋】

〔1〕首章推契。案：商，甲骨文作𠂤，《商尊》作丙，《魏石經》作𠂤，人名，契，封於商邑（今河南商洛市商州區）。明・楊慎《升菴經說》6引古《毛詩》注：「玄鳥至日，以太牢祀高禖，記其祈福之時，故言『天命玄鳥』。」《漢書・古今人表》母，簡狄（狄），有娀氏女，生卨xie契，世稱玄王，商的始祖，契—昭明—相土—昌若—曹圉—冥—振（王亥）—王恒—微—報乙—報丙—報丁—主壬—主癸—天乙（商湯）。《玄鳥》《生民》同為神話詩語，寫母系社會向父系社會轉型的雛形，天命，天，自然神崇拜，鳥圖騰，取其飛騰迅捷，玄鳥降，生契，玄鳥，鳦，一說鳳，《玄鳥婦壺》1976年河南省安陽殷墟出土商代玉鳳，《離騷》《天問》合證為鳳，1998年滕川出土商代大理石梟，後四川廣漢三星堆出土青銅鳥頭，是商部落的圖騰。契任虞舜的司徒，封於商。《史・殷紀》採之。土讀如社，社神。「宅殷社芒芒」，《史・三代世表》引作「殷社芒芒」。晁福林：案：古帝，上帝，《易經・豫》「象曰：雷出地奮，豫。先王以作樂崇德，殷薦之上帝，以配祖考。」宅，開闢；土讀如社。《新證》：古，昔。武湯，甲骨文作武唐，商代尚武，河南安陽商代石雕虎首虎爪人身坐像，《商・伊訓》「惟我商王，布昭聖武。」《殷本紀》：湯曰：「予有言：『人視水見形，視民知治不？』」伊尹曰：「明哉！言能聽，道能進，君國子民，為善者皆在王官。勉哉！勉哉！」伐昆吾，伐桀，於是湯曰：「吾甚武，號曰：武王。」成湯名天乙。正通征，征服，前1523年商湯革命成功，商代夏，商，古國名，都亳邑（今河南商丘市西南）；《韓》：域，有（朱熹：域，封邑）；四方，四方諸侯國。

韻部：商芒（茫）湯方，陽部。

〔2〕後三章頌美商代中興之主商高宗武丁（前1250～前1192）方páng，

讀如旁，遍；命，命令，告知；厥，其，各諸侯無不受湯節制。奄 yǎn，統治；有 yǒu 域 yù 同爲匣母，有通域，九有，九域，九州。九有，商代語匯，《長發》「九有有截」。《商書・咸有一德》：「厥德匪常，九有以亡。」「以九有之師，爰革夏正」。后，君王。殆通怠，懈怠。在通嗣，嗣後有湯的第 23 代王武丁，史稱「武丁中興」，用傳說爲相，修政行德，勵精圖治，征討羌方、土方、人方、鬼方、虎方、荊楚、東夷，成爲泱泱大國。

　　韻部：有殆（怠）子，之部。

　　〔3〕《周・無逸》周公曰：「其在高宗，時舊勞於外，爰暨（爰 yuán，因此，暨 jì 讀如懸 ài，愛）小人。作其即位，乃或亮陰，三年不言。其惟不言，言乃雍。不敢荒甯，嘉靖殷邦。至於小大，無時或怨。肆高宗之享國五十有九年。高宗，第 22 代商王，武丁有傳說、甘盤、祖己等文臣武將，有愛妃、文武雙全的女將軍婦好。所以武丁中興，征伐工方、土方、鬼方、羌、東夷、荊楚，商代復興，承，奉，武湯的功業武丁無不承任，勝 shèng，任，承任。龍旗，繪有龍圖案的大旗。糦饎 chì，酒食祭品，重大祭祀；《韓》：大饎，大祭也。承，奉承。前 1250 年，商高宗任甘盤輔政，前 1250～前 1192 年任傳說爲相，政治大有起色，關心農牧業，復興國家，征伐羌方、土方、西羌、東夷，擴大了疆域，成爲中興之主。邦畿，京畿；千里，周長千里，殷都在今河南安陽西北五里。維，惟；止，居。肇肇通兆 zhao，兆域，疆界；以四海爲疆域。商代在前 1250～前 1192 年商高宗武丁時，中國已擁有四海爲域。

　　韻部：勝乘承，蒸部；里止海，之部。

　　〔4〕殷 yīn，商代第十代國王盤庚於前 1300 年將國都由奄（今山東省曲阜市）遷殷（今河南省安陽市小屯村一帶）。四海，各地諸侯；來假，假讀徦 jiǎ 徦 gé，連語，至。朝覲武丁。祁祁 qí qí，眾多貌。景，景山，京，商都所在地；在今河南省偃師市南。古文云員同。員云，圓周，四周；四周是河。維，是；河，周邊有黃河、洛河、伊河，一說景元，高大貌。《述聞》：「言景然而大者維何乎？則受命而何百祿也」。咸宜，都相宜，《周叔夷鐘》銘文云：「咸有九州，處禹之堵。」何荷 he，承受，擔當，擔負。

　　韻部：祁，脂部；河宜何（荷），歌部。脂、歌合韻。

【評論】

　　周代，孔子弟子原憲：「曳杖拖履，行歌《商頌》而反，聲滿天地，如出金石。」（《新序・節士》《新序校釋》，中華書局，923頁。）明・沈守正《說通》：「惟祀武丁，故本之契，以見商之所由生；本之湯，以見商之所由造，而承之曰：『商之先後，受命不殆』；以歸重曰『在武丁孫子』，若曰：不在武丁，命亦兒乎殆矣，因此曰此（在）武丁孫子也。固儼然一武王也，有何不勝乎？」《升菴經說》6「詩人之詞，興深意遠。」《詩誦》4「節奏甚緊，句法亦緊，相銜接。」《原始》18「詩骨奇秀，神氣渾穆，而意亦復雋永，實為三《頌》壓卷。」曹道衡、劉甯《玄鳥》「雖然是一首祭祀舞曲，《玄鳥》充盈著自信的力量和熾烈的感情，它表現的對武丁功績的熱烈讚美，已經部份越出了天帝庇護的成分，而實際上突出強調了武丁作為一個雄才大略的人間君主的卓越統治才能，在人神合一的英雄身上，人的成分增強了。商人重巫鬼，這首詩當然不可能『捨鬼神，任人事』，但是詩中對武丁功績的價值肯定，為廟堂樂曲多少注入了一些人間氣象，因而不像後代同類作品那樣的質木無文。」案：如果說古埃及《亡靈書》比較多的是對神的頌歌，《玄鳥》則是在寫神人合一的傳說後，始祖契、開國明王湯，而尤致力於刻畫夏以後並不多見的中興之主商高宗在政治、經濟、文化、軍事諸領域的歷史功勳，用了重疊手法，如「在武丁孫子，武丁孫子」，用了描摹手法，如「龍旗十乘，大糦是承。邦畿千里，惟民所止。」是對開國明君商湯的承傳，挺挺有英風，言簡而意深。

<h2 style="text-align:center">長 發</h2>

濬〔濬睿叡浚〕哲〔悊〕維〔惟〕商，	英明明智是商王，
長發其祥。	常常顯示其禎祥，
洪水芒芒〔茫芼〕，	當年洪水成汪洋，
禹敷〔専布〕下土〔圡〕方。	禹布九州定治國邦。
外大國〔圀囻〕是疆，	劃分諸夏與外方，
幅隕〔陨幀圓〕既長，	從此幅圓更寬廣，
有娀〔娥〕方將，	有娀古國簡狄青春盛年時，
帝立子生商。〔1〕	簡狄吞卵生玄王。
玄〔玄〕王桓撥〔發〕，	契為玄王大治理，
受小國〔圀囻〕是達，	受封小國令能行，

受大國〔囻囸〕是達。　　　　　　受封大國政令通，
率履〔禮〕不越，　　　　　　　　從來循禮不越軌，
遂視既發。　　　　　　　　　　　於是巡視都如法，
相土烈烈，　　　　　　　　　　　相土功業震全國，
海外有截〔戳〕。〔2〕　　　　　　海外各國都悅服。

帝命不違，　　　　　　　　　　　不違天命大業昌，
至于湯齊〔躋〕。　　　　　　　　傳到成湯大業成。
湯降不遲〔遟〕，　　　　　　　　禮賢下士從不慢，
聖敬日躋。　　　　　　　　　　　聖明之道永躋升，
昭假遲遲〔遟〕，　　　　　　　　敬天事天能久長，
上帝是祇，　　　　　　　　　　　敬畏上蒼，敬畏天帝，
帝命式于九圍。〔3〕　　　　　　　帝命九州效成湯。

受小球〔捄〕大球〔捄〕，　　　　接受上天大小法，
爲下國〔囻囸〕綴〔畷〕旒〔流郵〕，爲諸侯們的榜樣，
何〔荷〕天之休。　　　　　　　　蒙天賜予美名傳。
不兢〔勮〕不絿〔詓〕，　　　　　不強求，不急躁，謀興旺。
不剛不柔，　　　　　　　　　　　不強硬，也不軟弱，
敷〔布〕政優優〔瀀憂〕，　　　　施政寬和得眾心，
百祿是遒〔擎〕。〔4〕　　　　　　百福聚來樂洋洋。

受小共〔珙拱〕大共〔珙拱〕，　　接受上天大小法，
爲下國〔囻囸〕駿厖〔厖駹恂蒙〕，庇蔭諸侯得萬眾。
何〔荷〕天之龍〔寵〕。　　　　　蒙天賜予諸寵榮，
敷〔傅〕奏其勇，　　　　　　　　大展神威建戰功。
不震不動，　　　　　　　　　　　湯武革命不動搖，
不戁不竦〔悚〕，　　　　　　　　從不膽卻不惶恐，
百祿是總〔總靉〕。〔5〕　　　　　種種福祿來聚攏。

武王載斾〔斾發坺〕，　　　　　　成湯討夏義旗張，
有虔秉鉞。　　　　　　　　　　　威武持鉞威武樣，
如火烈烈，　　　　　　　　　　　革命如火燎原起，
則莫我敢曷〔遏〕。　　　　　　　誰敢把我武湯當？
苞〔包〕有三蘖〔櫱枿〕，　　　　根有三蘖砍後生，
莫遂莫達。　　　　　　　　　　　難生難長則無望。
　　　　　　　　　　　　　　　　九州截截成一統，

九有〔域〕有截〔㦚〕，　　　　　征服韋顧眾心同，
韋、顧〔鼓〕既伐〔代〕，　　　　昆吾、夏桀征服中。
昆吾、夏桀。〔6〕

昔在中葉〔葉菜〕，　　　　　　當年中葉湯業旺，
有震且業。　　　　　　　　　　振興其偉大功業，
允也天子，　　　　　　　　　　確實上天之驕子，
降予〔於〕卿士，　　　　　　　天賜卿士來輔弼，
實維阿衡，　　　　　　　　　　是為阿衡真名相，
實左右〔佐佑〕商王。〔7〕　　輔佐武湯大業昌。

【詩旨】

案：這是商代湯武革命後商代禘 dì 祭（五年一祭）大典在祭天時配祭禹、契、相土、成湯與名相阿衡時的頌歌，一二章寫契發達於大禹之時、相土功烈顯赫英名遠播海外，以下諸章是湯武革命的史詩，成湯禮賢下士，為諸侯們楷範，施政寬和，能庇蔭諸侯們，勇毅無比，高張義旗，無人敢遏，征韋、顧、昆吾、夏桀，功業興盛，歸結為他的英武絕世、重用賢良，伊尹輔弼。詩有商之雄摯渾厚之風。《晉語四》可證此為《商頌》。《單疏》頁 480：「何則名曰《商頌》，是商世之頌，非宋人之詩，安得云『宋郊契配』也？」至於《單疏》「故為高宗之詩。」大約因末章「昔在中葉」，當是成湯中葉，似非商高宗之頌詩。

《毛序》：「《長發》，大禘也。」《正義》：「大禘之樂歌也。」《讀詩經》3《傳疏》30《原始》18 否定此說。

曹道衡《長發》：「我們認為這些詩最初大約是商代人所作，但後來恐怕經過春秋時人的加工和潤飾，這也許較近情理。」

【校勘】

〔1〕《毛》維，《漢石經》惟，本字作㒸，《單疏》頁 480 斷句為「禹敷下土」，西周吉金《㝬公盨》「天令（命）禹㒸土」，《書序》《天問》、朱熹、武億《經讀考異》斷句為「禹敷下土方」，《唐石經》土，《法藏》27／196 作圡，俗字。《唐石經》濬哲，《毛》濬哲一作叡，又作浚，案：《考文》作睿，又作叡，作濬浚濬，避魏明帝、東晉元帝諱。哲，古作悊。《唐石經》維，《後漢・班固傳》注引作惟。《毛》芒，《考文》𦬖，《魏都賦》注引、《類聚》92 茫，芒茫同，𦬖為芒字之訛。《毛》敷，《左傳》布，布通敷。《經說》2「禹

敷下土方」，朱子引《楚詞》改正「方」字絕句，可謂至當。《毛》國，《玉篇》P196囻，下同，武則天改作圀，圀古字。《毛》《考文》宋版作隉，《箋》《考工記》注圓，《唐石經》小字本相臺本閩本隉，同，明監本誤作幀。《釋文》音圓，何《校》：當作圓，圓古字。隉通圓，員，圓。《毛》娍。《韓》《漢石經校記》《毛》帝，《魯》《列女傳》《呂覽·音初》高注引無「帝」。《唐石經》《毛》娍。P3737 芒作茫，疆作彊，幅作偪，員作貟，P196 娍作娥，作娥，誤，餘俗字。《列女傳》《呂覽·初音》高注引脫「帝」。實四家同。

〔2〕《毛》玄，避康熙諱，應作玄。《魯》《白虎通·瑞贄》《毛》撥，《魯》《荀·議兵》《新序·雜事》《釋文》引《韓》發，撥法讀如發。《單疏》率履，《三家》《說苑·復恩》《胡公碑》《周憬功勳碑》《漢》《宣帝紀》《蕭望之傳》《韓詩外傳》3《御覽》《詩考》帥禮，履通禮。《唐石經》《單疏》截，《三家詩考》《漢》《玉篇》《水經注》《慧琳音義》30 引《毛》戳，古字。

〔3〕《魯》《韓》《說苑·敬慎》《韓詩外傳》3《閑居賦》注引躋，《晉語》《單疏》《唐石經》《毛》齊、躋，《齊》、《孔子閑居》注引作齊、齊，鄭注齊讀躋。案：齊、躋，詩之字異義同之例，齊讀如躋。《毛》假，音格，假通格。《毛》遲，《唐石經》遲，同。下同。《毛》日躋，《晉語四》同。

〔4〕《廣雅》捄，《毛詩音》捄，古作捄，捄通捄。《毛》競捄，漢馬王堆帛書《五行》引作「不勮不捄」，郭店楚簡《五行》簡 141 作捄，p3737 作競，正字作競，詳《手鏡》。《毛》綴旒，P196 流，《三家》《郊特牲》《五經異文》鄭注引作畷斿，《韓》《玉篇·田部》引作綴流，綴通畷，旒、流通斿，《毛》何，何荷古今字。案：正字作布、優，《韓詩外傳》3《毛》敷政優優，《玉篇》《字彙補》敷、渜，《三家》《左傳·成 2》《繁露·循天之道》《漢石經·詩·校記》《說文通論》《釋故》《修孔子廟碑》《溧陽長潘乾碑》《後漢·陳寵傳》布政優優，《孔子家語·正論解》《說文》布政憂憂。渜憂通優（yōu）。案：正字作挈，《毛》遒，《三家》《釋詁》《方言》《說文》《集注》《玉篇》《廣韻》《集韻》挈，《北史·蘇綽傳》求，求逎遒通挈。

〔5〕《荀·臣道》《唐石經》《毛》共，古字，《魯》《淮南·經訓》高注引、《釋詁》《廣雅》拱，《魯》、《玉篇》、蘇轍《集傳》作珙，共拱珙音義同。《毛》駿厖，《唐石經》厖 27/196 駿厖，《荀》《荀·榮辱》駿蒙，《齊》《大戴·衛將軍文子》恂蒙，《漢書注》、《詩集傳》頁 328 引董逌：《齊詩》駿駹，《法

言》忻懔，併懔、駿厖、駿厖、駿駹、駿蒙同恂蒙。《毛》《唐石經》小字本相臺本何龍敷，《家語・弟子》《考文》荷，《衛將子文子》《群經音辨》寵、傅，何通荷，龍通寵。傅，《釋文》本亦作敷，傅通敷。《毛》竦。《傳疏》《集疏》據《孔子家語・弟子行》「不震不動，不戁不悚」，在「敷奏其勇」上。《唐石經》總，《說文》龞，古字。

〔6〕案：本字作發。《說文繫傳》伐，《唐石經》斾、曷、苞蘗，《魯》《荀・議兵》《漢・律曆志》《新序・雜事》《韓詩外傳》3《讀書雜志・漢書・刑法志》《說文段注》《說文引經考》發，《毛詩音》撥，發聲，《玉篇》墢，《說文》《玉篇》坺，撥墢斾斾坺伐通發。《毛》曷，《三家》《荀・議兵》《韓詩外傳》3《漢・刑法志》《檄吳將軍校部》注引作遏，《魯》《釋詁》曷又作遏，曷古字。《說文》櫱，《魯》《淮南・俶兵》《齊》《漢・敘傳》注引作包、柉，包通苞；櫱蘗柉同。《毛》有，《魯》《韓》《晉・樂志》域，有通域。《單疏》《毛》顧，《魯》《齊》《古今人表》鼓，鼓讀如顧。《毛》伐，P196 代，代是伐字之誤。

〔7〕《漢石經》葉，《毛》《單疏》菜，《唐石經》葇，避唐諱。《異文釋》俗本作祐。《箋》《考文》《唐石經》、岳本、南宋《石經》、宋本《九經》、日本藏本、《讀詩記》予，《詩本義》於，作「於」非。P3737葉佐佑，左右當讀如佐佑。

【詮釋】

案：商人崇拜祖先神，認爲祖先去世會「賓於帝廷。」古文當作睿智、叡智、睿哲，避漢魏明帝、東晉元帝、唐睿宗諱。《商・說命》引商高宗的群臣言：「嗚呼！知之曰明哲。」

〔1〕一章追述商族發祥，並歌頌大禹。《魯傳》《史記》：契佐禹治水有功，禹命契爲司徒，封於商，賜姓子氏。案：《說文》睿，《傳》《箋》訓濬，爲深。誤。濬，深。睿哲，連語，英明，明智，睿哲，即後來說的「聖明」。長，常；發，顯示，生發；祥，吉利徵象。敷，廣；土方，四方。外大國是疆，劃分夏國內外疆域。幅隕，幅圓，圓周，周圍。有娀 sōng，《說文》偰母號，有娀氏，古國名，故址在今山西省永濟縣。方，正；將，壯成年。商，契。商初在今河北省漳水流域。《魯傳》《呂覽・音初》高誘注：「帝，天也。天令燕降卵於有娀氏女，吞之生契，《詩》云『天命玄鳥，降而生商』，又曰：『有娀方將，立子生商』，此之謂也。」

韻部：商祥芒（茫）方疆長將商，陽部。

〔2〕二章寫契、相土功業。《國語》《荀‧成相》：玄王，偰（商始祖）。玄王，商代始祖契；桓，桓桓 huánhuán，威武貌；撥 bō，治理，整頓。《公羊傳‧哀 14》「撥亂世，反諸正。」《齊》《禮記‧祭法》，卜辭中商人以黃帝子玄囂的後裔嚳爲高祖。《魯》《公羊傳‧哀 14》《懷沙注》撥，治。受，授，舜授予契小國大國，都順利，《虞夏書‧舜典》帝命契「作司徒，敬敷五教。」敷傳五教。率，循；履通禮，恪遵禮教。遂，於是；視，視察；既，已；發，治理。發 fā，〈古〉幫月；法 fǎ，〈古〉非盍，上古脣音幫、非二紐通借，禮法制度，文明文化。契——昭明——相土，烈烈，威武，功業卓著。馴馬、牛、象，教騎射，建相城，遷相山，有海外貿易。海外有截，整治至海表。王肅：「相土能繼契，四海之外截然整齊而治，言有烈烈之威。則相土在夏爲司馬之職，掌征伐也。」一說：晁福林《〈商頌〉難句試釋》：相土，相社，相在今河南省北部內黃縣一帶，由卜辭「亳社」、「邦社」與《玄鳥》「殷社」來看，相土（社）當是殷人一處重要的社祭地址，「海外」疑爲「每卜」之誤，「截」指占卜時龜甲上兆的鮮明整齊，占卜時都得到鮮明整齊的兆璺，這乃是吉利的預兆啊。鄭玄：有截，整齊。《疏》：截，斬斷。《傳疏》：截，治。

韻部：撥（讀如發）達達越發烈截（截），月部。

〔3〕三章寫湯的成功與美德。案：夏、商、周有天命思想，《詩》多有此例，《烈祖》「自天降康」，《玄鳥》「天命玄鳥」，古帝命武湯，《長發》「帝命不違，至於湯齊」「上帝是祗」「荷天之休」「何天之龍」，《殷武》「天命多辟」、「天命降監」。帝命不違，倒句，爲協韻，不違天命。《三家》《孔子閒居》齊讀如躋 jī，躋升，升遷。《傳》《疏》：躋，升。俞氏《平議》：齊讀濟，濟，成。降，禮賢下士，得仲虺、伊尹的輔弼。朱熹：昭假於天，久而不息。聖敬，政治局面的聖明；日，日日；躋，升。祗，敬。九圍 wéi，九域，全國；式，法式，作九州的範式。

韻部：違圍，微部；齊遲躋遲祗，脂部。微、脂合韻。

〔4〕四章寫湯政教寬和。受，接受；案：球，天球，球捄 qiú，以法紀律眾，以法紀聚眾。《廣雅》：「拱，捄 qiú，瀍（法）也。」王肅：小球，尺二寸之鎮圭。大球，三尺之琔（大珪）。法紀。爲，成爲；下國，諸侯們；綴通畷，旒、流通斿，標誌，表率。何，荷；休，美。勮 jù，競，競逐，強求；詠，絿，急躁，《三家》《廣雅》訓求。剛，剛烈；柔，柔弱。敷，施；《漢石經‧詩‧校記》優，瀀憂通優，優優，平和、寬和貌。《三家》《說文》憂 yōu，

和之行也。《孔子家語》：和之至也。遒通揂擎 jiū，聚合，凝聚。《左傳・昭
20》引孔子評曰：「和之至也。」馬王堆帛書《黃帝經》：「應化之道，平衡而
止。輕重不稱，是謂失道。公者明。」《左傳・昭 20》「心平德和」，《左傳・
隱 4》：「臣聞以德和民，不聞以亂。」

　　韻部：球旒（流郵）休綠柔憂（優）遒，幽部。

　　〔5〕五章寫共同恪守大法。案：共拱珙共共，舉國上下共守國家大法，
拱，法，珙，大璧讀如拱象徵法權的天球、璧玉。駿尨、駿厖、駿蒙、恂蒙、
忡幪，庇蔭。何，荷；龍，寵。傅通敷，敷奏，連語，進獻其英勇。震動，
連語，動搖。戁 nǎn 竦 sǒng，連語，恐懼。緫總古今字，彙聚。

　　韻部：共（珙拱）尨（厖蒙）龍（寵）勇動竦總，東部。

　　〔6〕六章善用喻，以鉞喻威，以火喻成湯革命，以本喻桀，以蘗喻韋顧、
昆吾。寫征討，翦來韋顧、昆吾、桀。載，始；案：斾施坺墢發、伐雙聲通借，
伐，即本章「韋顧既伐」之伐，字異義同之例。《商・湯誓》：「有夏多罪，天
命殛之。」有虔，虔虔 qiánqián，朱熹、屈萬里：虔虔，敬。秉，持；鉞，黃
鉞 yuè。《魯》《釋詁》：曷遏，止。苞，本；蘗枿 niè，樹木砍伐處所生的新枝
新芽。莫，助詞，下同；遂，生；達，長，用比喻技法，苞指夏桀；蘗指韋、
顧、昆吾。《盤庚》：「若顛木（倒僕之樹）之有由蘗，天其永我命於茲新邑。」
九有，九域，九州；有截，截截然，統治有法，整齊。案：本爲既伐韋、顧、
昆吾、夏桀。倒句爲協韻，伐、桀在月部。韋，豕韋氏，彭姓，夏諸侯國名，
在今河南滑縣東南 50 里。顧，己姓，夏諸侯國名，在今河南范縣東南 53 里。
昆吾，己姓，古國名，在今河南省濮陽縣西 30 里，有昆吾臺。桀，沉湎酒色，
不理政事，大興土木，建傾宮瑤臺、長夜宮，敗死於中條山中。

　　韻部：斾鉞烈曷蘗達截伐桀，月部。

　　〔7〕七章頌美良輔伊尹。中葉，先商史中，湯是契十四世孫。震，震振
威勢，又震通振，振興，功業；且，其；業。允，確實；也，語詞。降予，
賜予；成湯禮賢下士，夏的造車世家仲虺投奔成湯，成湯又用中國廚師的祖
師父，初爲陪嫁奴隸的伊摯爲右相，伊尹獻策：「兼弱攻昧，取亂侮亡。」漢
《衡方碑》「伊尹在殷之世號稱阿衡，因而氏焉。」伊尹，名摯，佐命大臣，
獻政通人和、能聽道進與從諫則聖、爲善在官等策，輔佐武湯代夏。左右，
佐佑，輔弼。據《孫子・用間》伊尹，名摯，由於伊尹輔佐了商湯、太甲兩
代國王，所以《長發》給予極高的歷史評價，《書》《史》《孟》《天問》《墨》

《竹書紀年》《呂覽》有記載，吉金、甲骨文也有記載，《叔尸鏄》：「伊小臣唯傅」，甲骨文「歲于伊尹二牢」（《後》上 22）詳王玉哲《中華遠古史》頁 202）與郭沫若《卜辭通纂考釋》頁 50）伊尹陵園在今河南省虞城縣穀熟鎮西南。

　　韻部：葉業，盍部；子士，之部；衡王，陽部。

【評論】

　　《禮記·孔子閒居》：「孔子曰：『奉三無私以勞天下。』子夏曰：『敢問何謂三無私？』孔子曰：『天無私覆，地無私載，日月無私照。奉斯三者以勞天下，此之謂三無私。』其在《詩》曰：『帝命不違，至於湯齊。湯降不遲，聖敬日齊。昭假遲遲，上帝是祗，帝命式於九圍。』是湯之德也。」《荀·王霸》「故能當一人而天下取，失當一人而社稷危。……故湯用伊尹，文王用呂尚……」《晉語四》：「公孫固言於〔宋〕襄公曰：「……《商頌》曰：『湯降不遲，聖敬日躋。』韋昭注：「《長發》之三章。降，下也。躋，升也。言湯之尊賢下士甚疾（捷），故聖敬之道日升聞於天也。」《魯說》《新書》9，「湯曰：『藥食嘗於卑，然後至於貴；藥言獻於貴，然後聞於卑。』……故明君敬士、察吏、愛民以參其極，非此者，則四美（治、安、顯、榮）不附焉。」蘇轍：「大禘之祭，所及者遠，故其詩歷言商之先君，又及其卿士伊尹，蓋與祭於禘者也。《商書》曰：『茲予大享於先王，爾祖其從與享之。』是禮也，豈其起于商之世歟？」《單疏》頁 482「所由湯之陳進其勇不可震，不可動，不戁恐不竦懼，所征無敵，克平天下，百姓之祿於是總聚而歸之，故能荷天之和道也。」宋·王應麟《詩地理考》引蘇氏曰：「《商詩》駿發而嚴厲，商人之風俗在此，故其後世有以自振於衰微。」（《詩考詩地理考》頁 334）《詩誦》4：「此篇每章八句同一韻，獨末章六句三換韻，調法之變，與他詩不同。」曹道衡《長發》：「這首詩的音節也特別響亮，和詩的雄壯的內容頗爲協調。」案：此詩寫了睿智商湯長發禎祥，有娀方將，帝立生商，玄王契在舜帝時被任爲司徒而「敬敷五教，」，契善治「受小國是達，受大國是達，」率禮不越其孫相土烈烈，海外有截，連海外國家也悅服，寫全國以湯爲範式，「受小球大球，爲下國綴旒」成爲各諸侯國典範，「布政優優」得人心，聚百福，湯武革命「百祿是總」，商湯興師，不可遏止，翦除韋、顧、昆吾、桀，又拳拳不忘於商代名相伊尹佐佑商湯，配祀場面宏闊，歷歷如繪，詩人才氣超邁，文采玢圞，誠史詩。下啓三國·魏·曹植《殷湯贊》《周公贊》與唐·杜甫《蜀相》。

殷 武

撻〔撻達〕彼殷武，　　　　　　勇武迅捷，那商王勁旅，
奮伐荊楚〔楚荊〕。　　　　　　爲征鬼方，奮力討伐荊楚。
罙〔罙罙采〕入其阻，　　　　　冒入其險要的關隘，
裒荊〔荊裒〕之旅〔旅〕。　　　俘獲了他們的師旅。
有截其所，　　　　　　　　　　統一荊楚截截然整治，
湯孫之緒。〔1〕　　　　　　　　高宗的功業彪炳千古。

維〔惟〕女〔汝〕荊楚〔楚荊〕，　告知您等荊楚的官民，
居國南鄉。　　　　　　　　　　其國在南方，
昔有成湯，　　　　　　　　　　每念古代偉大的成湯，
自彼氐、羌〔羗〕，　　　　　　從那西北的氐羌，
莫敢不來享〔賓〕，　　　　　　誰敢不來進貢，
莫敢不來王〔莫不來王〕，　　　誰敢不來朝覲商王？
曰商〔王〕是常。〔2〕　　　　　唯商王尊尙！

天命多辟，　　　　　　　　　　上天頒命如許多的諸侯，
設都于禹之績（跡），　　　　　設都邑在禹跡禹域，
歲〔歲〕事〔時〕來辟。　　　　按時來朝覲商王，
勿予禍適〔謫謫〕，　　　　　　不施以譴責，
稼穡〔嗇〕匪解。〔3〕　　　　　農業萬萬不可怠遑！

天命降監，　　　　　　　　　　上天監察您們，
下民〔民〕有嚴〔莊〕。　　　　民眾唯有莊敬。
不僭〔譖〕不濫，　　　　　　　賞無差錯，罰不漫無準則，
不敢怠〔迨〕遑〔皇荒〕。　　　辦事莫怠惰！莫荒浪放蕩！
命于下國，　　　　　　　　　　諸侯國尊崇您國王，
封建厥福。〔4〕　　　　　　　　分封諸侯，一一歸往。

商〔京〕邑〔京師〕翼翼，　　　商都繁榮而且齊整，
四方之〔是〕極〔則〕。　　　　乃是九州的標準。
赫赫〔奭〕厥聲，　　　　　　　聲聞如此彰顯於世，
濯濯〔躍躍〕厥靈〔靈〕。　　　威靈如此深入人心。
壽考且寧以保我後生。〔5〕　　高宗高壽而且安寧，用以保佑咱們的後代
　　　　　　　　　　　　　　　子孫。

陟彼景山，	登上那景山，
松柏丸丸〔桓桓〕，	蓁蓁郁郁，松柏桓桓，
是斷是遷，	鋸斷，搬遷，
方斷是虔〔梗〕，	砍削，當椹，
松桷有梴〔挻埏延〕，	松木椽子長延延。
旅〔旅梠〕楹有閑，	門框橫木、一行行柱子閑閑然大，
寢成孔安。〔6〕	寢廟建成很安然。

【詩旨】

《原解》36「此高宗崩，三年喪畢，祔（fù，將後死者神位附於先祖旁）主於廟之樂歌。」案：由首章「撻彼殷武」與《玄鳥》「殷受命咸宜」推知，《玄鳥》《殷武》都是在前 1300 年盤庚遷殷後，商高宗武丁是盤庚後第三代國王，得傳說爲相，復興武功：伐荊楚前 1217 年～前 1214 年，伐鬼方，克之，大約詩作於前 1218～前 1214 年。據《齊傳》《古今人表》「武丁，小乙子。」注：名昭，又曰殷武，以德義高美尊爲高宗，亦曰殷高，爲商朝賢明之主。《今本竹書紀年》三十四年高宗伐鬼方。《繹史・年表》「武丁……荊楚、鬼方，皆高宗所伐。」此詩是詩人爲商高宗武丁中興所寫的又一首史詩性頌歌，又爲祭祀高宗時的樂歌，歌中彰顯其伐楚之功、戒楚之語，描繪了歲時來辟（朝覲商王）、稼穡非懈（注重農業）、民眾有嚴（莊）與商都爲四方是則、寢廟孔安的中興之盛，因此，郭沫若主編《中國史稿》云：「《詩經・商頌・殷武》是祀武丁的詩。」誠然，「勿予禍適，稼穡匪解」當視爲中國式諷寓（Chinese allegory）。

〔魯說〕《殷本紀》：「武丁修政行德，天下咸歡，殷道復興。」

《齊說》《鹽鐵論・論勇》：「故『自彼氐、羌，莫不來王』。非畏其威，畏其德也。」

《毛序》：「《殷武》，祀高宗也。」《正義》：「祀高宗之樂歌。」《詩補傳》同。

【校勘】

〔1〕古字作攎，《毛》小字本相臺本撻，《韓》達，撻通達。《唐石經》、宋小字本、相臺本、十行本罙，明本、明監本、汲古閣本采，《三家》《說文》《五經文字》嘉慶中，木瀆周氏孝圻刻本、《毛詩傳箋》《經韻樓集》《詩經小學》罙罙，罙深古今字，當作罙罙。《唐石經》《毛》裒荊，P196 作荊裒，

《釋文》裒作俘，案：荊裒當乙爲裒荊，裒本作挬、俘，裒俗體。《毛》旅，
p3737《唐石經》旅，同。下同。

〔2〕《漢石經》惟女，《毛》維女。《毛》女荊楚，P196作楚荊，《三家》
女作汝。案：女汝古今字，楚荊當乙爲荊楚。《毛》羌，又作羗，羌俗字。《毛》
享，虞翻《易》注引作賓，師受不同。《漢石經》《毛》商是《唐石經》「商」
下旁添「王」字。阮《校》：「王」字非經文。岳本同《毛》。《毛》「莫敢不來
王」，《齊傳》《鹽鐵論·論勇》：「莫不來王」，師受不同。

〔3〕《唐石經》績，《左傳·襄4》跡，《堯典》績，《武成》跡，音義同。
《毛》歲事，《唐石經》歲事，《考文》歲時，事通時。案：本字作過謫，904
年抄《玉篇》引《毛》作「勿與禍謫」，謫，俗字。《唐石經》：勿予禍適，《魯》
《呂覽·適威》高注，《新序·善謀》《廣雅》謫過。禍讀過，適讀謫。《漢石
經》嗇，古字，《唐石經》穡。

〔4〕《單疏》《毛》嚴，陳奐：嚴讀儼。案：嚴是避漢明帝諱，當作莊，
莊遑協韻。《漢石經》遑，《唐石經》僭怠遑，《左傳·襄26》皇，《法藏》27
／197 譖（譖）怠皇，譖讀如僭。《東京賦》注引作迫，《左傳》《哀5》《襄26》
怠皇，《中山王方壺》「不敢怠荒」。案：迫通怠，皇遑古今字讀如荒。

〔5〕《唐石經》《毛》商邑翼翼，四方之極，《漢石經》翼翼，《漢·匡
衡傳》「京邑翼翼，四方是則，」《東京賦》《白帖》9 京邑，《魯》《齊》《漢紀·
元帝紀》《後漢·魯公傳》京邑翼翼，四方是則京邑，《韓》《後漢·樊準傳》
京師、是則，師受不同。《毛》之極，《三家》《東京賦》《漢·匡衡傳》《樊準
傳》李賢注《後魏·甄琛傳》《白帖》76 兩引作是則，《潛夫論·浮侈》《王莽
傳》作是極，極通則。《讀書雜誌》《經義述聞》本作「京邑翼翼，四方之則。」
《毛》赫赫，作赫，避漢元帝諱，漢·郭舍人《釋訓》注作奭奭，赫奭古通。
《毛》濯，《釋文》躍躍，樊光本作濯濯。《毛》靈，P3737 霝，俗字。《漢石
經·135》「翼，五句」，則「壽考且寧以保我後生」爲九字句。

〔6〕《毛》陟景柏、斷，P3737 陟景栢斷，《漢石經》斷，《毛》丸丸，《白
帖》100 桓桓，音義同。《毛》斫，《說文》《釋文》《白帖》83 斲，斲斫古今
字。案：本字作梂、梂，《毛》虔，《魯》《釋宮》《正義》梂。本字作梃，《五
經文字》《正義》《唐石經》梃，《長笛賦》《老子音義》《字林》《說文繫傳》
挺，《白帖》100 埏，《御覽》953 延，延埏挺通，埏通梃。《毛》旅，《唐石經》
旅，同，《文選·馬汧督誄》《說文》梠，旅讀如梠。

【詮釋】

〔1〕首章宣揚商高宗伐楚的戰功。撻通達，撻撻、達達 tàtà，勇武迅捷貌。《詩傳大全》：撻，兵威神速。《韓說》：「撻，達也。」奮，奮力；荊楚，《穀梁傳‧莊 14》「荊者，楚也」。武丁中興，繼河亶甲於約前 1450～前 1440 年征伐東南不臣服的諸侯，重振商朝國威後，武丁重用甘盤、傅說，發展農牧，約前 1250～前 1192 年征伐羌方、土方、西羌、鬼方、東夷，《竹書紀年》：武丁三十二年，伐鬼方，次於荊，《易經‧既濟》「高宗伐鬼方」。粱 mí，冒，周行，全面進攻；阻，險要處。裒捊通俘 póu，俘獲；旅，眾。《傳疏》：截，治。有截，截截，統一治理好。屈萬里：有截，截然，整齊未被侵削。湯孫，武丁；緒，功業。

韻部：武楚阻旅所緒，魚部。

〔2〕二章告誡荊楚，描繪萬邦朝覲的場面。女，汝；荊楚，江漢，代指南方。居，其；鄉 xiāng，方。成湯時，自，從；氐 dī 羌 qiāng，在西北。享，進貢；賓 bīn，賓服，來朝。王 wáng，歸往。《虞書‧大禹謨》：「無怠無荒，四夷來王。」曰，結構助詞；常，尚，唯商王是尚。《竹書紀年》「武丁三十四年，氐羌來賓」。商高宗武丁少時生活基層，即位重用傅說、甘羅，修改行政，連續對土方、鬼方等用兵，商大興，在位 59 年。

韻部：鄉（嚮向）湯羌享王常（讀如尚），陽部。

〔3〕三章寫商王封邦建國。辟，君，諸侯多。設都於禹之績，績跡通，功業。考古發現禹跡，禹域，大致在山西、河南、湖南、浙江、四川、陝西、河北、山東、安徽，商部落則由漳水流域向河南北部到鄭州等地遷徙，與夏代都城陽城、陽翟、平陽等，多數夏都在河南開封、鞏義、商丘、濮陽、范縣、登封、濟源、偃師等地相近。商、周都與夏禹密不可分，《齊侯鑄鐘》：「奄有九州，處禹之堵」，《叔夷鎛》「〔成湯〕咸有九州，處禹之堵（都）。」歲事，按時；來，是；辟 bì，君，朝覲商王。予，施；禍讀如過 guò，適讀如謫 zhé，過謫，連語，譴責，責備。稼穡，耕作收穫；匪解，非懈。武丁《說命》：「以康兆民……，其惟有終」「惟民從乂」「惟其賢」。

韻部：辟績（跡）辟適（謫），錫部；解（懈），支部。錫、支通韻。

〔4〕四章治民治國有法，天，商王；命，派官員；監，監察社會實情。下民，民眾；有嚴儼儼 yǎnyǎn，莊敬貌。案：有嚴當本作有莊，與遑叶韻，避漢明帝諱改爲嚴，漢代嚴忌即是同例，莊 zhuāng，莊敬，循道守法。《傳疏》

有嚴，有儼 yǎn，敬也。不僭，賞不越度；不濫，刑罰不亂。《左傳・襄 26》：恤民不倦。不敢怠惰、荒浪，應忙於政事。命于下國，《左傳》注：爲下國所命爲天子。封建，大建；厥，其；福 fú（古）幫職，服 fú（古）並職，幫、并鄰紐，福通服，分封諸侯，舉國服從。

　　韻部：監嚴濫，談部。談、陽合韻，又莊遑（皇），陽部；監濫，談部。談、陽合韻。國福（讀如服），職部。

　　〔5〕五章寫商都爲全國中心的繁榮景象。商邑、京師、京邑同，商都，在今河南安陽西北五里有十二宮殿，出土文物有大量的青銅器、甲骨、玉器、陶器、骨器、石器等，商都所顯示出來的科學技術文化舉世罕儔。翼翼，齊整。極，則，典範，標準。《逸周書・度訓解》「極以正民。」《班殷》作四方亟（「作天下的標準。」），當時商都是題湊萬方的政治經濟軍事文化中心。聲，聲聞；赫赫爽爽，極爲彰著。濯濯 zhuó zhuó，顯著，靈 líng，神靈，威靈。商的後人將高宗尊之如威武的神靈。考，高；寧，安寧。武丁在位 59 年。後生，後代子孫。

　　韻部：翼極（則），職部；聲靈寧生，耕部。

　　〔6〕六章寫宮殿建築，陟，登；景山，今河南偃師城南二十里。丸丸、桓桓，重言摹況字，高大挺直貌。斷，鋸斷；遷，運遷；斲 zhuó，砍；虔櫫 qián，椹 zhēn，做成砍木用的木質。又虔讀如劅 qián，《集韻》劅，削。《傳》虔，敬。誤。桷 jué，椽 chuán，梴梴 chān chān，木長貌。旅通梠 lǚ，門框上的橫木，屋簷口椽端的橫木。《單疏》訓旅爲眾。楹 yíng，柱子；有閑，閑閑，大。寢 qǐn，商廟中寢宮，爲放置祖宗衣冠處；成，建成；孔安，很安適。朱熹：安，所以安高宗之神也。

　　韻部：山丸（桓）遷虔（櫫）梴（挺埏延）閑安，元部。

【評論】

　　《齊傳》《禮記・喪服四制》「高宗者武丁，武丁者，殷之賢王也。」陳延傑《詩序解》：「詳味此篇之辭，既溫而厲。」《詩志》8：「《商頌》駿厲嚴肅，此篇更爲慘栗，然只是高渾。」《詩誦》4：「此篇高宗中興之詩，起二句便將英主雄才大略，奮發果斷，一時四方人心悚息震動氣象一併寫出，是神來之筆。以下五章用意層層銜接，脈絡分明，近於周《雅》矣。」《通論》：「風華高貴，寓質樸於敷腴，運清緩於古峭，文質相宜，允爲至文。」《會歸》頁 2000～2001「彼篇（《玄鳥》）分兩幅，上幅溯述先祖立國之業，下幅始陳高

宗之功，蓋頌高宗繼祖德而復殷治。此篇分六章，皆歷述高宗之功，以伐楚
爲先，逐章銜承遞進，以迄寢廟成而天下大安，蓋頌高宗以武功文德而致中
興。此兩詩體格之異，命意之別也。彼篇文辭古茂，即《疏》所謂太平告神
之頌；此篇風格敷愉，蓋《疏》所謂殷勤申意之詠，斯又運筆之變化也。」
蔣見元：「較之漢、魏以降的郊廟樂歌，此詩要生動得多。」案：《魯傳》西
漢・楊雄《法言・吾子》：「事勝辭則伉（gāng，質直），辭勝事則賦，事辭稱
則經。」此詩雄深蒼渾，英氣逼人，大氣包舉，是事功與文辭相稱，不以辭
賦藻飾見稱，末章則如小賦。

論文：論《商頌》是《商頌》，非《宋頌》

　　《詩經》中的《商頌》是《商頌》，還是《宋頌》？《漢書・藝文志》云：
「《詩經》二十八卷，《魯》《齊》《韓》三家。《魯故》二十五卷，《魯說》二
十八卷；《齊后氏故》二十卷，《齊孫氏故》二十七卷，《齊后氏傳》三十九卷，
《齊孫氏傳》二十八卷，《齊雜記》十八卷；《韓故》三十六卷，《韓說》四十
一卷；《毛詩》二十九卷，《毛詩故訓傳》三十卷。凡《詩》六家，四百一十
六卷。」這大約是漢代劉向、歆父子等所校魯、齊、韓、后氏、孫氏、毛氏
六家《詩》四百一十六卷。劉氏父子兼學《魯》、《韓》。詳《漢書》本傳與清
代王氏父子《經義述聞》、宋綿初等論文。漢以來，關於《商頌》是《商頌》，
還是《宋頌》，爭論不休，尤以清代魏源、皮錫瑞與近代王國維高張《宋頌》
說。1956 年楊公驥、公木（張松如）先生在《文學遺產增刊》第二輯發表《論
商頌》，1957 年楊先生在《中國文學》發表《商頌考》，張松如先生 1995 年《商
頌研究》在南開大學出版社出版。後來，劉毓慶《〈商頌〉非宋人作考》（《山
西大學學報》1980.1），晁福林《〈商頌〉難句試釋》（《學術研究》1984.4），
張啓成《論〈商頌〉爲商詩》（《貴州文史叢刊》1985.1，《詩經風雅頌研究論
稿》，學苑出版社，2003），金德建《商頌述作考》（《古籍論叢》第二輯，福
建人民出版社，1985），趙明主編《先秦大文學史》（吉林大學出版社，1985）
梅顯懋《〈商頌〉作年之我見》（《文學遺產》，1986，5），《正考父作〈商頌〉
新考》（遼寧師範大學學報），1989，3），常教《〈商頌〉作於殷商述考》（《文

教》，1988，1），黃挺《〈詩・商頌〉作年作者的再探討》（《學術研究》1988，
2），江潤屋《〈詩經・商頌〉史詮》（《貴州大學學報》，1988.2），趙明《殷商
舊歌〈商頌〉述論》（《文史哲》，1992.3），陳隆予《〈詩經・商頌〉年代考辨》
（《殷都學刊》，1996，2），劉蕻《國之大事，在祀與戎：讀〈詩經・商頌〉》
（《福建師範大學學報》，1997.2），陳桐生《〈商頌〉為商詩補正》（《文獻》
1998.2），姚小鷗《〈商頌〉五篇的分類與作年》（《第三屆詩經國際學術研討會
論文集》，香港天馬圖書公司，1998），陳桐生《〈詩經・商頌〉研究的百年巨
變》（《文史知識》1999，3），江林昌《〈商頌〉的作者、作期及其性質》（《文
獻》，2000，1），劉毓慶《詩經圖注》（麗文化公司，2000），《詩經講讀》（華
東師範大學出版社，2008），《詩經全注全譯》（中華書局，2011）。

　　傅斯年曾提倡資料學，我的母校——北京師範大學老校長陳垣學部委員
曾在歷史文獻學、宗教史、元史等多方面作開創性研究，沿此思路，本文在
論述時注重史料，注重考辨，就正於國內外賢達。

一、先秦典籍的論據，《夏書》《商書》《易經》《國語》《左傳》《呂覽》《禮記》

　　沿群經注經的途徑，論述《商頌》是《商頌》。

　　其實，中國從遠古以來即是詩國，《擊埌歌》《賡歌》《南風歌》《大唐歌》
《卿雲歌》寫得何其好啊，夏代的《五子歌》的民本思想、「有典有則」為《詩・
大雅・烝民》所繼承發揚，誠然，一代有一代的藝術與學術。

　　現代國學大師張舜徽先生主張群經注經。《易經・既濟》「九三，高宗伐
鬼方，三年克之。小人勿用。」《竹書紀年》：武丁三十二年伐鬼方。三十四
年王師克鬼方。《商頌・玄鳥》「商之先後，受命不殆，在武丁孫子，武丁孫
子，武王靡不勝」，《殷武》「撻彼殷武，奮伐荊楚，罙入其阻，裒荊之旅，有
截其所，湯孫之緒。」

　　《魯語下》「昔正考父校商之名頌（名頌，頌之美者）十二篇於周大師，
以《那》為首。」（《國語》，商務印書館，1958.74），鄭眾云：「自考父至孔子，
又亡其七篇，故餘五耳。」這是在齊國的大夫閭丘來魯國結盟，魯國的大夫
對魯國的大夫、子服惠伯的孫子子服景伯所講述的，正考父從周的樂官之長
處計點考核商代名頌。校，並不如王國維《王國維遺書・說商頌上》「考漢前
初無校書之說，即令校字作校理解，亦必考父自有一本，然後取周太師之本

以校之。……余疑《魯語》『校』字當讀爲效，效者獻也，謂正考父獻此十二篇於周太師。」《魯語下》校，校勘，考訂，校通覈，非校通效，至於校書，本是伴隨語文文字而發生發展的。《商頌正義》：「考父恐其外謬，故就〔周〕太師校之也。」初不自漢代劉氏父子始，蒙恬造筆其實早已爲 1932 年、1977 年殷墟發掘所見毛筆書寫的「祀」字，甲骨、石器、白陶玉戈等所書的朱書、墨書（胡厚宣《中央研究院殷墟出土展品參觀記》，《中央日報》1937，4.28～30；《董作賓先生全集》甲編第二冊，臺灣藝文印書館，1977；中國社會科學院考古研究所《殷墟婦好墓》，文物出版社，1980；鄭振香、陳志達《近年來殷墟新出土的玉器》，《殷墟玉器》，文物出版社，1982）所刷新，商代已有墨書、朱書，商、周、秦有刀刻本，墨書本，帛書、竹書，有校勘當在理中。

《魯語》所記載的應當是保管商周文化最爲完備的周王室、魯國、宋國，如韋昭注《魯語》所說，「正考父，宋大夫，孔子之先也。名頌，頌之美者也。太師，樂官之長，掌教詩樂」，正考父到周王室主管詩樂的長官處校勘商代的名頌，既是歷史事實，亦在情理之中。

無獨有偶。《晉語四》記載大約在前 637 年，晉公子重耳經宋，宋國的大司馬公孫固對宋襄公說：「《商頌》曰：『湯降不遲，聖敬日躋。』降，有禮之謂也。君其圖之。襄公從之，贈以馬二十乘。」（同上書，125 頁）案：顯見，宋國的大司馬公孫固是用商代的《商頌》來啓示作爲商的後裔宋襄公的，絕非用宋人正考父所作《宋頌》冒名《商頌》來啓示宋襄公。《商頌·長發》與宋襄公無涉，是寫商湯。再從宋襄公分析，宋襄公（前 650～前637 年），《左傳》記載宋襄公於前 642 年率領曹共公等攻齊；前 641 年宋襄公要邾文公殺鄫子來祭祀次睢的土地神，想以此使東夷歸附，司馬子魚諫道：「民，神之主也。用人，其誰饗之？」後又包圍曹國，又被子魚諫止；前 640 年，宋襄公欲合諸侯，魯大夫臧文仲批評說：「以欲從人則可，以人從欲鮮濟。」前 639 年秋，楚人在盂抓住宋襄公來攻宋，冬季才釋放宋襄公；前 638 年冬，宋、楚泓水之戰，宋襄公一定要等楚軍渡河擺開陣勢才攻擊，結果宋軍大敗，連護衛都被殲滅。宋襄公欲稱霸諸侯絕不可能。宋國的詩人怎麼可能違悖良知，無視史實而造諛墓作《宋頌》冒名《商頌》，《商頌》也絕無一句宋襄公功績的文詞。至於正考父，有兩個正考父，《宋世家》之正考父是周代宋國人；《全上古三代文》頁 94《正考父鼎銘》「隹（維）三（四）月初吉，正考父作文王寶尊鼎，其萬年無疆，子孫永寶用。」

當是周文王時名人。

《左傳·隱3》，前720年，引君子曰：「宋宣公可謂知人矣，立穆公，其子饗之，命以義夫。《商頌》曰：『殷受命咸宜，百祿是荷。』其是之謂乎？」（《十三經注疏附校勘記》，中華書局，1980，頁1723、頁2159）。案：前720年早於宋襄公元年已70年，《商頌·玄鳥》與宋襄公絕無關係。

《左傳·襄26》：聲子在講到楚材晉用時，講述不可濫用刑法而失掉好人，「《商頌》有之曰：『不僭不濫，不敢怠皇。命于下國，封建厥福。』此湯所以獲天福也。古之治民者，勸賞而畏刑，恤民不倦，賞以春、夏，刑以秋、冬，是以將賞爲之加膳，加膳則飫賜，此以知其勸賞也。將刑爲之不舉，不舉則徹樂，此以知其畏刑也。夙興夜寐，朝夕臨政，此以知其恤民也。三者，禮之大節也，有禮無敗。」（同上書，1991）所引《商頌·殷武》及闡述，與宋襄公乃至周代宋國全不相干。

《左傳·昭20》：晏子引《商頌·烈祖》：「故《詩》曰：『亦有和羹，既戒既平，鬷嘏無言，時靡有爭。』」杜預注：「詩頌殷中宗，言中宗能與賢者和齊可否，其政如羹，敬戒且和平，羹備五味，異於大羹。」觀《左傳·哀5》引《商頌》。（同上書，頁2093、頁2159），《烈祖》是歌頌殷中宗的，必是《商頌》。商中宗自非宋襄公。

《考文》：「當周宣王之時（前827～前782，早出宋襄公元年計132年），宋大夫正考父校《商》之名頌十二篇於周之大師，以《那》爲首，歸而祭於先王。」（《四庫全書》190/頁313）如不破字解經，當是正考父向周太師校《商頌》。

《禮記·喪服四制》：「《書》曰：『高宗諒闇（ān通諳，熟悉），三年不言。』善之也。王者莫不行此禮，何以獨善之也？曰：高宗者武丁，武丁者，殷之賢王也，繼世即位，而慈良於喪。當此之時，殷衰而復興，禮廢而復起，故善之，善之，故載之《書》中而高之，故謂之『高宗』。」（同上書，1695）這不僅說明《禮記》與《商頌》中的《玄鳥》《殷武》相契，而且佐證了《商頌》中的「自古在昔，先民有作」，「古帝命武湯」，「昔在中葉，有震且業」，「昔有成湯」，其實是商部落緬懷契以降的聖王，以至契以前的上甲等部落長，是商代詩人讚頌先王，本在情理中，何以成爲宋頌者以爲《宋頌》的論據？

《禮記·樂記》師乙對孔子弟子子贛說：「肆直而慈愛，商之遺聲也，商人識（記）之，故謂之《商》。」（同上書頁1545）《晉語一》引商《銘》云：「嗛嗛之德，不足就也，不可以矜，而只取憂也。嗛嗛之食，不足狃也，不

能爲膏，只罹咎也。」商人善詩，可見一斑。

　　古籍中論及頗多，《荀子・正論》：「湯、武非取天下也，修其道，行其義，興天下之同利，除天下之同害，而天下歸之也。」《大略》載湯桑林祈雨歌：「湯旱而禱曰：『政不節與（與讀歟，下同）？使民疾與？何以不雨？至斯極也？宮室榮與？婦謁盛與？何以不雨？至斯極也？苞且行與？讒夫興與？何以不雨，至斯極也？」（《荀子》，中國長安出版社，2009，215、340）《魯傳》《呂覽・古樂》「殷湯即位，……湯於是率六州以討桀罪，功名大成，黔首安寧。湯乃命伊尹作爲《大護》，歌《晨露》，修《九招》、《六列》，以見其善。」高誘注：《大護》《晨露》《九招》《六列》，皆樂名。善，美。（《呂氏春秋》頁289）《淮南・脩務訓》：「誦《詩》《書》者，期於通道喜物，而不期於《洪範》《商頌》」。（《淮南子集釋》，中華書局，1998，1361）荀子則是對湯武革命高度評價，上升到「道」的高度，「興天下之同利，除天下之同害。」《淮南子》則將《商頌》與商末三仁之一的箕子在商、周之際所著治國大法《洪範》並列，以爲商作無疑。《史・殷本紀》：「湯曰：予有言：『人視水見行，視民知治不。』伊尹曰：『明哉！言能聽，道乃進，君國子民，爲善者皆在五官，勉哉！勉哉！』……於是湯曰：『吾甚武』，號曰『武王』。桀敗於有娀之虛，桀奔於鳴條，夏師敗績。……〔太戊〕殷復興，諸侯歸之，故稱『中宗』。……武丁修政，天下咸歡，殷道復興。……太史公曰：『余以爲《頌》次契之事，自成湯以來，採於《書》《詩》。」司馬遷對成湯、大戊、武丁的記述與評論，采於《尙書》《詩經・商頌》。《史・太史公自序》：「余聞之先人曰：伏犧至純厚，作《易八卦》，堯、舜之盛，《尙書》載之，禮樂作焉。湯、武之隆，詩人歌之。」（《史記會注考證附校補》，上海古籍出版社，1986，59～67、2068）這是說詩人作《商頌》是歌湯而不是歌宋。《史記・孔子世家》：孔子曾訪齊國、魯國的大師（音樂方面的最高長官），對禮樂詩書頗內行，而且能絃歌，「吾自衛反魯，然後樂正，《雅》《頌》各得其所。」古者詩三千餘篇，及至孔子，去其重，取可施於禮義，上採契、后稷，中述殷、周之盛，至幽、厲之缺，始於衽席。……《三百五篇》，孔子皆絃歌之，以求合《韶》《武》《雅》《頌》之音，禮樂自此可得而述，以備成六藝」，《左傳・昭7》與《孔子世家》記載「正考父佐戴、武、宣」，由《太史公自序》可證，孔子大約在《詩經》最後結集時曾經對《商頌》《魯頌》《周頌》《雅》《風》加以整飭修潤，並從音樂方面加以求雅，而《世本》云正考父是孔子七世祖，歷戴、武、宣，《全

後漢文》頁963，漢‧王粲《正考父贊》「年在耆耋三葉聞政。」耆，60歲；耋，80歲，僅三葉（戴、武、宣），無與宋襄公明矣！宋戴公（前799～前766），宋武公（前765～前748），宋宣公（前749～前720），計79年，而宋宣公距宋襄公，中間又歷穆公、殤公、莊公、潛公、桓公，至宋襄公，假如正考父15歲佐宋戴公，至宋襄公10年，則已174歲，正考父爲宋襄公作《宋頌》，且《商頌》無一字頌宋襄公。太無據！《商頌》多頌武丁的樂章，武丁之世的卜辭有14條涉及商王下令歷璞周、敦周（攻伐周國），正考父逆周王而作？《宋微子世家》記載宋微子沉痛地對太師箕子、少師比干講「紂沉湎於酒，婦人是用，亂敗湯德於下」，「〔周〕武王乃釋微子，復其位如故。」對於宋襄公，該文記載「國人皆怨公」，又加以論贊云：「襄公之時，修行仁義，欲爲盟主。其大夫正考父美之，故追道契、湯、高宗，殷所以興，作《商頌》。」史、論本身已經自相矛盾，正考父不可能歷宋戴公、武公、宣公、穆公、殤公、莊公、潛公、桓公、襄公九代國君計163年，而爲宋襄公作《宋頌》，這樣的諛墓是一切有良知的文學家所不願爲的，又何況要經歷商、周選家的編輯？《史》《索隱》指出：「案：裴駰引《韓詩商頌章句》亦美襄公。非也。今按：《毛詩商頌序》云：『正考父於周之太師得《商頌》十二篇，以《那》爲首。』《國語》亦同此說。今五篇存，皆是商家祭祀樂章，非考父追作也。又考父佐戴、武、宣，則在襄公前且百許歲，安得述而美之？斯謬說耳。」（同上書，949、950、956、959）

《殷本紀》「紂愈淫亂不止。微子數諫不止，乃與太師、少師謀，遂去。」「殷之太師、少師乃持其祭樂器奔周」，又見於《宋微子世家》，正是微子與商的太師、少師將商文化含《商頌》傳之周太師。《史記‧索隱》引鄭玄云：「商家典樂之官，知禮容，所以禮署稱容臺。」至於《宋世家》說正考父作《商頌》，而《漢書‧司馬遷傳》引太史公曰：「湯武之隆，詩人歌之。」「《詩三百篇》，大氐賢聖發憤之所爲作也。」又相異。

漢‧鄭玄《詩譜‧商頌譜》：「……世有官守，十四世至湯，則受命代夏桀，定天下。後世有中宗者，嚴恭寅畏，天命自度，治民祗懼，不敢荒寧；後有高宗者，舊勞于外，爰洎小人，作其即位，乃或諒闇，三年不售，言乃雍，不敢荒寧，嘉靖殷邦，至於小大，無時或怨，此三王有受命中興之功，時有作詩頌之者。」宋‧王應麟《詩地理考》5引鄭《譜》：「大夫正考父者，校商之名《頌》十二篇於周太師，以《那》爲首，歸以祀其先王。……又問

曰：『周太師何由得《商頌》？』曰：『周用六代之樂，故有之。』」（《詩考詩地理考》，中華書局，頁333）《漢書・古今人表》：「商紂王兄微子在商紂時出走而降周。商紂王諸父、太師箕子歸周，太師摯、樂師亞飯繚缺、武、陽襄。周之齊楚。」這些人可以將商頌商樂帶到周。《漢・藝文志》：「孔子純取周詩，上採殷，下取魯，凡三百五篇……」

《後漢・班固傳》：「今論者但知誦虞夏之《書》，詠殷、周之《詩》，講義文之《易》，……」很明顯，東漢時著名經學家、歷史學家班固是明確認定商詩周詩，《商頌》為商頌而非宋頌自然十分明白。東漢・王充：「是故《周頌》三十一，《殷頌》五，《魯頌》四，凡《頌》四十篇，詩人所以嘉上也。」（《論衡校釋》中華書局，1990，849）

《文選・皇甫士安》《三都賦序》李注「夏有《五子之歌》，殷有《湯頌》」。（《文選》，上海古籍出版社，頁2038）

唐・陸德明《經典釋文・毛詩音義》：「商者，契所封之地名，成湯伐桀，王天下，遂以為國號。後世有中宗、高宗中興，時有作詩頌之者，當周宣王之時，宋大夫正考父校商之名頌十二篇於周之太師，以《那》為首，歸而祭於先王。孔子錄詩之時，止五篇而已，乃列之以備三《頌》。」

《法藏》27/195《毛詩詁訓傳》引《毛序》「《那》，祀成湯也。微子至于戴公，其間禮樂廢壞，有正考甫得《商頌》十二篇於周之太師，以《那》為首。」得12篇《商頌》。於，從；太師，周朝樂官的最高首長。商代，周吸納商文化、技術。商末紂王庶兄奔周，商太師摯奔齊，樂師亞飯干、三飯繚奔楚《古今人表》，周自有《商頌》。

唐・孔穎達《毛詩正義》，《單疏》頁473「以周用六代之樂，樂章固當存之，故得有《商頌》也。」「《那》詩者，祀成湯之樂歌也。成湯創業垂統，制禮作樂及其崩也，後世以時祀之，詩人述其功業而作此歌也。又總敘《商頌》廢興所由，言微子至於戴公之時，其間有十餘世，其有君闇政衰，致使禮樂廢壞，令《商頌》散亡，至戴公之時其大夫有名曰正考父者得《商頌》十二篇於周之太師。」

以上是唐以前古籍所論《商頌》是商人的《商頌》，並非宋人的《宋頌》。宋・蘇轍《詩集傳》：「予考《商頌》五篇皆盛德之事，非宋之所宜有。」清・姚繼恒《通論》一八，「《商頌》五篇，文字風華高貴，寓質樸於敷腴，運清緩於古峭，文質相宜，允為至文，孰謂商尚質耶？妄夫以為春秋時人作，又

不足置辨。虞廷《賡歌》，每句用韻，《商頌》多爲此體，正見去古未遠處。」

二、金文、甲骨文、出土文物、楚簡、碑文

多有有關《商頌》的佐證

商代始祖是上甲，早於契，所以商代出土金文、甲骨文極富關於上甲的文物，如金文「自上甲用羌」（武丁時，金549），「歲自上甲」（祖庚、祖甲時，金122）（武乙、文丁時，粹103、106），這與《商頌・那》「自古在昔，先民有作」，《玄鳥》「天命玄鳥，降而生商」，殷甲骨文殷都安陽花園莊東地遺址出土龜骨、玄鳥二字合文（《饒宗頤新出土文獻論證》上海古籍出版社，2005，21）《長發》「有娀方將，帝立子生商」所反覆謳歌的商部落歷史悠久密不可分。「卜上甲、唐、大丁、大甲」（鐵，214.4）這是寫「唐」，「唐」是「湯」本字，成唐即《史記・殷本紀》與《商頌・殷武》「昔有成湯」。成唐，大乙湯，武王，同，即《史記・殷本紀》「吾甚武，號爲武王」，《玄鳥》「古帝命武湯」，「武王靡不勝」，《長發》「武王載斾」。《甲骨文合集》多次出現「土方」，《長發》「禹敷下土方」，其實土方是夏部落的基本方國，禹當然先治好，成湯革命，則對土方加以整治、同化，因此是密合的。又如關於商高宗，「甲戌卜，王曰：貞勿告于帝丁（武丁），不㠯。」（粹376），武丁時卜辭有合祭五祖，「翌乙酉屮伐於五示，上甲咸大丁大甲大乙。」（乙2139+6719+7016+7201+7509；丙41）《商頌》則是商代祭哲王的樂歌。

商、周之際，商貴族微氏，奔周武王，周恭王、懿王時吉金《史牆盤》云：「粤武王既伐（伐，傷）殷，微史烈祖乃來見武王。武王則令周公舍宇於周，卑處甬（頌）。」周孝王時吉金《㝬鐘二》：「粤武王既伐殷，微史烈祖來見武王。武王則令周公舍宇，以五十頌處。」又見之於《㝬鐘二》《㝬簋》。（江林昌《考古發現與文史新證》，中華書局，頁410）西周（圅）公簋則絕對早於宋襄公（此吉金至遲是西周初年吉金，圅公最早是慶節，則在周文王前數代，周平王已早於襄公119年），銘文「天令（命）禹專土」，同《長發》「禹專下土方」。商有文字，吉金殷契可證，詳董作賓（1953）《殷代的鳥書》，《大陸雜誌》六卷十一期。

關於舞蹈、放牧與馴化、戰爭的巨幅岩石畫，無疑是商部落先人給世界原始藝術帶來極其珍貴的文化精品（詳圖文版《中國通史》卷一，萬卷出版公司，2009，183）從出土文物玉馬、玉龍、玉虎、玉象、銅內玉刀、亞醜銅

鉞、青銅虎卣（湖南安化出土，法國巴黎池努奇博物館藏）、日雷紋刀、雕有饕餮花紋並鑲嵌綠松石的夔鋬象牙杯、饕餮紋簋、夔紋青銅鉞、人面鉞、虎食人卣，顯示了商代玉器、青銅器舉世罕儔，也反映了商由漳河、輝衛向中州並拓展到豫、晉、陝、漢，經過伐韋、顧、昆吾、夏桀，逐步成爲方國聯盟的共主，湯武革命，商代夏，與《烈祖》「嗟嗟烈祖，有秩斯祜」，《玄鳥》：「古帝命武湯，正（征）域彼四方」，《長發》：「玄王桓撥，受小國是達，受大國是達。率履（禮）不越，遂視既發。相土烈烈，海外有截。」「武王載旆，有虔秉鉞。如火烈烈，則莫敢我曷（遏）。」所反映的一統天下的霸氣，虎虎生威。無怪乎明·鍾惺批點《詩經》：「《商頌》文皆簡奧嚴峻，雍雍歌舞中，讀之有殺氣。」

　　上海博物館藏楚竹簡第二冊《子羔》簡11：「遊於央臺之上，又鹽而陳明者（有燕銜卵而措諸）其前，取而暢（吞）之」，孔子言於子羔，吞燕卵事。

　　在漢代碑碣中，也有一些可以作證，《太尉劉寬碑》：「感殷、魯述德之頌。」《沛相楊統碑》：「庶考，斯之頌儀。」

三、以詩經皆樂、商人尚聲加以分析

　　先秦時代兩大顯學：墨學與儒學，兩大代表人物墨子、荀子的代表作《墨子》、《荀子》，多有關於《詩經》的引用與分析，《墨子·非樂》：引《商頌·那》：「萬舞翼翼（《毛詩》作「有翼」），章（章通彰）聞於大（當作「天」，古天字形似大，《毛詩》無此句）」則《商頌》所反映的商人歌樂舞是相結合的。《荀子·儒效》云：「天下之道管是矣，百王之道一是矣，故《詩》、《書》、《禮》、《樂》之歸是矣。……《頌》之所以爲至者，取是而通之也。」該文提到商樂《護》，甲骨文作「濩」。《荀子·樂論》：「故聽其《雅》、《頌》之聲，百志意得廣焉；執其干戚，習其俯仰屈伸，而容貌得莊焉；行其綴兆，要其節奏，而行列得正焉，進退得齊焉。」「舞《韶》歌《舞》，使人之心莊。」商代樂器豐富，除鼓器如《那》「猗與那與，置我鞉鼓。奏鼓簡簡，衍我烈祖。……鞉鼓淵淵，嘒嘒管聲，既和且平，依我磬聲。……庸（鏞，鐘）鼓有斁，萬舞有奕。」還有雙鳥鼉鼓（後流失到國外，現藏於日本泉屋博古院），有編鐃，有鈴，《烈祖》「八鸞瑲瑲」，有鐸、磬、塤、骨哨、籥、和、言、竽、鉦、句鑃、錞（chún）於、鑄等，種類多，場面宏闊，比較發達。

　　四、《齊詩傳》《漢書·古今人表》商紂王兄微子曾數諫商紂王，紂王不

聽，微子奔宋，於周公滅武庚後封爲宋國始祖。箕子是商紂王諸父，官太師，數諫紂王，不聽，周武王來商被釋。二人曾熟悉商樂。作爲商代的樂官之長太師摰，任紂王太師，奔齊，紂王時亞飯樂師干奔楚，三飯樂師繚奔蔡，四飯樂師缺奔秦，擊鼓樂師方叔奔奔河濱，播鞀武奔漢水，擊磬師奔周，這些樂師熟嫻商文化。

四、宋儒以降，多有論述

　　宋・蘇轍《詩集傳》19，「契爲舜司徒而封於商，傳十四世而成湯受命，其後既衰，則三宗迭興，及紂爲武王所滅，封其庶兄微子啓於宋，以奉商後。其地在《禹貢》徐州泗濱西及豫州孟豬之野。其後政衰，商之禮樂日以放失。七世至戴公，其大夫正考父得《商頌》十二篇於周太師，歸以祀其先王。」范處義《詩補傳》28，「周用六代之樂，故周大師有《商頌》，而太史公謂宋襄公行仁義，欲爲盟主，其大夫正考甫美之，故追道契、湯、高宗之所以興，作《商頌》，其說本之韓氏，今所存五篇，皆言湯孫及武丁孫子，無一辭及宋，則知太史公信韓氏之爲妄矣。」朱熹《朱子語類》81「宋襄一伐楚而已，其事可考，安有莫敢不來王等事！」「《商頌》之辭，自是奧古，非宋襄可作。」《詩地理考》5引朱氏曰：太史公云：宋襄修仁行誼，欲爲盟主，其大夫正考父美之，故追道契，湯、高宗之所以興，作《商頌》。蓋本《韓詩》之說，諸儒多惑之者。今考此《頌》，皆天子之事，非宋所有，且其辭古奧，亦不類周世文，而《國語》閔馬父之言亦與今《序》合。明・郝敬《原解》三六，「初，契爲堯司徒，賜姓子氏，封於商，即今陝西西安府商州。十四傳，八遷都，至湯徙居亳。……成王誅武庚，以微子爲殷後封宋，即今河南歸德府商丘縣，使修其禮樂，奉其先祀。宋衰，舊典散佚。七傳至戴公，當周宣王時，宋大夫正考父者，孔子七世上祖也。得《商頌》十二篇於周大師，歸祀其先王。及孔子刪詩時，存五篇耳。夫杞宋無徵，夫子傷之，嘗曰：『丘，殷人也。』聖人每事不忘先，而況禮樂乎？故《詩》以《商頌》終，蓋《詩》至《魯頌》而誇誕僭逾極矣。存《商頌》，志從先進，樂其所自生也。」《詩觸》6《詩誦》6《詩所》8、乾隆20年版《詩義折中》20、《傳疏》30、《通釋》32均主《商頌》說。當代學者劉毓慶《〈商頌〉非宋人作》（《山西大學學報》1980.1）及其《詩經圖注》、《詩經講讀》、《詩經全注全譯》三本著作與張松如《商頌研究》、臺灣學者王禮卿《四家詩怡會歸》（1995，臺灣青蓮出版社；2009，華

東師範大學出版社。）

五、從《商頌》的語彙分析

　　《那》「既和且平」，《史‧殷本紀》：「契長而佐禹治水有功。帝舜乃命契曰：『百姓不親，五品不訓，汝爲司徒而敬敷五教，五教在寬。」《殷武》「不敢怠遑。」《虞夏書‧大禹謨》「無怠無荒」，虞夏代語彙。《玄鳥》：「天命玄鳥，降而生商，殷土（當作社）芒芒。古帝命武湯，正域彼四方。」「奄有九有」，《長發》「九有有截」，《商‧咸有一德》「厥德匪常，九有以亡。」《烈祖》「嗟嗟烈祖」《商書‧伊訓》「伊尹乃明言烈祖之成德」。「以九有之師，爰革夏政」是商代語彙。《長發》「玄王（如《荀子》所說「契玄王」）桓撥（當從《韓詩》作「發」），受小國是達，受大國是達，率履（當從《三家》作「禮」）不越，遂視既發」，《那》「亦有和羹，既戒既平。鬷假無言，時靡有爭。」「《殷本紀》湯曰：『予有言：『人視水見形，視民知治不。』《玄鳥》：「邦畿千里，維民所止」，《長發》「不競不絿，不剛不柔。敷（《左傳‧成 20》作布）政優優，百祿是遒。」《殷武》：「商邑翼翼，四方之極。」《殷本紀》：「湯曰：『吾甚武，號曰『武王』。」《玄鳥》：「武王靡不勝」，《長發》「武王載旆，有虔秉鉞」。《商書‧夏社》：「湯既勝夏，欲遷其社，不可。作《商‧夏社》、《疑至》、《臣扈》。」《玄鳥》「宅殷土芒芒」。

　　《商‧仲虺之誥》：「嗚呼！惟天生民有欲，無主乃亂，惟天生聰明時乂（yì，治理）。有夏昏德，民墜塗炭，天乃錫王勇智，表正萬邦，纘禹舊服，茲率厥典，奉若天命。」《玄鳥》「古帝命武湯，正域彼四方。方命厥後，奄有九有。商之先後，受命不殆（通怠）……殷受命咸宜，百祿是何（《左傳‧隱 3》作荷）。」《長發》：「帝命不違，至於湯齊。湯降不遲，聖敬日躋。昭假遲遲，上帝是祗。帝命式於九圍。」湯得伊尹而一統天下，商高宗得傅說而中興，《說命下》「王（商高宗武丁）曰：『嗚呼！說，四海之內咸仰朕德，時乃風（教化）。股肱惟人，良臣惟聖。昔先正保衡作我先王，乃曰：『予弗克俾厥後惟堯舜，其心愧恥，若撻於市。』一夫不獲，則曰：時予之辜。佑我烈祖，格於皇天。爾尚明保爾，罔俾阿衡專美有商。惟後非賢不乂（yì，治理），惟賢非後不食。其爾克紹乃辟于先王，永綏（安撫）民。」《那》「溫恭朝夕，執事有恪。」《玄鳥》：「商之先後，受命不殆，在武丁孫子，武丁孫子（這兩

句是倒句，爲協韻，孫子武丁，案：《法藏》P196，《毛詩詁訓傳》旁寫：「孫子，武王。」），武王靡不勝。」《長發》「昔在中葉，有震且業。允也天子，降予卿士。實維阿衡，實左右商王。」《殷武》「撻彼殷武，奮伐荊楚。罙入其阻，袞荊之旅。有截其所，湯孫之緒。」

至於《湯誓》：「爾尚輔予一人，致天之罰，予其大賚（lài，賞賜）汝！爾無不信，朕不食言」寫成湯的誠信之德，《仲虺之誥》「惟王不邇（ěr，近）聲色，不殖貨利。德懋懋（mào mào，勉力）官，功懋懋賞。用人惟己，改過不吝。克寬克仁，彰信兆民。」寫成湯及其官員的德，彰信於民眾。《烈祖》：「嗟嗟烈祖，有秩斯祜。申錫無疆，及爾斯所。」《長發》「濬哲維商，長發其祥。」「玄王桓撥（發），受小國是達，受大國是達。率履（禮）不越，遂視既發。」也極言其大德、勇智。

六、從文學史的比較研究分析

《先秦文學編年史》「湯歸自夏，至於大坰，湯之左相仲虺作《仲虺之誥》。語多警策，且富有文采。」（商務印書館，2005，79）從韻文而言，商王《商銘》：「嗛嗛（qiàn qiàn，小人）之德，不足就也；不可以矜，而祗（只）取其憂也。嗛嗛之食，不足狃（niǔ，慣習）也。不能爲膏，而祗離（通罹）咎也。」（《第二批國家珍貴古代名家圖錄》第九冊，109 頁）此銘善於用喻，寫謙謹、勉勉以敬業。銘文一般簡短。頌歌則可短可長，而通於音韻，旋律、節奏之美則又往往相同。相比較而言，《商銘》則簡而蘊涵良深，《商頌》則在高亢的旋律中富於形象，描寫生動，歷史概括比較廣闊。《商銘》，徵勵之詞，《商頌》，頌美之歌，又令人振奮之樂聲，《史記·樂志》：「故云《雅》、《頌》之音理而民正，嘄噭之聲興而士奮。」《白虎通義·禮樂》引《禮記》曰：「……湯樂曰《大濩》。」《說郛》引《五經通義》：「湯作《濩》，聞宮聲則使人溫良而寬大；聞商聲使人方廉而好義；聞角聲使人惻隱而愛人；聞徵聲使人樂養而好施；聞羽聲使人恭儉而好禮。」（《白虎通疏證》中華書局，1994，100、95）《濩》即《護》，商代甲骨文有，商湯時樂名。《史記·宋世家》《麥秀歌》抨擊狡童——商紂王，《史·伯夷列傳》《采薇歌》寫伯夷、叔齊首陽山餓死前所作歌，從時間而言，是商、周之際文學。清·范家相《詩瀋》二〇，「《商頌》之文較《周頌》反似平易者，周人尚臭，殷人尚聲，尚聲則音曲寬轉，節拍紆徐，所以格神明而發幽渺者，蓋在乎斯，不可不知。商有三宗，今惟

高宗、中宗，而太宗則無，三宗皆中興之主，其廟百世不遷，必有專頌而秩之矣。」

所以，姚範《援鶉堂筆記》指出《宋世家》關於正考父作《商頌》之說，「蓋史遷紀事疏漏，未足爲據。」

主《商頌》說的詩經研究著作，如由褚斌傑教授作《序》、作《注》的《詩經全注》，1999 年由人民文學出版社出版。由余冠英師審定，由褚斌傑先生作《序》，楊任之著《詩經探源》，2001 年青島出版社出版。聶石樵師《先秦兩漢文學史稿》云：「商代的韻文，可以從《詩經・商頌》和《周易》卦爻辭中考見其形跡。」（北京師範大學出版社，1994，頁 36）

關於魏源、皮錫瑞等的主宋頌說，臺灣學者王禮卿於 1993 年著《四家詩恉會歸》由臺灣青蓮出版社出版，加以逐條批駁，詳《四家詩恉會歸》華東師範大學出版社，2009 年，第 1971～1974 頁；劉毓慶《〈商頌〉非宋人作考》（《山西大學學報》，1980.1）等。

參考文獻

1、馬承源主編，上海博物館藏戰國楚竹書（一）（二），上海古籍出版社，2001 年，簡稱《詩論》。

2、黃焯匯校《經典釋文匯校》，中華書局 2006 年，簡稱《釋文匯校》。

3、（唐）孔穎達撰《南宋刊單疏本〈毛詩正義〉》，人民文學出版社，2012 年，簡稱《單疏》。

4、《十三經注疏附校勘記》，中華書局，1980 年，簡稱《十三經》。

5、王念孫《廣雅疏證》，江蘇古籍出版社，2000 年，簡稱《疏證》。

6、王念孫、王引之《經義述聞》，江蘇古籍出版社，簡稱《述聞》。

7、逯欽立輯校《先秦兩漢魏晉南北朝詩》，中華書局。

《全上古三代秦漢三國六朝文》，中華書局。

8、于省吾《澤螺居詩經新證，澤螺居楚辭新證》，中華書局，2003 年，簡稱《新證》。

9、余冠英《詩經選》，人民文學出版社，1979 年，簡稱《詩經選》。

10、程俊英、蔣見元《詩經注析》，中華書局，1991 年版，簡稱《注析》。

11、劉毓慶等撰《詩義稽考》，學苑出版社，2006 年版，簡稱《稽考》。

12、劉毓慶、楊文娟著《詩經講談》，華東師範大學出版社，2008 年。

13、劉毓慶、賈培俊著《歷代詩經著述考》，中華書局，2002 年，2008 年。

14、黃節《詩旨纂辭》、《變雅》，中華書局，2008 年。

15、《史記》、《漢書》、《後漢書》、《三國志》，上海古籍出版社，1986 年，簡稱《史》、《漢》、《後漢》、《三國》。

16、聶石樵主編《詩經新注》，齊魯書社。

17、《詩經研究叢刊》，學苑出版社。

　　方玉潤撰《詩經原始》，中華書局，1986年，簡稱《原始》。

18、王先謙撰《詩三家義集疏》，中華書局，1987年，簡稱《集疏》。

19、馬瑞辰撰《毛詩傳箋通釋》，中華書局，1989年，簡稱《通釋》。

20、黃靈庚集校《楚辭集校》，上海古籍出版社，2009年。

21、黃典誠著《詩經通譯新詮》，華東師範大學出版社，1992年，簡稱《新詮》。

22、夏傳才著《二十世紀詩經學》，學苑出版社，2005年。

　　夏傳才著《思無邪齋詩經論稿》。

23、劉毓慶、李蹊譯注《詩經》，中華書局，2012年，簡稱《譯注詩經》。

24、褚斌傑注《詩經全注》，人民文學出版社，1999年，簡稱《全注》。

25、高亨著《詩經今注》，上海古籍出版社，2009年，簡稱《今注》。

26、劉建生著《詩經精解》，海潮出版社，2012年。

27、揚之水《詩經別解》，中華書局，2007年。

28、雒江生著《詩經通詁》，三秦出版社，1998年。

29、日本・家井，眞著、陸越譯《〈詩經〉原意研究》，鳳凰出版傳媒集團、江蘇人民出版社2011年。

30、金啓華譯注《詩經全譯》，江蘇古籍出版社，1984年。

31、徐元誥撰《國語集解》，中華書局，2005年，

32、《中華大典・文學典・先秦兩漢文學分典》，鳳凰出版社，2008年。

33、譚其驤主編《簡明中國歷史地圖集》，中國地圖出版社，1991年。

34、王禮卿著《四家詩恉會歸》，華東師範大學出版社，2009年；簡稱《會歸》。

35、趙逵夫主編《先秦文學編年史》，商務印書館，2010年，簡稱《編年史》。

36、胡厚宣、胡振宇著《殷商史》，上海人民出版社，2003年版。

37、顧德融、朱順龍著《春秋史》，上海人民出版社，2003年版。

38、賈誼著、閻振益、鍾夏校注《新書校注》，中華書局，2000年版，簡稱《新書》。

39、呂不韋著、陳奇猷校釋《呂氏春秋新校釋》，上海古籍出版社，2002年版，簡稱《呂覽》。

40、何寧撰《淮南子集解》，中華書局，1998年版，簡稱《淮南》。

41、劉向著，石光瑛校釋，陳新整理《新序校釋》，中華書局，2001年版，簡稱《新序》。

42、劉向著，向宗魯校證，《說苑校證》，中華書局，1987年版，簡稱《說苑》。

43、劉向著，《古列女傳》，四部叢刊影印明本。

44、王符著、汪繼培箋、彭鐸校正，《潛夫論箋校正》，中華書局，1985 年版，簡稱《潛夫論》。

45、馬宗霍著《論衡校讀箋識》，中華書局，2009 年，簡稱《論衡》。

馬宗霍著《說文解字引經考》，中華書局，2013 年。

46、孟子著、焦循撰《孟子正義》，中華書局，1987 年版，簡稱《孟》。

47、荀子著、司馬哲《荀子全書》，中國長安出版社，2009 年版，簡稱《荀》。

48、黎翔鳳撰《管子校注》，中華書局，2004 年版，簡稱《管》。

49、陸賈著、王利器撰《新語校注》，中華書局，1986 年版，簡稱《新語》。

50、揚雄著，汪榮寶撰，陳仲夫點校《法言義疏》，中華書局，1987 年版，簡稱《法言》。

51、應劭著，王利器校注《風俗通義校注》，中華書局，1981 年版，簡稱《風俗通義》。

52、朱彬撰《禮記訓纂》，中華書局，1996 年版，簡稱《禮記》。

53、班固著，陳立撰《白虎通疏證》。

54、王利器校注《鹽鐵論校注》，中華書局，1992 年版，簡稱《鹽鐵論》。

55、蘇輿著《春秋繁露義證》，中華書局，1992 年版，簡稱《繁露》。

56、黃懷信主撰、孔德立、周海生參撰《大戴禮記匯校集注》，三秦出版社，2005 年版，簡稱《大戴記》。

57、韓嬰撰，許維遹校釋《韓詩外傳集釋》，中華書局，1980 年，簡稱《韓詩外傳》。

58、王應麟著，王京州，江合友點校，《詩考》、《詩地理考》，中華書局，2011 年版。

59、徐鼒撰《讀書雜釋》，中華書局，1997 年版。

60、華學誠匯證、王智群、謝榮娥、王彩琴協編《揚雄方言校釋匯證》，中華書局，2006 年版，簡稱《方言》。

61、許寶華、宮田一郎主編《漢語方言大詞典》，中華書局，1999 年版。

62、冉先德主編《中華藥海》，哈爾濱出版社，1993 年版，簡稱《藥海》。

63、李時珍著《本草綱目》，黃山書社，1992 年版，簡稱《本草綱目》。

64、王夫之著《詩經稗疏詩廣傳》，嶽麓書社，2011 年，簡稱《稗疏》。

65、詩譜，鄭玄，漢魏遺書鈔本，簡稱《詩譜》。

66、詩緯，叢書集成初編本，簡稱《詩緯》。

67、毛詩草木鳥獸蟲魚疏，陸，璣，《四庫全書》本，簡稱《陸疏》。

68、毛詩指說，成伯璵，《四庫全書》本，簡稱《指說》。

69、詩本義，歐陽修，《四庫全書》本，簡稱《詩本義》。

70、蘇氏詩集傳，蘇轍，《四庫全書》本，簡稱《詩集傳》。

71、毛詩名物解，蔡卞，《四庫全書》本，簡稱《名物解》。

72、詩補傳，范處義，《四庫全書》本，簡稱《詩補傳》。

73、詩總聞，王質，叢書集成初編本，簡稱《總聞》。

74、詩經集傳，朱熹，中華書局影印本，簡稱《詩集傳》。

75、詩序辨說，朱熹，《四庫全書》本，簡稱《詩序辨說》。

76、慈湖詩傳，楊簡，《四庫全書》本，簡稱《詩傳》。

77、呂氏家塾讀詩記，呂祖謙，叢書集成初編本，簡稱《讀詩記》。

78、毛詩講義，林岊，《四庫全書》本，簡稱《講義》。

79、詩傳遺說，朱鑒，《四庫全書》本，簡稱《詩傳遺說》。

80、詩童子問，輔廣，叢書集成初編本，簡稱《詩童子問》。

81、續呂氏家塾讀詩記，戴溪，叢書集成初編本，簡稱《續讀詩記》。

82、詩緝，嚴粲，《四庫全書》本，簡稱《詩緝》。

83、詩傳遺說，朱鑒，《四庫全書》本，又通志堂經解本，簡稱《詩傳遺說》。

84、詩疑，王柏，通志堂經解本，簡稱《詩疑》。

85、毛詩集解，段昌武，《四庫全書》本，簡稱《毛詩集解》。

86、毛詩李黃集解，李樗，黃櫄，《四庫全書》本，簡稱《集解》。

87、詩經句解，陳櫟，《四庫全書》本，簡稱《詩經句解》。

88、詩傳通釋，劉瑾，《四庫全書》本，簡稱《詩傳通釋》。

89、詩集傳名物鈔，許謙，叢書集成初編本，簡稱《名物鈔》。

90、詩經疏義，朱公選，《四庫全書》本，簡稱《疏義》。

91、詩經疑問，朱倬，《四庫全書》本，簡稱《疑問》。

92、校定詩經，吳澂，古今圖書集成本，簡稱《校定詩經》。

93、詩辨說，趙惠，叢書集成初編本，簡稱《詩辨說》。

94、詩演義，梁廣，《四庫全書》本，簡稱《詩演義》。

95、詩解頤，朱善，《四庫全書》本，簡稱《解頤》。

96、詩經大全，胡廣，《四庫全書》本，簡稱《大全》。

97、詩說解頤，季本，《四庫全書》本，簡稱《解頤》。

98、讀詩私記，李先芳，《四庫全書》本，簡稱《私記》。

99、毛詩原解，郝敬，郝氏九經解本，又叢書集成初編本，簡稱《原解》。

100、詩故，朱謀㙔，《四庫全書》本，簡稱《詩故》。

101、批點詩經，鍾惺，明凌杜若刻朱墨套印本，簡稱《批點詩經》。

102、重訂詩經疑問，姚舜牧，《四庫全書》本，簡稱《疑問》。

103、詩經世本古義，何楷，《四庫全書》本，簡稱《世本古義》。

104、毛詩古音考，陳第，道光丁未刻海山仙館業書本，簡稱《古音考》。

105、詩問略，陳子龍，學海類編本，又叢書集成初編本，簡稱《詩問略》。

106、涇野先生毛詩說序，呂柟，明謝少南刻涇野先生五經說本，簡稱《涇野先生毛詩說序》。

107、讀風臆評，戴君恩，萬曆四十八年閔齊伋刻朱墨套印本，簡稱《臆評》。

108、田間詩學，錢澄之，《四庫全書》本，簡稱《詩學》。

109、詩經通義，朱鶴齡，《四庫全書》本，簡稱《通義》。

110、毛詩稽古編，陳啓源，《清經解》本，簡稱《稽古編》。

111、詩觸，賀貽孫，咸豐敦書樓刻水田居全集本，簡稱《詩觸》。

112、詩傳詩說駁義，毛奇齡，《四庫全書》本，簡稱《詩傳詩說駁義》。

113、國風省篇，毛奇齡，康熙刻西河合集本，又《清經解》本，簡稱《國風省篇》。

114、詩說，惠周惕，叢書集成初編本，簡稱《詩說》。

115、毛詩古義，惠棟，昭代叢書本，簡稱《筆詩古義》。

116、三家詩源流，范家相，叢書集成初編本，簡稱《源流》。

117、詩瀋，范家相，《四庫全書》本，簡稱《詩瀋》。

118、詩序補義，姜炳璋，《四庫全書》本，簡稱《補義》。

119、虞東學詩，顧鎮，《四庫全書》本，簡稱《學詩》。

120、杲溪詩經補注，戴震，叢書集成初編本，簡稱《補注》。

121、毛詩故訓傳定本小箋，段玉裁，學海堂本，簡稱《小箋》。

122、詩誦，陳僅，四明叢書約園刊本，簡稱《詩誦》。

123、詩附記，翁方綱，叢書集成初編本，簡稱《詩附記》。

124、詩經申義，吳士模，道光間澤古齋本，簡稱《申義》。

125、詩毛氏傳疏，陳奐，吳門南園陳氏掃葉山莊刊本，簡稱《傳疏》。

126、釋毛詩音，陳奐，吳門南園陳氏掃葉山莊刊本，簡稱《釋毛詩音》。

127、毛詩補疏，焦循，《清經解》本，簡稱《補疏》。

128、毛詩後箋，胡承珙，《清經解》本，簡稱《後箋》。

129、毛詩傳箋通釋，馬瑞辰，《清經解續編》本，簡稱《通釋》。

130、詩古微，魏源，道光中刻二十卷本，簡稱《古微》。

131、詩經原始，方玉潤，雲南叢書本，簡稱《原始》。

132、讀風臆補，陳繼揆，光緒間拜經館本，簡稱《臆補》。

133、讀風偶識，崔述，叢書集成初編本，簡稱《偶識》。

134、詩志，牛運震，喜慶間牛氏空山堂原刻本，簡稱《詩志》。

135、詩本誼，龔橙，半廠叢書初編本，簡稱《詩本誼》。

136、詩切，牟庭，日照丁氏藍格抄本，又齊魯書社一九八三年影印本，簡稱《詩切》。

137、讀詩日錄，陳澧，古學錄刊本，簡稱《日錄》。

138、毛詩異同評識，宋澤元，懺花庵叢書本，簡稱《異同評識》。

139、毛詩異文箋，陳玉樹，南菁書院叢書本，簡稱《異文箋》。

140、達齋詩說，俞樾，春在堂全書本，簡稱《詩說》。

141、阮氏三家詩補遺，阮元，郎園先生全書本，簡稱《補遺》。

142、三家詩遺說考，陳壽祺，陳喬樅，《清經解續編》本，簡稱《三家詩遺說考》。

143、齊詩翼氏學，迮鶴壽，《清經解續編》本，簡稱《齊詩翼氏學》。

144、馬無咎著《漢石經集存》，臺灣藝文印書館，1976 年，簡稱《漢石經》。馬衡著，《漢石經集存》，上海書店出版社，2014 年，簡稱《漢石經》。

145、《景刊唐開成石經》，中華書局，1997，年，簡稱《唐石經》。

146、白居易著《白孔六帖》《四庫全書》891 冊。

147、《唐抄文選集注匯存》，上海古籍出版社，2000。

148、《古文字詁林》，上海教育出版社，2004。

149、《群書治要》，世界書局，2010。

150、葉程義著《漢魏石刻文字考釋》，新文豐出版公司。

151、林義光著《詩經通解》，中西書局，2012。

152、沐言非編著《詩經》，中國華僑出版社，2013 年。

153、李宗焜編撰《高郵王氏父子手稿》，中研院史語所，2000 年。

154、徐天鐸著《暢遊大西部》，中國輕工業出版社，2011 年。

155、影舊鈔卷子原本《玉篇零本》《古逸叢書‧下》，江蘇古籍出版社，2002 年，簡稱 904 年抄《玉篇》。

156、影舊鈔卷子原本〔隋〕《玉燭寶典》《古逸叢書‧下》，江蘇古籍出版社，2002 年，簡稱隋《玉燭寶典》。

157、王泗原著《古語文例釋》，中華書局，2014 年，簡稱《例釋》。

158、容庚著《殷周青銅器通論》，中華書局，2012 年，簡稱《青銅器通論》。

159、曹錦炎、吳毅強編著《鳥蟲書字彙》，上海辭書出版社，2014 年，簡稱《鳥蟲書》。

160、江林昌著《考古發現與文史新證》，中華書局，2011 年。

後　記

　　先秦文化濫觴，《易經》《書》《詩經》等元典著成，與天文學、青銅器、中醫等，其時中國是遙遙領先的文明古國，經典文化是中國古文化的母樹文化。1961 年負笈北京師範大學，處於黨中央號召認真讀書，向雷鋒同志學習的時期，我不僅獲益於北師大的領導、教授，1961 年 8 月蒙陳友枝先生引薦於中國科學院文學研究所古代文學研究室主任余冠英師，這樣北師大與余師關於詩經、杜甫、陶淵明，關於校勘、訓詁、音韻、文字，我都有受教，而且 1962 年 10 月餘師為我題詩二首，1965 年余師曾病臥於床還授以李、杜比較，並引薦一位治《易》的老華僑，驚喜地見到周總理、陳毅、劉甯一、廖承志、郭沫若、方方等首長的題詞，並在王汝弼教授家見到郭老關於嘉許王老考證的函，啓功、陸宗達、郭預衡、蕭璋、俞敏、李修生、童慶炳、許嘉璐、劉錫慶、聶石樵、鄧魁英、程正民、鄒曉麗、張之強等業師的訓導，鏤諸心版，從校勘訓詁做起深入研究經典文化，義不容辭。

　　從 1961 年 10 月 29 日余師惠賜《詩經選譯》增補本至 1963 年 2 月 2 日才把《詩經》的幾部主要著作讀完。至今已 53 年，從 1978 年余師惠賜《詩經選》修訂本至今也已 36 年，愧對恩師。在京時余師賜予《詩經選》《樂府詩選》、三卷本《中國文學史》，1978 年又賜予《詩經選》修訂本，1992 年 7 月我向母校師長與余冠英師及其哲嗣、中社院近代史所長余繩武請益，余師賜予《古代文學雜論》，1961 年以來，余師及其哲嗣余繩武院士賜函甚多，母校劉錫慶、韓兆琦、李修生、聶石樵、鄧魁英、程正民、張恩和、張之強等業師都有賜教。

　　1963 年我曾向余師提出《詩經》校勘，因爲教務等忙碌，2005 年才潛心於董理《詩經斠詮評譯》，今已十易其稿。得到省人大副主任丁解民、前團中央組織部長高勇、裝備學院負責人賀茂之將軍、前中社院文研所副所長、上海大學終身教授董乃斌、山東人民出版社社長顧爲政、江蘇省作協主席范小青、書記王朔、省委宣傳部趙清林、尙慶飛、北京師範大學教授聶石樵、程正民、山西大學教授劉毓慶等教授和同窗益友柴劍虹等的良殷關切，承中國詩經學會會長夏傳才教授、中國詩經學會副會長趙逵夫教授、揚州大學錢宗武教授、中國著名作家姜琍敏、著名詩人金持衡先生賜函賜序，謹此致謝。

　　唯盡報國之心。

　　妻子吳慶蘭爲我提供了一個和悅的家庭環境，弟子左康娟、陳夏、謝幼年、吳桂紅、張橋華、程愛軍等爲我打印，一併道謝。

　　恭祈海內外賢達有以教我。

蔡文錦

2015 年 10 月 31 日於揚州古邗之南